改革派正統主義の神学

スコラ的方法論と歴史的展開

Introduction to Reformed Scholasticism

Willem J. van Asselt

W. J.ファン・アッセルト［編］

青木義紀［訳］

教文館

後・宗教改革の神学は、すぐにまたスコラ主義に行き着く。これは避けがたいことである。それは良いことでもある。改革という概念だけでは、生きることも、考えることもできない。変化し続けることも、危機の中に留まり続けることもできない。改革は、メリーゴーランドのように、あなたを怠惰に捨てておく。宗教改革は良いものである。しかしそれは、伝統という全体の中のほんの一瞬にすぎない。だから、改革思考だけでいるのはよくない。教会と公同性のことも考えなくてはならない。そのため神学が、スコラ主義に手を伸ばすのは、避けられないことなのである。

私の考えでは、スコラ的な方法論は、不毛な精巧さの事柄ではなく、真の思想の開花である。それは、春にはなやかに繁る牧草であり、そこでは最も小さい葉でも美しい。

——アーノルド・A・ファン・ルーラー『神学著作集』第四巻（カレンバッハ出版社、一九七二年）、二六、二八頁

日本語版への序文

拙著『改革派正統主義の神学――スコラ的方法論と歴史的展開』〔原題は*Introduction to Reformed Scholasticism*〕が日本語に翻訳されたのを知って、大変喜んでいる。一九九八年に最初にオランダ語で出版され、二〇一一年にはそれを改訂した英訳版が出版された。筆者とその共同執筆者たちにとって、この英訳版に基づく日本語版は、無類のすばらしい出来事である。と言うのも、このテーマに関する最近の歴史研究が、新境地の見識ある読者たちに開かれることとなったからである。本書は、後・宗教改革期の改革派神学という刺激的で多様な歴史と、その方法論、内容、そしてその最も重要な一七世紀の代表的な人物たちの概観を提供するのに有益である。

本書の出版を可能にしてくれた日本の出版社・教文館に大きな感謝を申し上げる。また、この翻訳を準備した青木義紀氏に大きな感謝をしている。彼の改革派神学の歴史とその用語に関する知識は、信頼に足る堅実なものである。

最後に、私の希望を表明しておきたい。それは本書が、改革派神学という宝庫に対する深い洞察に寄与し、この神学と、それに関連する私たちに共有の改革派の遺産の重要性をめぐる現代的な議論に関心を寄せる日本の新しい世代の学び手たちにとって、多くの神学的・霊的な結実をもたらすという願いである。

ヴィレム・J・ファン・アッセルト

二〇一三年　四旬節（レント）

まえがき

改革派スコラ主義研究の入門書は、近世初期の研究という分野において、長いあいだ切実にその必要が叫ばれてきたが、本書は、その必要を十分すぎるほど満たすものである。一九世紀中頃に出版されたハインリヒ・ヘッペの著作（彼の有名な『改革派教義学』には多くの欠陥があるものの、少なくとも近世初期における改革派の伝統の発展に関わる著作家たちの有益な著作リストや、広範ではあるが取捨選択された概観を提供している）を除いて、この分野にふさわしい手引きを提供した基本的なテキストはなかった。もちろん相当な数の専門的な研究はあるが、ヴィレム・ファン・アッセルトと彼の研究仲間たちによる本書の出版以前には、この時代が正確に概観され、最も重要な思想家たちが多様な思想的系譜や学派とあわせて言及されて、さらにはスコラ主義や正統主義という現象の定義が注意深く提示され、関連する二次資料が示される基本的な入門書が存在しなかった。本書には、改革派の発展の本質に関する問題の現状がよく提示されている。

特に、改革派スコラ主義の背景、アリストテレス主義とアウグスティヌス主義の両者、そして一九世紀前半の近代初期から現代に至るまでの後・宗教改革期における改革派思想の発展に関する研究史の議論に関する各章、さらに初期から後期に至る正統主義の一連の改革派思想の概観を扱ったいくつかの章は、注目すべき箇所である。キリスト教アリストテレス主義がアリストテレスの概念を吸収・適応した方法に関する言及と並んで、論理学的な論証や行動や能力を構成するような問題、あるいは因果論の問題に関するアリストテレス的な理解について、本書には有益な議論がある。同様に、適用のパターンを含む改革派の中にあるアウグスティヌス的な背景も注目に値する。また本書の著者たちは、宗教改革期における人文主義とスコラ主義の相互関係についてバランスのとれた視点を提供している。いくつかの文脈において見られるスコラ的な論証の構造やパターンに関する議論は、最も有益であり、継続する正統主義の各段階の歴史を扱う章は、議論の論点や、この時代の主要な神学的主張という両者への、貴重な手引きを提供している。そのうえ各章はその分野にとって基礎となる文献の一覧でまとめられ、本書全体が、伝記的な資料や、しばしば発見困難であった改革派正統主義の著作を入手できるかもしれない多くの図書館やインターネット上の資料をつきとめる、主要な資料と「読者ガイド」でまとめられている。

本書全体を通して著者たちは、旧学派が注目を欠いて悩まされた「スコラ主義と正統主義」や「方法と内容」といった有益かつ必要な区別をしている。スコラ主義は、学問的議論に関わる際に、中世の思想家たちと同じように、近世初期の思想家たちによっても使われた方法論を第一義的には指している。そして、方法論が内容に影響を与えることができ、実際にそうであるということをこの現象の定義が否定していると考えることは、きわめて不正確ではあるが、哲学や医学を含む一連の学問分野のために、スコラ主義がその形態と構造を提示したということは事実である。それは、特定の内容とは結び付かず、結論を妨げるというよりは促がすために形作られたのである。それは一方法論として、しばしば異なる推論や内容を展開し、きわめて異なった結論を導き出すために、改革派によっても、ルター派によっても、ローマ・カトリックの神学者や哲学者によっても等しく用いられた。それはまた、第一義的には方法論に言及したものであると正しく理解されると同時に、スコラ主義は特定の著作ジャンルをも指している。近世初期の改革派正統主義の著作家たちの著作のすべてがスコラ的なわけではない。

つまり、本書は、近世初期改革派思想のさまざまな系譜の研究にとって、貴重な資料を提供している。これは単なる初歩的な概論ではない。むしろこの時代のさらなる研究のための重要なガイドなのである。

カルヴァン神学校　リチャード・A・ムラー

オランダ語版への序文

本書は、長いプロセスの結果である。その起源は、私たちの多くが数年前に修士課程の改革派スコラ主義の歴史の授業のためにまとめたシラバスにある。初版は、ヴィレム・ファン・アッセルトによって一九九三年に出版され、学生のフィードバックや同僚たち（その中でも特にアントーン・フォス氏）からの助言に基づいて、毎年、改訂され、改善され、発展した。このシラバスが、学生たちやそのほか関心を寄せる人々の必要に合致していることが次第に明らかとなったので、このシラバスで扱われている事柄を教科書にするという計画がもち上がった。なされた研究は、「キリスト教伝統の形成と変革」（Wording en Transformatie van Christelijke Tradities）という名の大学相互の研究プロジェクトと連携する、ＩＮＴＥＧＯＮプログラムの「アイデンティティの形成中」（Identiteit in Wording）の教会史部門の一部としても提出された。

この教科書が完成したいま、私たちは本書の準備にそれぞれに寄与したすべての人に感謝を申し上げたい。草稿全体を丁寧に読み、それぞれ歴史と哲学の専門的な視点から、有益な助言を私たちにくれた、ヤコプ・ファン・スルイス氏（『オランダ・プロテスタント史伝記辞典』（*Biografisch lexicon voor de geschiedenis van het Nederlandse Protestantisme*）の編集者）とマーセル・サロウ氏（ユトレヒト大学哲学的神学教授）に大きな感謝をしなければならない。また、ヴォエティウスの議論「信仰の事柄における理性の役割」（*De ratione humana in rebus fidei*）の翻訳を注意深くチェックし、いくつかの箇所に改善の提案をしてくれたヤープ・ファン・アムスフォート氏（古代史家・教会史家）に感謝を表明したい。また、著者の一人で、完全版下作成のために原稿の体裁を整えたマールテン・ヴィッセ氏にも感謝を表明する。本書で私たちが目指すのは、既存の研究分野を、新しい関心でもって描くことである。この小書が、改革派スコラ主義のさらなる知識と、正しい評価に貢献することを願っている。

一九九八年一〇月　ユトレヒト

ヴィレム・J・ファン・アッセルト
T・セオ・J・プレイツィエール
ピエテル・L・ロウヴェンダール
マールテン・ヴィッセ

英語版への序文

一九九八年に本書をオランダ語版で出版して以来、英語圏の仲間や学生たちから、本書の英訳出版の励ましを多く受けてきた。一〇年以上たって、この計画がやっと実現したことは、私たちにとって大きな喜びである。この翻訳を可能にする過程で先導をとってくれたリフォメーション・ヘリテージ・ブックスのジョエル・R・ビーキ氏とジェイ・T・コリエル氏に心からの感謝を申し上げる。とりわけ、本書の翻訳をになったカルヴァン神学校（ミシガン州グランド・ラピッズ）の博士候補生［現・博士］アルベルト・グーチェス氏に感謝したい。彼のオランダ語の知識と、テキストに関する事柄や神学的な事柄に対する注意力は、信頼に足る堅実な翻訳を保証するものである。彼はまた、各章の最後と付録に多くの文献情報を提供し、また付録一の「どのように著作のコピーを入手するか」と題された箇所を改訂するようなかたちで、本書を英語圏の文脈に合わせるためにほかにも変更を加えてくれた。この英訳に導入された最も重要な変更は、マールテン・ヴィッセによる第四章の更新、第五章にある中世の教養課程と神学課程の学生の段階を説明した有益な一覧表の挿入、第九章の再編、そこにおいて最も顕著なのは、契約神学に関する部分を「改革派神学の中心地」の項目に移動させた点、そして最後に、もともとの第一一章を、ヴィレム・ファン・アッセルトの筆によるまったく新しい章で置き換えたこと、である。

私たちは、古典文学者レイン・フェルヴェルダ氏に感謝を申し上げる。ヴォエティウスの議論である「信仰の事柄における理性の役割」の英訳に対する彼の緻密な修正は、さらなる正確さを保証するものである。最後に、リチャード・ムラー氏に感謝する。氏は、後・宗教改革期改革派スコラ主義の歴史に関する簡潔でありながら有益な概論を求める学習者に、本書を推薦するまえがきを提供してくれた。この教科書が、歴史的文脈におけるこの神学のルーツ、発展、そして主要なトピックスを明らかにし、さらなる研究の刺激となればと思う。

二〇〇九年一〇月　ユトレヒト

ヴィレム・J・ファン・アッセルト
T・セオ・J・プレイツィエール
ピエテル・L・ロウヴェンダール
マールテン・ヴィッセ

目次

装丁　桂川　潤

改革派正統主義の神学

――スコラ的方法論と歴史的展開

第一章

序　論――改革派スコラ主義とは何か

ヴィレム・J・ファン・アッセルト
ピエテル・L・ロウヴェンダール

一・一　なぜ改革派スコラ主義か

本書は、一般に改革派スコラ主義として知られる神学的方法論の入門書である。キリスト教会の教理に関するこの［スコラ主義の］思索と解説は、しばしばこじつけと考えられ、キリスト教のメッセージをアリストテレス的な形態へと捨て去り、その結果、宗教改革者たちが後代に残した本来の新鮮なメッセージを失った、カルヴァン後の厳格な一七世紀の神学者たち、というイメージを思い起こさせている。神学生たちは、毎週日曜日の講壇から会衆を悩ませた、死せる硬直化した神学体系をもって教会へ遣わされた。その結果が、いのちを失った無味乾燥とした信仰であり、神学が死へと向かい、さらには合理主義の支配に閉じ込められてしまったのである。

本書の著者たちは、このイメージが多くの歴史神学的、組織神学的誤解に基づいていると確信している。第一に、スコラ主義は、「厳格な」改革派神学者たちによってのみ実践されたものではなかった。ルター派やローマ・カトリックの著者たちもまた、宗教改革以降、この神学的方法を豊かに用いたのである。この点においてスコラ主義は、エキュメニカルな試みであった。第二に、スコラ主義は一七世紀においてのみ用いられたものではない。西方教会全体が、一一世紀以降、スコラ的な神学を行ったのである。スコラ的なアプローチはまた、ほかの学問領域においても適用された。このように、「スコラ主義」という用語は、内容と関連づけられるべきではなく、むしろ方法と関連づけられるべきであり、論証と討論に関わるアカデミックな一形態なのである。

これは決してスコラ主義に関する唯一の見解ではない。私たちのスコラ主義に対する肯定的な理解は、次のように主張する人々によって反論されている。すなわち、信仰の表明には、論究といういかなるスコラ的な方法も許容すべきではないとか、あるいはスコラ主義には、聖書の証言の合理主義的な歪曲があるという主張である。別の人々は、スコラ主義がどのように宗教改革者たちと関係しているのかと疑っている。宗教改革者たちはスコラ主義と絶縁したのだろうか。中世の著作家たちから、もう一度スコラ主義を引き出した宗教改革の後継者たちについてはどう考えるのか。これは、中世の「暗黒」への逆戻りにすぎないのではないか。また別の人々は、現代にとってスコラ主義の価値とは一体何だろうかと問うている。私たちは、単に過去からの遺物を扱っているのだろうか。それともそれは、今日の多様な神学的でエキュメニカルな行きづまりを打ちやぶる助けとなるのだろうか。

これらは、本書において扱われる問題である。このように、この入門書は連続性と非連続性の問題に関心を寄せている。宗教改革者たちのメッセージと中世の神学との間には、極端な断絶が存在したのだろうか。そして、プロテスタント正統主義の神学は、宗教改革の本来のメッセージの逸脱だったのだろうか。これらの問題を扱うことにおいて、本書は両サイドの議論に場を提供している。

私たちは学びの結論へと急がずに、なぜ改革派スコラ主義の研究がそれほどまでに重要であると考えるのかについて触れておきたい。第一に改革派スコラ主義の公同性、第二にその歴史神学的意義、そして最後にその組織神学的関連性に言及する。

改革派スコラ主義の「公同性」(*catholicity*)というのは、これを実践した人々が教会全体の伝統の中に立つことを明確にめざしていたことを意味している。彼らは、独創性や「真の教理」を発展させることを模倣したのではない。神学のうちには、福音に関わるありとあらゆるものによる福音の中核についての広範な思索が存在するが、彼らは、宗教改革者たちの教え子として、そういう神学の発展を求めたのである。彼らは自分たちを、あらゆる時代の神学と同一線上に置き、「すべての聖徒たちとともに」神学的な思索に携わった。彼らは過去を見つめていただけではなく、未来をも見据えていたのである。改革派スコラ主義者たちは、未来へと向かう教会の継続的な存続に貢献することを意図していたのである。

最近になってやっと後・宗教改革期の改革派神学の歴史に関心が寄せられているように、「歴史神学的な視点」から改革派スコラ主義に注目する必要がある。歴史的なアプローチと組織的なアプローチという、異なるアプローチが可能である。歴史家の任務は、その時代以前・同時代・その時代以後の発展との関わりにおいて、当時の著者と彼らの著作を丹念に調べることにある。教理のさまざまな要点の一貫性と同じように、内容と意図の分析と評価は、実際にはより一層、体系的なものである。この入門書の著者たちは、これら二つのアプローチを組み合わせるのが望ましく、しばしば必要ですらあると確信している。改革派プロテスタンティズムの歴史において、この時代は、現代の改革派神学を、宗教改革やあらゆる時代の神学に結び付けている。

最後に、現在の「組織神学」が、この時代の神学に関する周到な知識によって、十分に役立つようになると私たちは確信している。以下、三つの重要な要素に言及する。第一に、神学が信仰の実践と組織的に結び付くという試みである。一例をあげれば、このことはオランダ第二宗教改革（*Nadere Reformatie*）において顕著となった。第二に、改革派神学の論証的な性格に言及する。のちに見るように、スコラ的な傾向をもつ神学者たちは、組織的で秩序だった論証に大きな強調点をおき、自分たちが用いる用語の明瞭な定義づけをめざしていた。彼らは、自分たちが使用した用語を自らのテーゼの中で非常に注意深く説明し、一つの用語が持ちえた異なるさまざまな意味にも注意を寄せた。改革派スコラ学者たちは、自分たちを神学の一側面に限定せず、むしろ全体との関連において各部分を見つめたのである。一つの質問に対する答えは、ほかの質問に対する答えと矛盾するはずがなかった。神の教理との関連で論じられたことは、摂理の教理のために据えられたものと矛盾するはずがなかったのである。

第三に、スコラ的な神学は、文献学、釈義、哲学などのほかの学問との密接な関係において実践された。この文脈の中でとられた立場は徹底的に擁護された。それは、ほかの見解を再生するのに、決して十分ではなかった。異論や反論のためにスペースが割かれた。これは、教理の神学的要点を説明するために、異なる方法にならうことができたという明示的あるいは暗示的了解であった。スコラ的な神学は、教理的なドレサージュでも異端の魔女狩りでもなく、むしろほかの立場と同じように自分の立場を分析することと、特定のあらゆる見解に暗示されたことを明らかにすることを目的としている。これら三つの要素——信仰の実践、議論的性格、ほかの学問との関係——は、今日の組織神学の実践にとっても同様に有益でありうる。

一・二　目的と構成

簡潔に言えば、本書の目的は、読者が改革派スコラ主義の概観を通して、自らを方向づけることができるような案内図を描くことである。私たちとしては、この分野の単なる描写では不十分に思えたので、自立した研究のための具体的な方向性も必要と決めた。本書には、この両要素が見てとれる。この入門書の大部分は、実際に解説的であるが、最後に、どのようにスコラ的なテキストにアプローチできるかということを例証する読書ガイドを盛り込んだ。しかし、改革派スコラ主義の分野において良い成果を収めるために必要だが、この入門書が提供できない一つの条件がある。それは実用的なラテン語の知識である。何世紀にもわたってラテン語は、現在の英語以上にすぐれた学問言語であった。改革派スコラ主義の思想家たちも、この言語を用いたのである。彼らはラテン語で考え、ラテン語で話し、ラテン語で執筆した。この分野に飛び込もうと望む者はだれでも、この言語の実用的な知識を持たなければならない。しかし本書において、最も重要なラテン語の用語は、読者の便宜のために翻訳され、解説されている。

本書は入門的な性格を持っている。その理由から、関心を持ってはいるが神学者ではない人が、ついていけるような方法で資料を提供するという意識的な試みがなされている。これは、場合によっては私たちの解説が、学問的出版物の厳密さを十分に満たしていないということを意味する。そのため、たとえば本書には注がほとんどない。別の特徴としては、本文部分と、二字下がりにした小さな字体を使う部分とに分けられていることが挙げられる。本文は論点の主要線を保ち、小さな字体で印刷された箇所はこれらの主要線をより一層、補強して解説している。最後に、有益な助けとして、さらなる研究のために有益となる関連文献を盛り込んだ文献表を各章の終わりに付してある。

本書の内容は、大きく二つの部分に分けられる。第一は、後・宗教改革期の改革派神学において用いられたスコラ的な方法の発展と内容への導入である。第二の部分は、宗教改革以後の改革派スコラ神学の見解、人物、潮流の解説を提供している。スコラ的な方法の発展が説明される前に、第二章は改革派スコラ主義を扱った研究史の概観で始まる。

第三章は、スコラ的な神学の発展にとってきわめて重要な古典古代の人物、哲学者アリストテレスを考察する。スコラ主義者たちは、アリストテレスによって展開された多くの用語や概念を用いた。改革派スコラ主義を理解するために、アリストテレスの哲学からもたらされた専門用語に精通することは絶対に必要である。しかし、神学の内容がこの哲学者によって決められるのではない。むしろそれは、とりわけアウグスティヌスの思想に影響されている。このことは第四章で明らかにされる。第五章は、中世におけるスコラ的な方法の発展を解説する。この改革派スコラ主義前史という導入のあと、第六章で、どのように人文主義的な方法とスコラ的な方法が、宗教改革期において相互に関連しているかを考察する。第七章は、改革派スコラ主義者たちが、教義学的な資料を用いて行った方法の輪郭を描写する。

本書の第二部は、改革派スコラ主義の歴史の領域の中で区別される、最も重要な三つの時代に目を向ける。これら三つの時代は、それぞれ第八章、第九章、第一〇章で扱われる。各章は定まった形式に従っている。第一に、その時代の歴史的文脈に注目する。次にこの時代の論争が紹介され、その時代の改革派スコラ神学の最も重要な拠点の短い説明が続く。最後にその時代の代表的な神学者に焦点をあてる。

本書最終章は、今日のスコラ的神学の研究にとっての歴史神学的な課題と、現在に関わる組織神学的な課題に言及する。ヴォエティウスの議論の方法によって、一七世紀の哲学的・神学的テキストが研究のためにどのようにアプローチされるべきかを、二つの付録が一つひとつ解説する。

一・三　定義

前記のトピックスに入っていく前に、ふさわしいスコラ的な方法として、私たちはまず本書で頻繁に使われるいくつかの用語を定義する。すなわち「正統主義」、「スコラ主義」、そして本書の主題であり、より狭義の「改革派スコラ主義」である。

一・三・一　正統主義

「正統主義」（orthodoxy）という語はまず、宗教改革後のプロテスタントの歴史における特定の時代を指して使われ、ルター派と改革派の両方の発展に関わっている。この時代は、一七世紀と一八世紀へと広がっている。この言葉の原義に照らすと、いくつかの異なるニュアンスをもっていることがわかる。「正しい教理」や「見解」

（ギリシア語 *orthos* ＝正しい、*doxa* ＝見解）として、この言葉は、誤った見解に対して擁護されなければならない特定の内容を指している。その結果、正統主義という語はまた、あらゆる時代を貫く教会の教えによって、密接な関係が構築されるという規範的な意味をもっている。さらに正統主義という語は、組織神学と教会の信仰告白文書の間の密接な関連性を構築することもある。正統主義は正しい内容に関わり、スコラ主義が学問的な方法と関連しているという意味において、正統主義という語はスコラ主義とは異なる。このように、これらの用語の意味は同じではないのである。

本書の中で私たちは、一六世紀から一八世紀へと広がる神学の歴史の中の一時代の表現として正統主義という語を用いる。私たちが改革派正統主義と言うとき、それは改革派信仰告白に関わる正統主義の中にある特定の流れを指している。この語を使うに当たって私たちは、特定の神学者が自身の著作の中で、実際に改革派信仰告白に従っているかどうかということには触れない。私たちとしては、その神学者自身が改革派信仰告白と同一線上にみずからの立場をおいていると確信していることを示唆したいだけである。

一・三・二　スコラ主義

もともと哲学における教育がその人自身の自由時間に行われたように、「スコラ主義」という語は、もともと「自由時間」を意味したギリシア語 *scholē* に由来している。そこから、*scholē* は教育に関連した事柄に使われるようになった。ラテン語 *schola* は、同じ意味を継承した。ローマ文化において、*scholasticus* は（語の広範な意味において）学問に携わる人を指した。今日私たちが学者（scholar）と呼ぶ人である。中世初期において *scholasticus* という語は、「学識のある人」あるいは「学校で指導を受けた人」を意味した。同じ言葉がしばしば学校の指導者を指した。ルネサンスと宗教改革期において、*scholasticus* という語は異なる方法で使われた。たとえば、ジュネーヴのカルヴァンによって創設されたアカデミー（*schola publica*）の学生たちは *scholastici* と呼ばれた。しかしカルヴァンは*scholastici*という言葉を、まったく異なる否定的な意味でも使った。そこでは内容に関連してその語に価値を与えたのである。

「スコラ的」という語のこの曖昧さは、正統主義の代表的な神学者たちの著作にもみられる。この時代の著作者たちは、自分の教義学的著作の中で、しばしばスコラ的な神学を非難しているが、同じ著作の中で、時には同じ章の中でも、スコラ主義の擁護がみられるのである。前者の場合、「スコラ的」という語は（後期）中世神学の内容に向けられている。後者の場合、その言及は改革派のアカデミーや大学で実践されていた類の神学に向けられている。正統主義が一八世紀終わりに至って当初の顕著な地位を失ったとき、スコラ的という語は、内容への言及としてほとんど独占的に否定的な方法で使われた。この否定的な意味が現在に至るまで保持されてきたのである。

しかし、スコラ的という語が内容を意味する言葉として正しく定義されうるかということが疑問視されてきた。ラムベルトゥス・M・デ・レイクは、『中世哲学――伝統と刷新』（*Middeleeuwse wijsbegeerte: Traditie en vernieuwing*）という著作の中で、スコラ主義を内容の点からのみ定義するのは不可能であることを、説得力をもって明らかにした。そうではなくてスコラ主義は、特定の方法に従ってなされた学問的な研究や教育のための総体的な用語として使われていると、彼は提起したのである。この提案によってデ・レイクは、実質的にこの語の本来の、中世的な意味に立ち返ったのであった。

歴史の流れの中で、スコラ主義を定義しようという試みが、歴史神学的にも組織神学的にもなされてきた。スコラ主義はしばしば、スコラ的な方法が中世以降の時代にも使われたという事実や、さらには中世神学のすべてがスコラ的であったわけではないという事実を考慮に入れることなく、中世哲学と同一視された。別の定義は、スコラ主義をアリストテレス哲学のような特定の内容と同一視し、同時に価値判断を行った。デ・レイクは、これらすべての定義に反対し、スコラ主義の教育的・方法論的性格を強調した。彼はスコラ主義を、第一義的に

「概念、区別、定義、命題的分析、論証的技術、論争的方法という絶えず繰り返す体系を用いることによる、研究と教授の両段階において特徴づけられた方法」と考えた（*Middeleeuwse wijsbegeerte: Traditie en vernieuwing*, 11）。

既存のスコラ主義の定義に対するデ・レイクの批判的態度は、ウルリッヒ・G・レインスレによって共有された。しかし彼は、デ・レイクにも批判的であった。レインスレは、中世の学問的方法を指す総体的な用語としてスコラ主義という語を用いるのは、歴史的に保証されていないと考えた。レインスレによれば、そのような定義は、その方法が注意深く定義されたときにのみ有用であるが、中世の神学者たちは自分たちの方法を明言することさえまれであった。一六世紀以降になって初めて、方法についての（*de methodo*）体系的な扱いが見出されるのである。レインスレはさらに、中世における「方法」が、中世期の学問という常に変化し続ける概念に全面的に依拠している、きわめて複雑な概念であると指摘した。

本書の中で、私たちが論じる最も重要な主張は、スコラ的という語が、内容に関する直接的な意味合いの一切ない、とりわけ方法を指す語であるという点にある。それは、神学をするその他の方法とのコントラストにおいて、スコラ主義を特徴づける討論と論究の方法と関連している。続いて、私たちのスコラ主義の理解が、デ・レイクの定義と同一線上にあることを明らかにする。

一・三・三　改革派スコラ主義

正統主義とスコラ主義を定義したが、私たちはまだこの研究の主題、すなわち改革派スコラ主義とは何かという問題をより詳しく明らかにする必要がある。「カルヴァン主義」に対置される「改革派」という言葉は、かなり意図的に選択されたものである。プロテスタント内の改革派という流れは、カルヴァンの著作にのみその起源を見いだすのではなく、ブリンガー、ブツァー、ヴェルミーリ、ザンキウスといった彼の同時代人の著作にもその起源を見いだすのである。もし、この流れ全体の幅広い特徴に光をあてようとするなら、この伝統の背後にはたった「一人」の人物だけが存在するというのは正しくない。私たちが「カルヴァン派スコラ主義」と言わず、むしろ「改革派スコラ主義」と呼ぶのはこの理由による。さらに改革派という形容詞は、改革派がほかのスコラ主義の形態から区別された自分たち独自のスコラ的な方法を展開したことを示唆していると理解されるべきではない。ローマ・カトリック、ルター派、改革派の間にあるスコラ主義の違いは、方法にあるのではなく内容にある。

以上のことから、スコラ主義、正統主義、改革派という語が、それぞれ同じではないということを読者は知ることができる。スコラ主義は方法を指し、特定の内容と混同されてはならない。反対に「正統主義」は、特定の内容と結び付いた歴史の中の特定の時代を指し、方法については何も触れていない。しかし正統主義は、改革派という語とも同一視されない。なぜならユダヤ教正統主義、ルター派正統主義、ローマ・カトリックの正統主義を語ることができるからである。「改革派」は、改革派信仰告白と結び付いた神学的内容を指している。

さらに、「改革派神学」は「スコラ的な神学」と同一視されない。改革派の学問的な神学者たちがスコラ的な方法を用いたという事実は、それが、彼らが採用した唯一の方法であったということを意味しているのではない。スコラ的な方法を用いた正統主義時代の神学者たちだけが、改革派神学者であるとも考えられるべきではない。スコラ的な方法は、とりわけ学問的なレベルにおいて神学に従事するために用いられたものである。改革派の著者たちのそのほかの著作において、アリストテレスや中世的な区別といったスコラ的な方法の要素に出会うことはほとんどない。このことは、敬虔に関する著作や教理問答の手引きのような学問的ではない著作だけでなく、釈義的・文献学的な性格の著作にもあてはまることはいうまでもない。

まとめると、改革派スコラ主義は、(1)学校の学問的神学を意味し、(2)正統主義の時代に実用とされ、(3)教理の解説においてスコラ的な方法を用い、(4)内容において改革派信仰告白に限定されている。

参考文献

Dekker, Eef. *Rijker dan Midas: Vrijheid, genade en predestinatie in de theologie van Jacobus Arminius (1559-1609)*. Zoetermeer: Boekencentrum, 1993. Pp. 8-12.

De Rijk, Lambertus M. *Middeleeuwse wijsbegeerte: Traditie en verniewing*. 2nd rev. ed. Assen: Van Gorcum, 1981.

Leinsle, Ulrich G. *Einführung in die scholastische Theologie*. Paderborn: F. Schöningh, 1995. Pp. 1-9.

Muller, Richard A. *Christ and the Decree: Christology and Predestination in Reformed Theology from Calvin to Perkins*. Grand Rapids: Baker, 1986. Pp. 1-13.

__________. *Post-Reformation Reformed Dogmatics*. Vol. 1, *Prolegomena to Theology*. 2nd ed. Grand Rapids, Baker, 2003. Pp. 27-84.

Van Asselt, Willem J. and Eef Dekker, eds. *De scholastieke Voetius: Een luisteroefeningaan de hand van Voetius' Disputationes Selectae*. Zoetermeer: Boekencentrum, 1995. Pp. 10-25.

Wallace, William A. *The Elements of Philosophy: A Compendium for Philosophers and Theologians*. New York: St. Paul's, 1977.

第二章
研究の状況——非連続性から連続性へ

ヴィレム・J・ファン・アッセルト
ピエテル・L・ロウヴェンダール

二・一　序

新しい研究の存在は、古い研究の成果にすぎない。そのため、改革派スコラ主義の歴史に関する過去の研究の概観に本書の第二章を費やすのはふさわしい。このような概観は、このテーマの把握のためにはきわめて有益であり必要なものでもある。というのは、そのためにはより古い出版物を利用しなければならないからである。初期の研究はどのような枠組みを適切なものとし、そこで支持された学説がそれ以降、挑戦を受けたのか、あるいはとって代わられたのかを知るのは有益である。新しい研究は、新しい洞察を発掘し、既存の解釈を改訂するきっかけを与えるものでなければならない。

二・二　シュライアマハーとヘーゲルの学派——シュヴァイツァー、バウア、ガス

歴史的現象としてのスコラ的正統主義の意味にはっきりと注目した最初の人物は、スイスの神学者アレクサ

ンダー・シュヴァイツァー（一八〇八―一八八八）であった。彼はフリードリヒ・シュライアマハー（一七六八―一八三四）の生徒で、シュライアマハーの信仰と宗教についての立場がシュヴァイツァー自身の正統主義理解において重要な役割を担っている。シュヴァイツァーは、改革派正統主義が予定の絶対的聖定に基づいて神学を構築していると考えた。シュヴァイツァーによれば、この神の予定の概念は、シュライアマハーの「絶対依存感情」に対応している。このように彼は、予定をプロテスタンティズムにとっての中心教義（*Centraldogma*）と見て、肯定的な意味でそれを捉えた。この視点から、シュライアマハーの神学に深く影響されたシュヴァイツァーは、後・宗教改革の発展をきわめて肯定的に評価した。

『改革派教会内の発展におけるプロテスタントの中心教義』（*Die protestantische Centraldogmen in ihrer Entwicklung innerhalb der reformierten Kirche*, 全二巻、一八五四―一八五六年）という著作の中でシュヴァイツァーは、改革派神学が予定の教理によって、ルター派の神学よりも「高い地位」を表明しているという説を擁護した。予定の教理は改革派神学に統一と論理的一貫性と体系を与えた。シュヴァイツァーは改革派神学者であることを主張したが、シュライアマハーに深く影響を受けた。シュライアマハーは宗教を「無限者にとっての感覚と味覚」（*Sinn und Geschmack fürs Unendliche*）とか、「絶対依存感情」（*Schlechthinniges Abhängigkeitsgefühl*）とみた。シュヴァイツァーは、この絶対依存感情と改革派の予定の教理を同一視できると確信していた。

古い研究の初期に属する第二の重要な人物は、フェルディナント・クリスティアン・バウア（一七九二―一八六〇）である。彼もまたシュライアマハーの生徒であった。研究が進むにつれてバウアは、G・W・F・ヘーゲル（一七七〇―一八三一）の哲学の中に、彼が発見していた膨大な資料を解明する一つの原則を見いだした。バウアによれば、歴史というのは出来事や思想のよせ集めではなく、ある思想（「内的原理」）が表出するに至る一つのプロセスなのである。このようにして彼は、後・宗教改革期の改革派神学の中に、予定論という思想が表出するに至った論理的展開を見たのである。この展開の登場は、個人や運動の成果では説明できず、歴史それ自体のプロセスの論理的結果であった。

ヘーゲルは歴史を必然的なプロセスと見た。個人、時代、権力は世界史における必然的な段階である。このプロセスの中には、反定立（antithesis）を呼び起こす定立（thesis）がくりかえし登場する。定立と反定立は統合（synthesis）というかたちで決着し、これが今度は新たな定立となる。ヘーゲルによれば、この弁証法的プロセスは、必然的であるだけでなく論理的でもある。この出発点によってバウアは、予定の教理を、神の自由な活動（thesis）と人間の自由（antithesis）という思想の統合と見た。このようにしてこの反定立は、必然的に予定の教理へと導いたのである。

第三の著者は、改革派スコラ主義研究にとってきわめて重要な著作を残したヴィルヘルム・ガス（一八一三―一八八九）である。彼は、『プロテスタント教義史』（*Geschichte der protestantischen Dogmatik*, 全四巻、一八五四―一八五九年）の中で、改革派スコラ主義の歴史的展開を詳しく論じ、改革派正統主義における予定論の中心的位置づけに関して、シュヴァイツァーとバウアのテーゼを採用した。ヘーゲルの弟子として彼は、バウア以上に強烈に、改革派神学の最終形態が、予定論という「内的原理」を認識した結果であると強調した。この原理は、一七世紀正統主義神学者の神学に形而上学的な構造を築くためのさらなる理由を与え、その細分化に至る過程において、スコラ的な方法を用いるようにと促した。

シュヴァイツァー、バウア、ガスの見解を概観して、彼らがこぞって改革派神学の発展を肯定的に捉えていることに注目したい。シュライアマハーとヘーゲルの視点から、彼らはカルヴァンとその後継者たちの神学の間に、一致と連続性を見たのである。しかし、これら一九世紀の著者たちの見解は、彼ら自身が採用した神学的立場の実例である歴史的・批判的分析の結果ですらなかった。彼らがもつ改革派教理史の見解は、主に彼らの哲学的・

歴史的前提によって確定されたものである。

二・三　反動――バーフィンク、ヘッペ、シュネッケンブルガー

シュヴァイツァー、バウア、ガスの立場は、いくつかの異なる方向から批判された。しかし、オランダでは、ヨハネス・H・スホルテンやC・ゼップが、著書の中で多かれ少なかれ彼らに依拠し続けた。ヘルマン・バーフィンク（一八五四―一九二一）は、改革派神学の「哲学的な扱い」や、それに関するシュヴァイツァーの歴史的説明を否定し、歴史的・批判的方法を自分自身の改革派神学の解説に適用した。バーフィンクは、スコラ的な方法論を用いることと、「私たちがカルヴァンの中に見出すような教義の単純な扱い方」の間に、断絶を見なかった。バーフィンクによれば、これは形態と方法における区別にすぎない。

『改革派教会の教理』（*Leer der Hervormde Kerk, in hare grondbeginselen uit de bronnen voorgesteld en beoordeeld,* 全二巻、一八四八―一八五〇年。改訂第四版、一八六一―一八六二年、再版、一八七〇年）の中でスホルテンは、ヘーゲル哲学の助けを借りて改革派神学を解釈しようと試みた。スホルテン自身は、改革派神学の系譜の中に立っていると主張したが、実際はますますそこから遠ざかり、神学的・哲学的一元論（現象の一面的な解説から発展した思想の系譜）と決定論に推移した。このようにして彼は、歴史的実像とはほとんど一致しない改革派神学の幻像を作り上げた。バーフィンクはスホルテンの生徒であったが、彼の『改革派教義学』（初版は一八九五―一九〇一年に全四巻本で出版された）は、まったく異なる精神を吸収している。バーフィンクは、古典的な神学の問題を、きわめて広範な（フランソワ・トレティーニの著作のような）神学的伝統に訴えて、しかも近代思想の代表者たちとの対話を無視せず、慎重に扱っている。

シュヴァイツァー、バウア、ガスとほぼ同時代であるマールブルクの教授ハインリヒ・ヘッペ（一八二〇—一八七九）は、自分の立場を公表した。彼は、シュライアマハーの教え子だったが、改革派神学において想定される予定論の中心的な位置づけを、「外的」な要素の結果と説明した。しかし前述の学者たちとは対照的に、彼はこの発展を肯定的にではなく否定的に捉えたのである。彼は、増え続ける形而上学の影響が、予定の教理の発展の基盤であったというシュヴァイツァーの仮説を否定した。その代わりに、予定論が創造論や救済論に先立って、組織神学の冒頭に置かれるようになったことを、特にテオドール・ド・ベーズに帰している。ヘッペの立場が長いあいだ支配的となり、今日に至るまで幅広い影響力を持ち続けている。しかし、彼の改革派正統主義の記述に対して鋭い批判が向けられてきた。最も重要な批判は、彼がベーズを改革派神学のすべてを代表する人物であるとしたことに向けられた。

ヘッペは自分の立場を、特に『福音主義改革派教会の教義学』（*Die Dogmatik der evangelisch-reformierten Kirche,* 一八六一年）の中で公表した。これは、多くの引用（*Belegstellen*）によって編まれた改革派神学の集積である。ここで彼は、神の属性の直後に予定の教理を位置づけ、それを改革派の視点から正当な位置づけであると考えた。ところが一六世紀の文献を読むとき、予定の教理はきわめて多様な位置で扱われており、必ずしもいつも最初で扱われているとはいえないことに注目したい。ポラーヌス、ゴマルス、ザンキウスのような人物たちは、予定論を神論や三位一体の教理の中に置いた。マコヴィウスは、三位一体の前に予定論を扱ったこの時代で唯一の改革派神学者であった。彼はこの教理を神の本性と属性を扱う箇所に置いた。カルヴァンは予定論を救済論の文脈の中で扱い、ベカヌス、ヴェルミーリ、ムスクルス、エイムズなどがこれに続いた。ウルジヌス、ダノー、パーキンスを含む人たちは、予定論を教会論の文脈の中で扱った。ケッカマン、ウァラエウス、『ライデン要綱』の著者たちは、予定論をキリスト論の中に置いた。

ベルリンのルター派教授マティアス・シュネッケンブルガー（一八〇四—一八四八）は、主にルター派と改革派の信仰告白の違いに注目した。その研究成果である『ルター派と改革派の教理理解に関する比較研究』（*Vergleichende Darstellung des lutherischen und reformierten Lehrbegriffs*, 一八五五年）は、広範な資料を駆使しているため、重要なものであり続けている。シュネッケンブルガーは、彼以前の学者たちが認識していた以上に、改革派陣営の神学の実践の中にある非常に幅広い多様性に注目している。シュヴァイツァーやバウアとは対照的に、彼は、カルヴァンやその後継者たちが予定論を神学の中心に据えてはおらず、むしろ使徒信条の順序に従っていると主張した。彼はさらに、予定論の客観的な決定が宗教改革者たちの典型ではないとの理由から、改革派の選びの教理が、神や神の属性の思想からの逸脱ではないこと、むしろ彼らは神の恵みを通して受け取られた選びの個人的な確証を強調したのであると主張した。このようにカルヴァンは、予定論を神の教理の一要素としてではなく、救いの秩序（*ordo salutis*）の一部として扱ったのである。シュネッケンブルガーはさらに、神の教理のもとで予定論を扱ったスコラ的な神学は、改革派正統主義と同様に、ルター派正統主義の典型でもあったと論じた。シュネッケンブルガーの著作は、彼の時代にあって、きわめて緻密で客観的なものであった。

二・四　二〇世紀における発展——ヴェーバーとアルトハウス

二〇世紀に目を転じると、一九世紀の研究が引き続き影響力を持っているのを目のあたりにする。この点に関して、ハンス・エミール・ヴェーバー（一八八二—一九五〇）とパウル・アルトハウス（一八八八—一九六六）の立場は重要である。ヴェーバーは、ヘーゲルの歴史哲学の支持者ではなかったが、バウアの内的原理の学説に従った。『宗教改革、正統主義、そして合理主義』（*Reformation, Orthodoxie und Rationalismus*, 全二巻、一九三七—一九五一年）の中でヴェーバーは、プロテスタンティズムの二大潮流——ルター主義とカルヴァン主義——を、二つの内的原理に還元している。ルター主義が義認論の内的原理によって象徴される一方、カルヴァン主義は予定論によって特徴づけられた。ヴェーバーは、この原理を普遍的なものとし、ルター派・改革派両神学の内にある多様性にほとんど注意を払わなかった。

予定論がカルヴァン主義の内的原理であるということを考慮して、ヴェーバーは堕落前予定説が聖定の最も論理的な構造であるとさえ主張した。堕落前予定説は、選びの聖定を最初に、すなわち創造と堕落に関する聖定の前に位置づける。

パウル・アルトハウスはヴェーバーに従った。特にルターの研究で知られるアルトハウスは、二〇世紀初頭のドイツにおけるルター・ルネサンスの指導者であるカール・ホルを支持した。彼は『ドイツ改革派教義学の原理』(*Die Prinzipen der deutschen reformierten Dogmatik*, 一九一四年)の中で、予定の教理によって改革派神学は、聖書的証言から遠く隔たり、合理主義的で思弁的な性格を獲得したと断定した。このこととスコラ的な方法が結び付いて、改革派神学は、聖定の教理によって決定づけられた「厳格な体系」となったのである。

ヴェーバーと同じようにアルトハウスは、自分の分析を理性と啓示の問題に限定し、自身の研究に一六世紀の神学者をほとんど含めなかった。彼は不適切にもマコヴィウスの神学を改革派正統主義の発展全体を代表するものと考えた。

二・五　バルトとビーツァー

第一次世界大戦後の弁証法神学の登場は、息の長いヘッペの改革派スコラ主義に関する見解にとってきわめて重要なものであった。カール・バルト（一八八六—一九六八）は、ヘッペの『教義学』のビーツァーによる新しい版に付された序文の中で、次のように書いた。すなわち、ヘッペの『教義学』には、いくつかの短所や弱点はあるものの、シュヴァイツァーの研究よりも信頼できる手引きであると考えている、と。バルトによれば、ヘッペはカルヴァンよりもメランヒトンを「改革派神学の父」と考え、コクツェーユスや彼の後継者たちの契約神学によってもたらされた改革派神学の中にある区分を概観した。

バルトは、『教会教義学』の多くの歴史神学的な補足説明の中で、豊富な関心を改革派正統主義に寄せている。それは、彼が改革派正統主義を一元的な現象と考えず、むしろそれを幅広い多様性の中に見たところに明らかにされている。彼はさらに、一七世紀の改革派神学が、神の聖定の教理によって規定された独占的な予定論の体系であったとする提案をしりぞけた。

バルトは、自然神学（聖書の啓示の外側、またはそこから離れた神の知識）が改革派スコラ主義者たちの間で受けることとなった重要な位置づけに批判的であった。カルヴァンはそれをしりぞけたが、自然神学の「無意味さ」は、バルトによれば、極端かつ不可避的にカルヴァンから逸脱したカルヴァンの後継者たちによって、ふたたび中央の舞台に据えられた。それでもバルトは、スコラ主義に関する知識を持たずに、この分野を公正に扱うことのできた神学者はいなかったという意見を持っていた。「学校的であることに対するおそれは、偽りの預言者の特徴である。まことの預言者は、自分の使信をまたこの吟味にさらすことを、なりゆきにまかせつつ、進んで身に受け、ことさら、避けはしないであろう」（吉永正義訳『教会教義学　神の言葉Ⅰ／1』新教出版社、一九九五年、五五七頁）。

一九五八年にヘッペの『教義学』の新しい版を出版し、そこに歴史を扱った序文を提供したエルンスト・ビーツァー（一九〇五—一九七五）は、バルトに従った。彼もまた、自然神学の採用を——のちに敬虔主義の反動へと続く合理主義者の方法論や聖書の歴史的解釈の利用とともに――一七世紀改革派神学の典型とみなす「合理主義」の主な原因と見た。初期正統主義（*Früorthodoxie*）でさえ、この合理主義の犠牲となった。

ビーツァーは、『初期正統主義と合理主義』（*Früorthodoxie und Rationalismus*, 一九六三年）のために、ベーズ、ダノー、ザンキウスの神学を理性との関係のゆえに研究し、このそれぞれの神学者たちの場合においては、創造と救済の教理が彼らの神の概念から必然的に生じていると結論づけた。ビーツァーによれば、これらの神学者たちはまた、神の存在が証明できるので、神の教理は理性的に理解できると考えた。彼らは、聖書が理性の上位にあると教えたが、理性的な証明を、聖書が神の言葉であることを示すために適用できると考えたのである。このように、聖書の啓示の内容は理性と衝突せず、むしろすでに自然に由来していたものの事実を報告したにすぎない。ビーツァーは、すでにメランヒトンやその教え子であるウルジヌスのうちにあったこの「二資料説」（理性と啓示）の起源を、明らかにすることができたと考えた。ビーツァーにとって、最も重要な研究分野は、理性と啓示の関係であり、「自然」という語の意味であった。

以下は、ビーツァーの学説に対する反論の概要である。第一に、彼の「合理主義」という語の定義は、理性的論証と合理主義的哲学の間に区別を設けていないため、曖昧かつ不明瞭である。第二の反論は、彼が一つの教理を取り上げてその発展の系譜を追跡せずに、むしろベーズの予定論とキリスト論の教理、ダノーの創造の教理、そしてウルジヌスの必然性の問題を研究したという点である。その結論は、この時代のすべての神学者を代表するものとはほとんど考えられないものであった。

二・六　概観

以上の立場を概観して、二つのことが注目に値する。第一に、これまでに言及した学者の内、後・宗教改革の発展について全面的に正しい判断を提示したものは誰もいなかったということが明らかである。ある場合にはその人の哲学的な背景が原因であり、別の場合には、その人の神学的な立場が、さらに別の人々にとっては、ほかの立場の考察を拒んだことが原因である。これまでの研究に共通する欠点は、一つの立場を一般化する傾向にあり、それをすべての展開を代表するものと考えた点にある。第二に、序論の中で注目したように、多くの場合、「スコラ的」という語が価値判断をもたらすような方法で使われた。「思弁的」、「厳格」、「無味乾燥」といった語が、この神学の形式を特徴づけるために使われた。これらの価値判断は、歴史家には受け入れがたいものである。最後に、改革派神学の中にある体系的な形式の多様性について、ほとんど認識がされていないことが挙げられる。あまりにも頻繁にこの時代の改革派神学が、全体に画一的なものと見られている。

二・七　再評価の初期のしるし――アームストロングとブレイ

ブライアン・アームストロングは、改革派スコラ主義に対する中世神学の影響をおおむね否定的に評価したが、彼の貢献は、スコラ的な神学が最初期から改革派神学の中に場を占めていたことを示した点にある。スコラ主義は、きわめて遅い段階で改革派神学に導入されたのではない。アームストロングのテーゼは、人文主義とスコラ主義がルネサンス期にともに発展し、宗教改革運動の内部においてもスコラ的な系譜と人文主義的な系譜を識別することができる、というものである。

アームストロングによれば、第一の系譜〔人文主義〕はより人間中心的な〔人間に基づいた〕性向を持ち、修辞学の実践を強調したのに対し、第二の系譜〔スコラ主義〕は神中心的な〔神に基づいた〕性向を持ち、論理学（logic）

を強調した。フランスのカルヴァン主義は、強い人文主義の傾向を持っていると言われている。この人文主義の性向をもつカルヴァン主義と並んで、スコラ主義的な系譜は、特にイタリアのパドヴァ大学やその周辺で発展した。ここでアリストテレスは、中世の教会論的な解釈から解放されて（第七章を見よ）、再び読まれた。特にオットー・グリュンドラーは、イタリアの伝統の影響が、改革派スコラ主義に関するそれまでの研究で過小評価されてきたと指摘した。旧学派は、スコラ的な方法が、特に（後期）メランヒトンやバルトロメウス・ケッカマン（一五七一―一六〇六）のような人物を通して導入されたと主張した。しかし改革派神学におけるスコラ主義の初期の状況はこれを基礎にしていては十分に説明できない。

ジョン・S・ブレイは、アームストロングに従って、改革派スコラ主義の本質を以下に挙げる六つの特徴にまとめた。第一に改革派のスコラ的な神学は、理性的な信仰体系が構築される基本原理を用いることによって特徴づけられた。この体系は、理性的に擁護できると考えられ、主に三段論法の論証によって構築された。第二にブレイは、アリストテレスの方法と哲学への甚大な依存を指摘した。第三に彼は、理性と論理の強調を挙げる。それは実際に、理性と啓示に等しい価値を与える結果となった（ビーツァーの二資料説を参照）。第四に改革派スコラ主義は、特に神の教理、さらには神の意志に注目した抽象的・形而上学的思想に多大な関心を寄せることによって特徴づけられた。第五にブレイは、聖書という概念を、神がたった一度だけ啓示した「命題の総体」であると指摘した。これは、スコラ主義に非歴史的・非時間的な特徴を与えた。最後にブレイは、宗教改革者たちの信仰とはかなり異なった、信仰についての新しい理解の始まりを、自分が指摘したと考えた。改革派スコラ主義者たちは信仰を、注入された習性（*habitus*）と見た。それゆえ、アームストロングとブレイの両者にとって、スコラ主義は教理的な内容を持ったのである。

しかし、アームストロングとブレイの立場には問題がないわけではない。彼らが改革派のスコラ的な神学の特徴と認めたものの多くは、「すべて」の改革派スコラ主義者たちの著作の中に共通して見出すことができるものではない。つまり、これらのすべての特徴が、改革派神学全体の特色となるとき、一点を指し示すことはできないのである。さらに彼らは、スコラ的な方法の文脈の中に、異なる種類の神学や正反対の種類の神学さえ認めることができるという事実を説明していない。スコラ的なゴマルスと、同じくスコラ的なアルミニウスの間の論争や、ヴォエティウスとコクツェーユスの間の議論は、その好例である。この四人はみなスコラ的な方法論を用いたが、多くの神学的な点において根本的な違いを持っていた。

二・八　最近の研究

しかし最近の研究は、旧学派がスコラ主義という用語の十分な定義をし損ねたこと、そして既存の定義がしばしば価値判断に比重を置いてしまったという点で一致するようになった。さらに最近の研究は次のことを明らかにした。すなわち、宗教改革者とその後継者たちが学問的な真空状態で神学をしたという印象を、先の研究が作り上げたということである。あまりにもしばしばスコラ主義という用語は、ルネサンス期のイタリアの大学で起きたスコラ主義の復興を考慮に入れず、排他的にその中世的な形式を指していると捉えられた。最近の研究はまた、スコラ主義と人文主義を対立的なものとして理解することが時代遅れであることに同意している。これら二つの現象がその文脈において研究されるとき、それらが密接に関連していることは明らかである。

改革派スコラ主義の登場と発展に関する一五〇年以上におよぶ研究を概観し、そしてそれがプロテスタント神学全体の中で持った位置づけを考慮して、異なる立場を三つの学説ないし解釈モデルに分類することができる。ここで私たちは、旧学派において想定された立場を考慮するだけではなく、最近の研究成果をも加えることとする。二つの最も重要な説を、「非連続性説」と「連続性説」とする。両学説が示す点は、第一に宗教改革であり、第二に中世神学である。非連続性説の代表者たちは、宗教改革と改革派スコラ主義の間に断絶があることを認める。彼らはスコラ主義の起こりを、中世のスコラ的な神学を選んだことによる、宗教改革者の神学からの逸脱と捉える。反対に「連続性」の支持者たちは、はっきりとした境界線による極端な断絶の提案をしりぞけ、神学の歴史の中にある継続的な発展を強調する。彼らは、改革派スコラ主義が宗教改革者の神学と中世神学との連続性の中にあると主張する。私たちはまた、第三の学説に言及すべきである。それは、連続性の概念を支持するが、それを非連続性説の文脈の中に位置づける立場である。私たちはこの立場を、既述の「肯定的」連続性説との対比において、「否定的」連続性説と表現する。これらの学説の賛否両論に進む前に、まず私たちがそれぞれの学説に言及するときに、それが何を意味しているかを短く説明しておく。

二・八・一　非連続性説

この学説の支持者は、特に旧学派の中に見られる。彼らは、スコラ的な正統主義が宗教改革者たちの思想との断絶を明らかにしたこと、そしてそれはすでに啓蒙主義の萌芽を含んでいたと主張する。このように、真の改革派プロテスタンティズムを理解するためには、過去の正統主義に目を向けなければならない。この学説によれば、改革派スコラ主義は、人間理性（*ratio*）が重要な役割を果たすとされる二資料説によって特徴づけられる。理性はまず聖書の啓示と比肩するようになったが、その発展の終わりには神学の実践の最も重要な原理となり、神に関する知識の第一の源泉として、実際に聖書の地位を占めるに至った。理性は自然神学の領域に属するので、理性の首位は、改革派スコラ主義者たちがますます自然神学に場所を譲り、啓示された神に関する知識から離れて独立した第一の源泉として、理性を考えるに至ったということを意味している。このように正統主義の歴史は、神学の中できわめて深い浸透力を持つ合理主義的な論証についての記録となった。啓示神学のロキ（*loci*）は、自然理性によって引かれた境界線の中で扱われる。神の救いの御業で始まるのではなく、それに向かう理性で始まる（第七章を見よ）教理解説の際の総合的・演繹的方法を用いることが、この理性的な要素をより一層、確かなものとした。この点からこの学説の支持者たちは、啓蒙主義へと辿り着くためには、ほんの小さな一歩が必要とされただけであったと論じている。

二・八・二　否定的連続性説

この学説は、多かれ少なかれ、非連続性説と肯定的連続性説の結合である。前者からは、宗教改革との断絶という改革派スコラ主義の否定的評価を受け取り、後者からは、スコラ主義の諸要素がすでに一部の宗教改革者たち自身の内に見いだされることを受け取った。このように、「たとえ正統主義が、きわめて意図的な信仰の教理の組織化や合理化と、思考のスコラ的なパターンをより意図的に用いていたとしても、宗教改革自体の内に（特にカルヴァンやブツァーの内に）、正統主義が結び付くことになるスコラ的な要素がすでに存在していた」（C・グラーフラント）と主張される。この正統主義の解釈は、論じられた通り、次第にアリストテレス哲学の文脈によって決定づけられることとなった。この哲学は、内容に関する重要な結果をともなって、単なる形式的・補助的な手段以上のものであることを明らかにしている。その結果、聖書は合理的な方法で正統主義に歪められたとされる。

非連続性説の支持者に――ある程度、否定的連続性説の支持者にも――共通した方法は、バジル・ホールの「カルヴァン主義に対抗するカルヴァン」という言葉で表現される。あるスコラ的な著作家の教理が、カルヴァンにおける同じ教理の扱い方と比較される。このような方法は、たとえカルヴァンの著作の人文主義的なジャンルと、一七世紀の著作のスコラ的なジャンルにおける違いを理由とするだけでも、例外なく期待された結果を生み出す。その上その焦点が、後続する発展全体の規範と考えられるたった一人の神学者（カルヴァン）の影響に限定される。しかしこの方法は、改革派神学における複雑さやすばらしい多様性を考慮に入れていない。それはまた、形式における変化が、当然、内容における変化を伴うものであると考えられている。

二・八・三　肯定的連続性説

この立場の支持者たちは、自分たちの出発点を、プロテスタント・スコラ主義の起こりが中世的な思考パターンへの逆戻りではなく、むしろルネサンスの影響に関連する発展の結果と考えられなければならないという主張の内に見る。歴史的視点からこの人たちは、ルネサンス人文主義と宗教改革が、必然的に反スコラ的であるとは考えない。ここで肯定的連続性の学者たちは、スコラ主義が一四世紀全体を通して着々と発展し、一六―一七世紀に至って最高潮に達したことを説得力を持って明らかにした、偉大なルネサンスの歴史家ポール・オスカー・クリステラー（一九〇五―一九九九）に言及する。この学説の支持者たちは、カルヴァン、ピエトロ・マルティレ・ヴェルミーリ、ジローラモ・ザンキウスのような宗教改革者たちの内に、一七世紀スコラ主義においてさらに発展した諸要素を見出す。

宗教改革者たちの思想の内にすでに存在したものを、のちの世代が堅実に成し遂げたという主張を実証するために、私たちはカルヴァンの内にある興味深い発展に言及する。それは、一五五九年版『綱要』（一・一六・九）の摂理論の解説の一文である。(1) ここでカルヴァンは、結果するものの必然性（*necessitas consequentis*）と結果の必然性（*necessitas consequentiae*）というスコラ的な区別が一定の価値を持っていると発言している。しかし彼は、一五五二年に書かれた初期の作品『永遠の予定について』の中で、同じ区別を鋭く否定した。七年後、カルヴァンはそれをさらに発展させることなく、むしろこの区別を受け入れたのである。ゴマルスは、数十年後、自分の摂理の教理の中で、この区別を展開するために『キリスト教綱要』からこの文章を使った。

この文脈において肯定的連続性説の支持者たちは、宗教改革者たちの神学との連続性だけではなく、中世神学との連続性をも含めた「二重」の連続性を語る。しかし、非連続性もまた注目される。改革派スコラ主義は、中世的な体系の焼き写しや、宗教改革者たちの神学の繰り返しではない。歴史的、文学的、方法論的ないかなる種類の発展も否定されたり、改革派スコラ主義者たちの主張が無時間的な規範のレベルに置かれたりする改革派正統主義の見方は、この理由のゆえに否定される。

改革派正統主義時代におけるカルヴァンの影響に関して緻密な研究をしたO・ファティオによれば、カルヴァンは『綱要』を通してかなりの影響を及ぼした。この改革者の見識は維持されたが、それらはまた、一三、一四、一五世紀の中世神学へとさかのぼる方法論の援助とともに発展した。このようにファティオは、宗教改革から正統主義への内容のレベルにおける連続性と、正統主義と中世の間にある方法論における連続性を擁護した。自然神学の「害毒」と合理主義が、スコラ的な神学の方法によって改革派神学への道を作ったとする、バルト主義者の非難が事実無根であることを、ジョン・プラット（一九八二年）は明らかにした。プラットはスコラ主義を、「高等教育という宗教改革の機構の中核から、決して姿を消さなかった」「教育システム」と定義した（*Reformed Thought and Scholasticism*, 240）。これは、宗教改革者たちに想定されたスコラ的な伝統への嫌悪という深刻な疑いを払拭する。カルヴァンが決してベーズの著作について否定的に語らなかったことと、ルターが決してメランヒトンの教えに反対しなかったことは重要である。リチャード・ムラーは特に、改革派スコラ主義の新しい評価を主張した。彼は『キリストと聖定』（*Christ and the Decree*）や全四巻の『後・宗教改革期改革派教義学』（*Post-Reformation Reformed Dogmatics*）の中で、先の研究の哲学的・神学的先入観から自由となった歴史的解説を試みている。彼は、改革派スコラ主義を内容のレベルにおける現象としてではなく、一つの方法として解釈している。

ここまでで、本書の執筆者たちが、どの学説を支持しているかが明らかとなっただろう。注意深い読者はすでに、私たちが連続性の学説に従って、スコラ主義を肯定的に評価していることに気がついているだろう。

参考文献

一般的なもの

Copenhaver, Brian P., and Charles B. Schmidt. *Renaissance Philosophy*. Oxford: Oxford University Press, 1992. Pp. 117-121.

Kristeller, Paul O. "Renaissance Aristotelianism." *Greek, Roman and Byzantine Studies* 6 (1965): 157-174.

__________. *Renaissance Thought and Its Sources*. New York: Columbia University Press, 1979.

Muller, Richard A. *Christ and the Decree: Christology and Predestination in Reformed Theology from Calvin to Perkins*. Grand Rapids: Baker, 1986. Pp. 1-13.

__________. *Post-Reformation Reformed Dogmatics*. Vol. 1, *Prolegomena to Theology*. 2nd ed. Grand Rapids: Baker, 2003. Pp. 27-84.

Neuser, Wilhelm. "Die reformierte Orthodoxie." In *Handbuch der Dogmen und Theologiegeschichte, Band 2: Die Lehrentwicklung im Rahmen der Konfessionalität*, edited by Carl Andresen. Göttingen: Vandenhoeck & Ruprecht, 1980. Pp. 306-352.

Wallace, William A. *The Elements of Philosophy: A Compendium for Philosophers and Theologians*. New York: St. Paul's, 1977.

旧学派

Althaus, Paul. *Die Prinzipen der deutschen reformierten Dogmatik im Zeitalter der aristotelischen Scholastik*.

Leipzig: Deichert, 1914.

Armstrong, Brian G. *Calvinism and the Amyraut Heresy: Protestant Scholasticism in Seventeenth-Century France.* Madison: University of Wisconsin Press, 1969. Pp. 31-42.

Barth, Karl. *Church Dogmatics.* Edited by G. W. Bromiley and T. F. Torrance. Edinburgh: T & T Clark, 1956-1975. Vol. I/1 (2nd ed.), p. 279; vol. II/1, pp. 126-128; vol. II/2, pp. 36-37, 60-69, 112-115, 326-340.

Baur, Ferdinand C. *Lehrbuch der christlichen Dogmengeschichte.* Tübingen: L. Fues, 1847-1876.

Bavinck, Herman. *Reformed Dogmatics.* 4 vols. Edited by John Bolt. Translated by John Vriend. Grand Rapids: Baker, 2003-2008. Vol. 1, 175-204.

Bizer, Ernst. *Frühorthodoxie und Rationalismus.* Theologische Studien 71. Zürich: EVZ-Verlag, 1963.

Bray, John S. *Theodore Beza's Doctrine of Predestination.* Nieuwkoop: De Graaf, 1975. Pp. 12-15.

Gass, Wilhelm. *Geschichte der protestantischen Dogmatik in ihrem Zuzammenhänge mit der Theologie überhaupt.* 2 vols. Berlin: G. Reimer, 1854-1859. 特に vol. 1, pp. 7-9 を見よ。

Gerrish, Brian A. *Tradition and the Modern World: Reformed Theology in the Nineteenth Century.* Chicago: University of Chicago Press, 1978. Pp. 119-136.

Gründler, Otto. *Die Gotteslehre Girolami Zanchis und ihre Bedeutung für seine Lehre von der Prädestination.* Beiträge zur Geschichte und Lehre der Reformierten Kirche, vol. 20. Neukirchen-Vluyn: Neukirchener Verlag, 1965.

Heppe, Heinrich. *Die Dogmatik der evangelische-reformierten Kirche: Dargestelt und aus den Quellen belegt* (Elberfeld: R. L. Friedrichs, 1861). Also as edited by Ernst Bizer (Neukirchen: Neukirchener Verlag, 1958). 本書の英訳は、かなりの修正を加えて以下の書名で出版された。 *Reformed Dogmatics: Set Out and Illustrated from the Sources.* London: Allen and Unwin, 1950. Reprint, Grand Rapids: Baker, 1978.

Schneckenburger, Matthias. *Vergleichende Darstellung des lutherischen und reformirten Lehrbegriffs.* Stuttgart: J. B. Metzler, 1855.

Scholten, Johannes H. *De Leer der Hervormde Kerk in hare grondbeginselen, uit de bronnen voorgesteld en beoordeeld*. 4th rev. ed. Leiden: P. Engels, 1870.

Schweizer, Alexander. *Die protestantischen Centraldogmen in ihrer Entwicklung innerhalb der reformierten Kirche*. 2 vols. Zürich: Orell, Fuessli & Co., 1846-1856.

Weber, Hans E. *Reformation, Orthodoxie und Rationalismus*. Gütersloh: C. Bertelsmann, 1937-1951; Darmstadt: Wissenschaftliche Buchgesellschaft, 1966.

最近の非連続性説の代表的なもの

Bakker, Nicolaas T. *Miskende gratie: Van Calvijn tot Witsius, een vergelijkende lezing; Balans van 150 jaar gereformeerde orthodoxie*. Kampen: J. H. Kok, 1991.

Graafland, C. "Gereformeerde Scholastiek IV: De invloed van de Scholastiek op de Gereformeerde Orthodoxie." *Theologia Reformata* 30 (1987): 4-25.

Hall, Basil. "Calvin against the Calvinists." In *John Calvin*, edited by Gervase E. Duffield. Courtenay Studies in Reformation Theology, Vol. 1. Appleford: Sutton Courtenay, 1966. Pp. 12-37.

肯定的連続性説の代表的なもの

Fatio, O. *Méthode et théologie: Lambert Daneau et les débuts de la scolastique réformée*. Geneva: Droz, 1976.

__________. "Présence de Calvin à l'époque de l'orthodoxie réformée: Les abrégés de Calvin à la fin du 16e et au 17e siècle." In *Calvinus ecclesiae doctor*, edited by Wilhelm Neuser. Kampen: J. H. Kok, 1978. Pp. 171-207.

Muller, Richard A. *Christ and the Decree: Christology and Predestination in Reformed Theology from Calvin to Perkins*. Grand Rapids: Baker, 1986.

__________. *Post-Reformation Reformed Dogmatics*. Vol. 1, *Prolegomena to Theology*. 2nd ed. Grand Rapids: Baker, 2003.

Oberman, Heiko A. *The Harvest of Medieval Theology: Gabriel Biel and Late Medieval Nominalism*. Cambridge: Harvard University Press, 1963.

Platt, John. *Reformed Thought and Scholasticism: The Arguments for the Existence of God in Dutch Theology, 1575-1650*. Leiden: E. J. Brill, 1982.

Trueman, Carl R. *The Claims of Truth: John Owen's Trinitarian Theology*. Carlisle: Paternoster Press, 1998.

Van Asselt, Willem J., and Eef Dekker, eds. *De scholastieke Voetius: Een luisteroefening aan de hand van Voetius' Disputationes Selectae*. Zoetermeer: Boekencentrum, 1995.

注

（1）この一文は、全文を引用する価値がある。「そこでスコラ神学者の間で、条件付き必然と絶対的必然、同じく、結果的必然と結果の必然の区別が考え出されたのは根拠なきことではない。すなわち、神は御子の骨を砕かれ得るものとしながら、これを砕かれることから免れさせ、こうして自然的には起こり得ることを御自身の計画の必然によって制限したもうたのである」（英訳は、John Calvin, *Institutes of the Christian Religion*, edited by J. T. McNeill, translated by F. L Battles [Philadelphia: The Westminster Press, 1960] から引用〔邦訳は、渡辺信夫訳『キリスト教綱要　改訂版　第一篇・第二篇』（新教出版社、二〇〇七年）、二三二頁〕）。

第三章

「哲学者が言うように」――アリストテレス

T・セオ・J・プレイツィエール
マールテン・ヴィッセ

三・一　序

旧学派は、しばしば改革派スコラ主義をアリストテレス主義の復興と同一視した。中世の暗黒後の明るい光として描かれる宗教改革の後、神学は古典哲学の言語形態、特にアリストテレスに依拠した。改革派スコラ主義者たちは、ギリシアの哲学者たちの用語を採用したが、その中でもアリストテレスは群を抜いていた。このような表現の結果、次のような結論に行き着くことは避けられない。すなわち、改革派スコラ主義というのは、神学がアリストテレス主義と結合したとされる中世の暗黒への逆行以外の何ものでもない、と。

しかしこの見解に対しては、いくつかの反論が提起されなければならない。第一に、この見解は、特定の用語の採用が、内容への同意をも含意していると示唆している。しかし、（中世の神学者たちに続く）改革派神学者たちが、アリストテレスと同じ方法で本性（*natura*）の概念を用いたかどうかは疑わしい。同じことは、「本質」（*essentia*）や「属性」（*attributa*）といった概念にも当てはまる。このような用語の採用は、神学それ自体が身も心もアリストテレスと結合したことを意味するのだろうか。

第二に、アリストテレスの用語や概念を用いることは、改革派スコラ主義者たちの概念装置全体がアリストテレスに由来することを意味しない。本書の後半で、宗教改革後に直面したスコラ的な方法が諸伝統の複合のしるしとなり、各伝統がスコラ的な方法論全体の内でそれぞれの役割を担っていることが明らかとなるだろう。アリストテレスは、特に概念、区分、論理学のゆえに重要である。スコラ的な方法論のその他の側面にとって、中世スコラ主義と人文主義はより重要なものである。

最後に、アリストテレスの概念や区分を用いることは、改革派スコラ主義者たちがアリストテレスを用いることに無批判であったということを意味するのではない。彼らは、ある区分に関しては見事に継承したが、それらが無差別に受け入れられたわけではなかった。多くの場合それらは修正され、その結果、新しい意味によってキリスト教信仰の文脈における適用にふさわしいものとなった。その上ある場合には、アリストテレスの思想がはっきりと拒否された。

この章は、改革派スコラ主義において重要な役割を持つアリストテレスの思想から、多くの概念や区分を論じる。第一に、アリストテレスの広範な著作を概観する。第二に、アリストテレスの論理学のいくつかの要素に関心が寄せられ、第三に、彼の形而上学の要素の考察が続く。この章は、アリストテレスの思想に関する受容の歴史を簡潔に描写することで結論づける。全体として関心が、アリストテレスの思想だけに制限されるのではなく、改革派スコラ主義におけるアリストテレスの思想の受容にも広げられる。

三・二　著作

アリストテレスは、さまざまな方法で分類されうる幅広い著作を残した。年代順の分類がおそらく最も自然であろうが、主題別の分類も広く用いられている。アリストテレスは、論理学や物理学（*physica*）、実在の本性

(*metaphysica*) の分野において幅広く出版した。彼はまた歴史を扱った著作、人間の霊魂に関する主要な論考、そして政治学や倫理学や修辞学といったテーマに関する哲学的な手引き書を執筆した。

アリストテレスの最も重要な著作は三つのグループに分類できる。第一は、「オルガノン」(ギリシア語「道具」) というかたちでまとめられた論理学に関する著作である。「オルガノン」は、アリストテレスの論理学的方法論一式あるいは道具箱全体を包含している。「オルガノン」の道具は、少なくとも異なる五つの著作から構成される。

第一は、どのように単語や用語が分類されなければならないかということを扱った『カテゴリー論』(*Categories*) である。用語の意味は何か、そして意味を持つ最小の言説は何か。アリストテレスは、この著作を同音異義語や同義語といった文法的な単語の定義で始める。それから、単語が文章においてそれぞれどのように関連し合っているかを明らかにする。そして最終的に、論理的な機能や単語の属性を論じるのである。一つの単語が、事物を指しているのか (たとえば「ウマ」は動物の種類を指す)、それともそれは (「茶色」というような) 質と関わっているのか。

「オルガノン」の第二の著作は『命題論』で、そこでアリストテレスはさらに一歩進む。『カテゴリー論』が単語のさまざまな種類を扱ったのに対し、この著作では単語と句の関係や句の論理的な価値、そして単語の組み合わせを扱っている。アリストテレスは、互いの関係において「すべてのウマが茶色である」とか「茶色のウマは存在しない」というような、単語の組み合わせの価値を議論している。「すべて」や「いくつか」という単語が、相互にどのように関係しているのか。「すべてのウマは茶色である」と「いくつかのウマは茶色である」は、同時に真でありうるとアリストテレスは結論づける。しかし、「茶色のウマは存在しない」と「すべてのウマは茶色である」は、同時に真ではありえない。もし一つの句に真理値 (真か偽) が与えられるなら、それは「命題」(*proposition*) である。

『命題論』の後には、分析学に関する二つの著作が続く。『分析論前書』は論証を扱う。もし、(『命題論』で議論されているように)三つの句を組み合わせるなら、以下のような論証を構築できる。第一の句は、(a)すべての人間は死すべき存在である。第二は、(b)ソクラテスは人間である。(a)と(b)から結論は、(c)ソクラテスは死すべき存在である、でなければならない。『分析論前書』の後には、より入念な論証を扱う『分析論後書』が続く。論理形式において、どのように有効な証明がなされうるか、そしてどのように私たちは、当然の結論に到達するのか。アリストテレスは、もし前提(結論へと導く根源的前提)が必然的に真であるなら、必然的な結論(偽ではありえない結論)に到達できると答える。以下で、どのようにこれらの論証が使われるかを説明しよう。『分析論』の中でアリストテレスは、矛盾の原理も論じている。一つの論証において、二つの相反(矛盾)する命題を正当に論じることはできないと、この原理は主張している。二つの互いに両立しない命題――「走っている」と「走っていない」というような命題――は矛盾であり、妥当かつ有意義な主張に到達することはできない。

『トピカ』は、「オルガノン」の一部を構成する第四の論文である。この著作もまた、先の著作に基づいて構築され、学問的に根拠の確かな知識に到達するための方法を扱う。アリストテレスは二つの異なるアプローチを展開している。第一は、出発点を一連のデータの中に持ち、そこから普遍的に正当な結論を導き出す帰納的方法である。私たちが自分たちの身の回りの事柄を観察する時、私たちは、ソクラテスが死すべき存在であること、プラトンが死すべき存在であること、アリストテレスが死すべき存在であることを規定することができる。この限られた一連のデータから、私たちは、すべての人間が死すべき存在であるという一般的な結論を引き出すことができるのである。第二の方法は、演繹的で、まさに正反対の方法で働く。個々のデータが普遍的な原則からアプローチされる。すべての人間が死すべき存在であるという普遍的な原則から、プラトンは死すべき存在であるに違いないし、同じことがアリストテレスやソクラテスにも当てはまる。

アリストテレスの最後の論理学的著作である『詭弁論駁論』は、少しあとに発見された。この著作は誤謬の検証を扱い、その結果『トピカ』の補遺となっている。『詭弁論駁論』は、どんな命題が、妥当性がなく誤りであるかということを明らかにしている。例えばアリストテレスは、ある人がある結論のために論じているように見える時、実際この結論のための命題はすでにその結論を前提としているのだが、その時に起こる問いを要請する誤りを扱っている。問いを要請する簡単な例は、「この自転車は私が所有しているので、これは私の自転車である」というものである。

これらの論理的な道具以外にもアリストテレスは、実在の本質に関する影響力のある多くの形態を展開した。彼は、世界の起源やその一貫性と目的、宇宙と世界の構成に関する問いに答えようとしたのである。これら実在のさまざまな側面に関する彼の学説は、物理学（*physica*）に関する著作や、実在の構造に関する哲学的な問題（*metaphysica*）を扱った著作に見出される。

「物理学」の場合、これらは、
物理に関する『物理学』
天と宇宙論に関する『天体学』
存在と滅亡に至ることに関する『生成と滅亡』
気象と宇宙論に関する『気象学』

アリストテレスの最も重要な哲学的な著作は、
アリストテレスの神学（世界における神々の位置づけ、実在の目的）に関する『形而上学』、
倫理的な原則とアリストテレスの徳についての見解に関する『ニコマコス倫理学』
政治の形態に関する『政治学』
詩歌の法則に関する『詩学』

この表題のコレクションに、心理学的な著作や歴史学的な著作が加わる。全体的に見てこれは、かなり幅広いテーマを扱った著作群の貴重なリストである。アリストテレスはまさに、あらゆる学問領域に精通した包括的な思想家と呼ばれるにふさわしい。

三・三　論理学

これまで明らかにしてきたように、アリストテレスは、特に「オルガノン」の中で論理学を扱っている。アリストテレスの論理学のすべての側面がこの分野を扱う一冊の書物では扱い切れないので、ここで私たちは、改革派スコラ主義を理解するために直接的に重要なものである四つの要素に限定しようと思う。すなわち、矛盾の原則、「本質」と「偶有性」の区別、カテゴリー論、三段論法の用法、である。

三・三・一　矛盾の原則

アリストテレス論理学の第一の基本的な原則は「矛盾の原則」（しばしば *principium contradictionis* と呼ばれる）である。この論理的な原則は、一つの命題が内的矛盾を含まない、すべての学問的論証や質問にとって重要なものである。矛盾の原則は次のように要約できる。もし、一つの命題においてある立場が採用され、著者が特定の立場を擁護した場合、この人は、後で同じ命題の中でこの立場を否定することはできない。なぜなら、もし命題が内的矛盾を含んでいる時、そこからどんな意味でも導き出すことができるからである。もしある主張が最初に断定され、それから否定されたなら、意味のあることを言うのは不可能である。アリストテレスはこの論理学的な法則を次のように表現している。「同じ属性が、同じ主体に、同じ点で帰属しかつ同時に帰属しないというのは不可能である」。

この引用は、「属性」と「主体」という二つの基本的な概念を含んでいる。これらの基本的な概念は、次の例によって説明できる。もし私たちが、完全に茶色（属性）であり同時に完全に茶色でない（反属性）という一頭のウマ（主体）に言及するとしたら、私たちはウマの色に関して何の発言もしていない。実際に私たちは、全く意味をなさないことを述べているのである。

改革派スコラ主義において、矛盾の原則はすべての神学的論述にとっての出発点である。もしこの原則が否定されるなら、論述の形式は成り立たない。ローマ・カトリックやソッツィーニ主義の神学者たちとの論争という文脈において、改革派スコラ主義者たちは、自分たちの論争相手の立場が、結論を引き出すことによって内的に矛盾していることを一貫して明らかにしようとしたのであった。もし矛盾の原則を否定するなら、教理的な違いに関するありとあらゆる議論が無益なものとなる。なぜなら、一つの主張が真であると同時に偽でもありうる可能性に単純に訴えることで、いかなる立場も擁護できてしまうからである。

三・三・二　本質的と偶有的

ウマの例は、二番目に重要なアリストテレス論理学の原則へと私たちを導く。そこでは、「ウマ」と「茶色い」という区別がなされた。アリストテレスは「ウマ」を「主体」と呼び、それについて何かを表現したいのであり、「茶色い」を「属性」（あるいは述語）と呼んで、それによって主体に関する何かに言及する。「茶色であること」だけが、主体である「ウマ」に帰される唯一の述語であるわけではない。なぜなら、「四本足であること」、「早く走れること」、「生きた被造物であること」、あるいは「灰色であること」もまたすべて述語であり、あるいは主体である「ウマ」が持つことができる属性だからである。「実体」（*entity*）（*ens* は存在、人、物で、それについての何かを私たちは言うことができる）とも呼ばれる主体の属性の数は無限である。

ある主体は多くの異なる属性を持つことができるとアリストテレスが主張した後、彼は、これらの属性が異なるカテゴリーに分割できないかと考える。そして彼は、属性には二つの異なる種類があると結論づける。偶有的属性と本質的属性である。これらの属性はどのように異なるのだろうか。もし、プラトンについて、彼はとても賢いと言われるなら、私たちはプラトンの「知恵」を賓述している。しかし、賢いということは、プラトンにとって本質的なことなのだろうか。そうではない。なぜなら、たとえ彼が賢くなかったとしても、プラトンはプラトンであり続けるからである。このように、「知恵」は、プラトンの偶有的属性なのである。プラトンの本質は、彼の知恵によっては決定づけられない。それなら、プラトンの本質を決定づけるものとは一体何だろうか。彼の本質は、人間であるというような、本質的属性によって決定づけられる。もしプラトンが、「人間である」という属性を持たなくなったとしたら、プラトンはもはやプラトンではなくなるだろう。プラトンの本質は、彼の本質的属性によって表現されるのである。

同じようにスコラ主義者たちも、本質的属性と偶有的属性を区別した。この区別は、神の属性やキリストの二性に関して重要なだけではなく、サクラメントの教理においても重要であることを明らかにした。最も顕著な例は、トマス・アクィナスの実体変化説をめぐる議論である。司祭が制定の言葉を宣言した時、パンとワインに一体何が起きているのだろうか。実体変化説の教理によれば、パンの実体が変化しているのである。これは、パンの「本質」が変化するということを意味している。それが「本質的に」キリストの体になり、同様にワインが「本質的に」キリストの血になるのである。パンとワインの本質的属性が、奉献の際に変化しているのである。しかし、相変わらずパンはパンのように見え、ワインはワインのように見えるのは、どのようにしてか。本質的属性と偶有的属性の区別が、これに関する答えを持っている。パンとワインの本質的属性は変化するが、偶有的属性は変化しない。偶有的属性は、パンとワインの味や色、形を構成している。これらの属性はそのまま残るが、本質的属性は変化するのである。

実体変化説の例は、このアリストテレスの区別が、どのように中世スコラ主義において用いられたかを明らかにしている。それは、あらゆる主体の本質的属性と偶有的属性の一覧をただ単に生み出すために用いられたのではなく、神学的問題を解決するために使われたのである。問題は、この区別の適用が本当にアリストテレス的であるかということではない。少なくとも実体変化説の場合において、それは問題ではない。なぜなら、アリストテレス哲学においては、事物の本質的属性が変化するということはあり得ないからである。とりわけ、パンの本質的属性は、まさにパンをパンたらしめる属性だからである。もしこれら本質的属性が変化するなら、もはやパンは存在しなくなる。それゆえ、スコラ的な伝統における問題は、区別の使用がアリストテレス的かということではなく、むしろその区別の適用が神学的問題を解決できるかという点にある。

三・三・三　カテゴリー論

アリストテレスは、単に本質的属性を偶有的属性から区別することからさらに進む。彼はまた、偶有的属性がさらに細分化されうるのではないかと考えた。これが『カテゴリー論』の中の最初の著作である『カテゴリー論』の中心課題である。私たちはすでに、この著作が用語の分類を扱っているということを見て、「主体」という最初の用語を定義した。しかし、さらに多くの用語が存在し、それらが最も重要な用語である「主体」との論理学的な関係の中で位置づけられる。前記で私たちは、主体－属性関係に触れた。「主体」は物体である。アリストテレスにとって、物体は「人」や「ウマ」などであるが、それに関して何かが語られる主体というのは、特定の人（「ソクラテス」）や特定のウマ（「ナポレオンのウマ」）である。物体は、多様な概念を包括するためにアリストテレスが発展させた分類体系の中で、最も重要なカテゴリーを形成する。最も重要なカテゴリーである「物体」の他に、彼は九つの付随的なカテゴリーを区別する。一つの主体は、九種類の付随的なカテゴリーを持ちうる。他の九つのカテゴリーに属する偶有的属性は、その人を他の人々から区別する特別な属性を通して、物体（人間）を特定の人間（「ソクラテス」）とする。

アリストテレスは、異なるカテゴリーについて、次のように言う。

いかなる組み合わせにももとづかずに語られるもののそれぞれは、次のいずれかを表示する。(1)まさにそれであるもの（本質存在）、(2)どれだけか（量）、(3)どのようか（性質的なもの）、(4)何に対する（関係的なもの）、(5)どこか（所）、(6)いつ（時）、(7)置かれている（態勢）、(8)持っている（所持）、(9)作用する（能動）、(10)作用を受ける（受動）。

まず例を挙げて、理解の輪郭を与えるとすれば、次のようになる。

(1)本質存在は、たとえば人間、馬、(2)量は、たとえば二ペーキュス、三ペーキュス、(3)性質的なものは、たとえば白い、読み書きできる、(4)関係的なものは、たとえば二倍、半分、より大きい、(5)所は、たとえばリュケイオンにおいて、市場（アゴラ）において、(6)時は、たとえば昨日、昨年、(7)態勢は、たとえば横たわっている、座っている、(8)所持は、たとえば靴を履いている、武装している、(9)能動は、たとえば切る、焼く、(10)受動は、たとえば切られる、焼かれる（『カテゴリー論』Ⅳ・一b・二五―二a・一〇）[1]。

一〇のカテゴリーは各すべての主体に適用する。これは、「ナポレオンのウマ」の例で説明される。

- 本性　ウマであること
- 分量　小さいこと
- 性質　白いこと
- 関係　ナポレオンの所有
- 場所　フランス
- 時間　一九世紀

- 体位　立っている
- 所持　鞍がある
- 能動　疾駆する
- 受動　乗られる

　これらのカテゴリーを一つの枠組みとして用いるアリストテレスは、一連の視点から、実際にいかなるすべての実在でも分析できるとする。これは、アリストテレス哲学の別の側面と関連している。すなわち定義の理論である。定義は、ある概念を、別の概念から区別する。私たちが何かを定義する時、異なる境界を持ち出すことによってそれを行う。その境界が広ければ広いほど、定義に適合する実際の実在はより多く存在することになるし、境界が狭ければ狭いほど、定義に適合する実在はより少なくなる。アリストテレスは、あらゆる現実におけるいかなる実在も、あるいはいかなる実在の集合も、定義可能な定義の理論を発展させた。この定義の理論の中で、実在が属する類（*genus*）、種（*species*）、差異（*defferentia*）の区別がなされている。

　もし私たちがナポレオンのウマに定義を与えるとするなら、アリストテレスの理論によると、このようになるだろう。すなわち、生きた存在——ウマ——ナポレオンのウマ。この定義は、ナポレオンのウマの叙述において、ますます特殊なものとなる。とりわけ、あらゆる現実の中で、少数の実在だけが「ナポレオンのウマ」という定義に該当することになる。一つの実在の最も一般的な叙述は、その実在が属する部類（class）である。ナポレオンのウマの「類」（*genus*）は、その主体（ここではナポレオンのウマ）が属する部類である。ウマは、「生き物」という部類に属する。「生き物」という叙述はきわめて一般的だが、それは私たちが特定の主体を考える方法にとってきわめて基本的なものである。もし私たちがウマを「生き物」あるいは「モノ」と考えるなら、そこにはかなりの相違が存在する（以下のコムリとホルティウスの例を見よ）。

部類の中でも私たちは、異なる種あるいは種類を区別できる。特定のウマは、「ウマ」という種（Species）に属する。アリストテレスによれば、私たちが特定の実在をイヌではなくウマと呼ぶのには、いくつかの理由がある。彼は差異という語を、私たちが「ウマ」と呼ぶ実在と、私たちが「イヌ」と呼ぶ実在との間の、特定の相違を表現するために用いる。スウェーデンの生物学者リナエウスは、植物界全体を類－種－差異のパターンに従って分類した際に、一貫してこのアリストテレスの方法を当てはめた。

アリストテレスによれば、定義のプロセスにおける最後の二つの段階に、本質的属性と偶有的属性を挙げている。すでに述べた通り、本質的属性は事物が持つ特徴的な性質を形成し、偶有的属性は付随的な性質に関係している。私たちがナポレオンのウマの本質的属性を取り上げる時、どの属性がこの動物をウマとしているかを突きとめることに関心を寄せている。次に私たちは、他のウマと区別されるその特定の動物がどんな属性であるかを示すことができる。他の属性の中で、これが、そのウマが持っているナポレオンとの関係である。このような属性の別のものとしては、ウマの大きさ、ウマの色、などがある。ナポレオンのウマの偶有的属性を明らかにすることで、私たちは前記のカテゴリーを認めるのである。

アリストテレスの定義論は、スコラ的な神学において広範に用いられた。顕著な例は、アレキサンドル・コムリとニコラウス・ホルティウスによって起草された『寛容計画の精査』（*Examen van het ontwerp van tolerantie*, 一七五五年）に見られる。その中で彼らは、宗教に関する不適切な定義とみなしたものを批判している。

もし私が人々を教えていたのなら、類あるいは部類や、「異なる種」（*differentia specifica*）あるいは種を決定づける差異（それは、細分化によって、種あるいは種類を差異化する作業の中で、類あるいは部類をすべての事物に適用できる）からなるモノの一般的描写を、私自身が人々に提供する義務を負うと考えるだろう。しかし私が、真の宗教に関するあなたの定義に到達する時、定義や決定に関する第一で最も根本的な部分、すなわち類あるいは種類が欠如しているのを見出す。そして私は、それが、学知（*scientia*）なのか、叡知（*sapientia*）なのか、分別（*prudentia*）なのか、技術（*ars*）なのか、知識か、知恵か、思慮分別か、技巧なのか、知ることができない。なぜならそれらは、項目や部類の下にまとめられなければならないのだが、あなたはその項目や部類を除いた三つの事柄を提示するからである。このようにして、本体（body）の各部の提示は項目（head）を欠いている。神学者という名の価値は、このようなことを決してしないことにあると、私は言わなければならない。

この例から明らかなのは、改革派スコラ主義が、主にアリストテレスの定義論を、神学の分野における特定の主題の関心事を正確に決定づけるために用いたということである。それは、主題がどの部類に属しているかを知るためだけではなく、その主題が、混乱の予想される他の主題とどのように関係しているかにとっても重要なのである。アリストテレスの定義がもはや用いられなくなった改革派スコラ主義時代の末期、伝統的な神学者たちは、「啓蒙化された」神学者たちの側にある正確さの欠如に苛立ちを覚えたのであった。

三・三・四　三段論法の用法

『カテゴリー論』における定義論の後、『分析論』の中でアリストテレスは、「推論」（*inferences*）を生み出す前提の組み合わせを考察している。前提は普遍的（すべての人間は死すべき存在である）でありうるし、多くの実在あるいはたった一つの実在（ソクラテスは死すべき存在である）にも関係しうる。異なる前提を用いることによって、一つの主張を展開できる。このことは、三段論法（*syllogism*）という形式でなされる。三段論法は、以下の特徴によって明らかにされる論証の一つである。

1　三段論法は、結論へと続く二つの前提に基づいている。第一の前提は、大前提（*major*）、すなわち一般的な主張である。大前提の例として、「すべての人間は死すべき存在である」。
2　これに、「ソクラテスは人間である」というような、小前提（*minor*）、すなわち具体的な主張が続く。
3　「大前提」と「小前提」は、結論「ソクラテスは死すべき存在である」へと結ばれる。

三段論法は、以下の通りである。

大前提　すべての人間は、死すべき存在である
小前提　ソクラテスは、人間である
結　論　ソクラテスは、死すべき存在である。

これは、三段論法の最も単純な形式である。アリストテレスは、この一つの形をすべての基礎にして、さまざまな三段論法を展開した。同様にスコラ主義の中にも、三段論法の技法に基づいて、多くの推論の形が見られる。推論の正確な形を再構築するのはしばしば困難なので、三段論法の厳密な形が常に保たれるわけではない。三段論法の説得力（あるいはおそらく修辞学的な「トリック」）は、反対者に受け入れられると想定する前提に基づいて、論証の筋道を構築することにある。そして、自分自身の立場に有利な前提から、結論を導き出すことができる。この方法で、反対者を窮地へと追いやる。なぜなら、もし三段論法が正当に構築されるなら、その人は結論を受け入れなければならず、そうでなければ前提を否定しなければならないからである。このように、贖罪の範囲に関する議論において私たちは、ヴォエティウスが反対者のする以下の三段論法を議論しているのを見る。

大前提　すべての人が信じなければならない／信じることができるというのは、真である。

小前提　すべての人は、「キリストがすべての人のために死なれた」ということを信じなければならない／信じることができる。

結　論　キリストがすべての人のために死なれたというのは、真である。

三段論法の法則によれば、この論証は有効である。しかし、ヴォエティウスはこの結論に同意せず、小前提を否定している。ヴォエティウスによれば、キリストがすべての人のために死なれたということを、すべての人が信じなければならない、あるいは信じることができるというのは真ではない。このようにして、結論もまた真ではないのである。

三・四　形而上学

論理学に次いで、アリストテレスの思想の中で第二に重要なテーマは形而上学である。物理学とは対照的に、形而上学は事物の起源を考察する。どこから事物は存在するようになったのか。またそれらはどのように存在するようになったのか。これらはみな、私たちの実在を考察するのに重要な問いである。論理学は、論証の「形式」と「妥当性」に関心を寄せるが、形而上学において焦点はむしろ、実在が構成される様態にある。アリストテレスの形而上学における中心概念は、「エンテレケイア」の概念である。この語は、どちらも「内に自らの目的をもつこと」を意味する二つの異なる語から構成されている。これに関しては、二つのことが重要である。

1　アリストテレスによれば、すべての事物は目的に向かっている。樫の木になることがどんぐりの目的であり、大人になることが子どもの目的であり、光を与えることが太陽の目的である。

2　事物の目的は、事物それ自体の内に見出される。樫の木になるというどんぐりの目的は、どんぐりの内に見出される。

すべての個物は目的を持つが、それぞれの事物において目的は異なる。事物をそのものたらしめているのは何か。また、テーブルをテーブルたらしめているのは何か。アリストテレスによれば、（テーブルのような）特定の事物を、その目的へと至らせる一般的な構成原理が存在する。この原理は、事物の本質、あるいは形相（*forma*）と呼ばれる。形相は、事物の「中に」見出されるのであって、プラトンが提示したように、私たちの経験的実在を超えた世界に存在するのではない。ある事物の本質、その本質的（諸）属性は、事物が持つ形相を構成する。ここで私たちは、二つのテーブルが別の形相を持つことができるというように、形相を空間的に考えるべきではない。むしろテーブルをテーブルたらしめる内的原理として考えるべきである。形相は、一定の方法で質料（*materia*）を規定する。質料とは不確定のものであり、木や銅や金のように端的に表現できるものではない。私たちは、程度の異なる質量の階層を導入してもよい。テーブルを観察する時、そのテーブルが木から作られているのを見ることができる。木は、テーブルを構成している質料（*materia*）である。しかし、木は、質料それ自体ではない。また、質料である「木」は、形相と質料から構成されていて、こうして私たちは、第一質料（*prima materia*）に到達するまで、果てしない逆行を続けることができるのである。この質料は、無形、無限定、永遠である。実在というのは、形相された第一質料からなる。事物の形相（テーブルの形相のような）は、いわば質料に刻印されている。質料と形相が一つになった時にのみ、私たちは、事物が存在すると言えるのである。アリストテレスは、質料を個別性の原理と呼ぶ。実在は、形相された質料という恩恵によって存在する。実在における質料は、絶えず配列され形相される。そしてアリストテレスは、質料の絶え間ない形相と再形相に言及している。

三・四・一　可能態と現実態

変化とは何であり、変化はどのように起きるか。アリストテレスはこれらの質問に、別の二つの概念から助けを借りて答える。第一は、「可能態」（possibility/*potency*）と「現実態」（actuality/*act*）の関係である。この二つの概念は、各事物の目的が、いわば、ある事物の内に見出される可能性（=*potency*）であり、この目的は具現化され、あるいは現実化（=「現実態」（*act*）となると）されなければならないことを指し示している。もし巨大な岩の目的が彫刻であるなら、巨大な岩は、彫刻になるという可能態あるいは可能性を持っている。彫刻という存在になることは、アリストテレスが現実態と呼んだものである。事物における可能態（可能性）と現実態（可能性の具現化）の間には、密接な関係がある。両者の関係は実際きわめて強いので、アリストテレスによれば、すべての可能態が現実態となる。これは、事物に見出されるすべての可能性が現実化されるというもので、充満の法則と呼ばれる。これはまた、アリストテレスの思想において、変化を構成するものに関する問いに答えることを可能にする。変化とは、可能性の具現化、あるいは現実態となる可能態のことである。

可能態と現実態の区別は、スコラ的な伝統にとってきわめて重要であった。しかし、まさにここで、私たちは重要な内容の変化を見るのである。例えば、充満の法則はキリスト教の伝統の中で捨て去られてしまった。その理由は、この原則が、キリスト教思想にとって受け入れがたい二つの結論を持っているからである。第一に、充満の原則の結論が、すべての現実態はすでに存在する可能態の結果である、というものだからである。しかし同様に、それぞれの可能態は、この可能態が自らの内に持っている現実の状態の結果でもある。この概念は、キリスト教の創造信仰と調和できない永遠の世界という概念へと至る。キリスト教信仰は、自動決定的なプロセスとして世界をみているのではなく、神の創造的活動の結果とみている。ここで私たちは、第二の結果、すなわち充満の原理が決定論へと導くということを認識することもできる。アリストテレスの充満の原理によれば、永遠である世界の歴史は、それが発展してきた方法以外では発展できない。これもまた、キリスト教思想においてしりぞけられる。神は、ご自分の意志決定に従って世界を創造し、その決定は自由なのである。神はまた、他の世界を創造することもできた。神は、実際に現実となった可能性以上の可能性を有している。最終的に実現した以上の可能性が存在するのである。

改革派スコラ主義は、まさに可能態と現実態という区別を用いたのであるが、現実とならないきわめて多くの可能性が存在するということもまた認識していた。このことは、全体として実在の本性にとって真であるが、救済論（救いの教理）と関連する問題にとっても真である。このように改革派スコラ主義者たちは、回心において人間が神から善を行う力を受けるが、あらゆる環境を通して常に善いことを行うのに成功したわけではないことを、認識していたのである。

三・四・二　四つの因果律

アリストテレスはどのように変化を、あるいは変化の過程を説明するのだろうか。家具職人がテーブルを作る時、彼は「木」という質料をテーブルに変える。私たちは、この家具職人をテーブルの原因と呼ぶ。なぜなら彼が、木にテーブルの形相をもたらせたからである。アリストテレスによれば、家具職人は単に一、つの原因にすぎず、全体として質料の変化には四つの原因が存在する。第一に、アリストテレスは、質料それ自体を変化の原因と呼ぶ。質料が、そこに「刻印された」形相から、異なる配列を受ける時、それ自体もまた変化の原因である。木は異なって見えるが、木それ自体が最終的に見える見え方は、木それ自体によって決められる。この意味において、木もまた一つの原因なのである。変化の第二の原因は形相（*forma*）である。「テーブル」という形相は木に刻印されているので、形相は質料の変化の原因である。第三に、目的もまた変化の原因である。木は、テーブルになるという可能性を秘めている。すべての可能性が現実化されるということを考慮するなら、可能性の目的は木の変化の原因である。最後に、家具職人もまた一つの原因とみなされうる。なぜなら彼は、木がテーブルの形相を受けるために木に働きかけたからである。この例から、私たちは次のように結論づけることができる。

1　質料因（*causa materialis*）
2　形相因（*causa formalis*）
3　目的因（*causa finalis*）
4　作用因（*causa efficiens*）

アリストテレスによれば、変化が現実に起こるのは、これら四つの原因を通してである。前記の例において、木は「質料因」であり、テーブルは「形相因」であり、家具職人が心に描くイメージ——それはまた木の可能性でもある——に、アリストテレスは「目的因」として言及し、そして、家具職人は「作用因」である。

アリストテレスによって展開されたこの因果論は、改革派スコラ主義を理解するのに、きわめて重要なものである。改革派スコラ主義の時代において、異なる原因の関係は、レモンストラントや啓蒙主義の思想という文脈において広範に議論された。神の予知、摂理、予定、さらには聖書の教理にとっての中心課題は、アリストテレスによって説明された異なる原因が、相互にどう関係しているかということであった。これは、改革派スコラ主義者たちが、レモンストラントやソッツィーニ主義、ローマ・カトリックの同時代人たちだけでなく、トマス・アクィナスやドゥンス・スコトゥスといった中世スコラ主義者たちとも、絶えず議論した問題である。

因果律に関するスコラ的な議論においては、すでに言及された四つの原因に加えて、もう一つの原因が導入された。それは「道具因」（*causa instrumentalis*）である。「道具因」は、二次的な作用因（*causa efficiens*）として説明された。改革派神学において神は、多くの点から見て、実際に起こるすべてのことの「作用因」である。このように、神の摂理において、神はこの世界に起こるすべてのことの「作用因」である。神はまた、聖書の作用因でもある。特に、神は人間の救いの作用因であり、義認と信仰の「作用因」でもある。しかし、人間はこれらの神の業において単に受動であり続けるのではなく、神は人間を「道具因」として巻き込むのであると、改革派スコラ主義は絶えず主張している。このように、聖書を執筆し保存したのは、神の道具としての人間の著者たち自身であった。また、神によってもたらされた義認を、信じる心をもって受け入れるのは、人間自身なのである。

改革派スコラ主義者たちが、ローマ・カトリックやレモンストラントの神学者たちと行った議論において、「道具因」は重要な位置を占めた。後二者は、改革派が、人間が多くの点で単なる「道具因」であり「作用因」ではないと主張することによって人間から自由と責任を取り去ったと、彼らを執拗に非難した。しかし改革派にとって、これは根本的に重要な事柄である。もし人間が自分自身で救いの作用因であったとするなら、その救いはその人に拠っていることになる。同様に、その人は神から独立しており、神の意志に抵抗することができることになる。この理由のゆえに、改革派は人間の行動を「道具因」とみなす以上のことはしないのである。

三・五　受容

アリストテレスの最初の著作は、はやくも六世紀初頭に、ボエティウスのギリシア語−ラテン語訳（希羅訳）で中世初期の人々に入手可能となった。ボエティウスは、アリストテレスのいくつかの著作（『命題論』『カテゴリー論』）とポルフェリオスの一つの著作（『イサゴゲー』）を翻訳した。これらの哲学的な著作の翻訳は、ともに古論理学（*logica vetus*）を形成した。ボエティウスはまた、これらの翻訳に加えて注解も執筆した。しかし、このアリストテレスのテキストに関する注解は、アリストテレス的であるというよりは、キリスト教的な傾向を持っていた。初期の司教座聖堂附属学校や修道院附属学校において、アリストテレスのこれらの翻訳は、すでにそこで発展していた論理学と並んで用いられるようになった。その論理学は、L・M・デ・レイクが「近代論理学」(*logica modernorum*)として言及したものである。この論理学は、アリストテレスの思想に基づいていたものではなく、むしろ最初期キリスト教の学問の中心地において発展したものである。「近代論理学」は、高度に発展した言語分析と問題に対する意味論的なアプローチにおいて、アリストテレス論理学とは異なっていた。このようにアリストテレス論理学の発展と受容は、論理学と意味論の伝統がアリストテレスの影響なしに発展したキリスト教学校の内部に起源を持つところの、既存のものを発展させた論理学という文脈の中で、翻訳と注解という方法によって起こったのである。

一三世紀の初めにアリストテレスの著作は、他の翻訳と注解で、別のルートを通って西方に到達した。アヴェロエス(一一二六—一一九八)やアヴィチェンナ(九八〇—一〇三七)によって生み出されたアリストテレスの著作のアラビア語訳は、今度は一二二〇年の初めに(たとえば、ミカエル・スコトゥスによって)ラテン語に翻訳された。ここでも私たちは、言葉の現代的な意味においてアリストテレスの「純正」な受容について語ることはできない。さらに、アリストテレスの著作は、ギリシア語ではない翻訳や注解という方法で学問的世界に到達した。この状況は、中世のキリスト教神学がアリストテレス哲学と同一視されるという主張の誤りを示している。中世の人々は、現在私たちが批判校訂版や学問的翻訳において手にするように、容易にアリストテレスの著作に触れることはできなかった。さらに私たちは、中世の学問機関の多くの教師たち(*magistri*)が、アヴェロエスのアリストテレスに従事したがらなかったことに注意したい。なぜなら、その翻訳や注解は読むのがあまりに難解だったからである。

一三世紀の間に増大したアリストテレスの影響力は、確かに何の疑いもなかったわけではない。一二一〇年と一二一五年に教会は、大学教育におけるアリストテレスの新しい翻訳の使用を禁止した。しかし、アラビアに由来するこれらの翻訳は、一二世紀以降の多くのアリストテレスの著作のギリシア語‐ラテン語訳(希羅訳)より理解しやすかった。同様に一三世紀後半においても、アリストテレスの新しい翻訳は出続けた。早くも一二六五年頃、ドミニコ会のムールベーケのギヨーム（一二一五頃―一二八六）は、アリストテレスのほぼ全著作をラテン語訳で入手可能とするという責任を主に担った。一二五五年パリ大学は、アリストテレスの著作をカリキュラムに組み入れた人々のリストを加えた。この時代に、フランシスコ会の神学者であり哲学者でもあるボナヴェントゥーラ（一二二一―一二七四）や哲学者のブラバンのシゲルス（一二三〇頃―一二八三）は、この大学で訓練を受けた。後者は、アヴェロエスのアリストテレス主義を受け入れたが、ボナヴェントゥーラは全体としてアリストテレスや古代哲学の影響に抵抗した。このことは、一二七〇年にパリの司教エティエンヌ・タンピエ（一二七九死去）が決定論や永遠世界の宇宙論を含む多くの基本的なアリストテレスの立場をしりぞけた時、重要な反動の原因となった。トマス・アクィナスとボナヴェントゥーラの死の三年後、アリストテレスの哲学に起源を持つ多くの神学的立場が、この時、ガンのヘンリクス（一二一七頃―一二九三）やジョン・ペッカム（一二三〇頃―一二九二）の努力を通して、再び断罪された。オックスフォード大学は先例に倣い、一二七〇年と一二七七年に禁止された立場をしりぞけた。

人文主義の台頭は、アリストテレスの思想の受容において、新しい時代の台頭を示している。資料が新しく発見され、可能な限り原語で出版された。しかし、アリストテレス哲学に対する態度は、曖昧な状態が続いた。一方で、ペトルス・ラムスの哲学において最も明瞭に例証されるような、アリストテレス論理学に対する反発が存在した。他方で一六世紀は、特にパドヴァ大学でアリストテレスの復興が見られ、そこでは、とりわけヤコポ・ザバレラがアリストテレス主義に新しい命を吹き込んだ。これらの発展は、さらに第七章で広範に扱われることとなる。

参考文献

アリストテレスに関する一般的な著作

Ackrill, John L. *Aristotle the Philosopher*. Oxford: Oxford Unviersity Press, 1981.

Armstrong, Arthur H. T*he Cambridge History of Later Greek and Early Medieval Philosophy*. Cambridge: Cambridge Unviersity Press, 1967. Pp. 39-52.

Copleston, Frederick C. *A History of Philosophy*. Vol. 1, *Greece and Rome*. London: Search Press, 1966. IV, pp. 266-387.

Decorte, Jos. *Waarheid als weg: Beknopte geschiedenis van de Middeleeuwse wijsbegeerte*. Kapellen: DNB/Uitgeverij Pelckmans; Kampen: Kok Agora, 1992. Pp. 21-40, 98-107, 173-240.

De Stryker, Emile. *Beknopte geschiedenis van de antieke filosofie*. Antwerpen: De Nederlandsche Boekhandel, 1967.

Guthrie, William K. C. *A History of Greek Philosophy*. Vol. 6, *Aristotle: An Encounter*. Cambridge: Cambridge University Press, 1981. Pp. 106-192.

Robinson, Timothy A. *Aristotle in Outline*. Indianapolis: Hackett, 1995.

Ross, William D. *Aristotle*. 6th rev. ed. New York: Routledge, 2004.

Wallace, William A. *The Elements of Philosophy: A Compendium for Philosophers and Theologians*. New York: St. Paul's, 1977. Pp. 13-108.

古典的・スコラ的神学／哲学の背景に関する一般的な著作

Bossier, Fernand. "Aristoteles' weg naar het Westen: Een beschouwing over de taal van het middeleeuws aristotelisme." *Hermeneutics: Tijdschrift voor antieke cultuur* 65 (1993): 60-65.

De Rijk, Lambertus M. *Middeleeuwse wijsbegeerte: Traditie en verniewing*. 2nd rev. ed. Assen: Van Gorcum, 1981.

Pp. 15-16, 90-101, 113-124, 191-206.
Muller, Richard A. *Post-Reformation Reformed Dogmatics*. Vol. 1, *Prolegomena to Theology*. 2nd ed. Grand Rapids: Baker, 2002. Pp. 360-382.
__________. "Reformation, Orthodoxy, 'Christian Aristotelianism,' and the Eclecticism of Early Modern Philosophy." *Nederlands archief voor kerkgeschiedenis/Dutch Review of Church History* 81, no. 3（2001）: 306-325.
Nuchelmans, Gabriel. "Logic in the Seventeenth Century: Preliminary Remarks on the Constituents of the 'Proposition.'" Chap. 1 in *The Cambridge History of Seventeenth Century Philosophy*. Edited by Daniel Garber and Michael Ayers. Cambridge: Cambridge University Press, 1998. Pp. 103-146.
Trueman, Carl R. *The Claims of Truth: John Owen's Trinitarian Theology*. Carlisle: Paternoster Press, 1998. Pp. 103-146.
Vos, Antonie. *Johannes Duns Scotus*. Leiden: J. J. Groen en Zoon, 1994. Pp. 1-22.
__________. *Kennis en Noodzakelijkheid: Een kritische analyse van het absolute evidentialisme in wijsbegeerte en theologie*. Kampen: Kok, 1981. Pp. 20-30, 260-262.
__________. *The Philosophy of John Duns Scotus*. Edinburgh: University Press, 2006. Pp. 573-616.

テキスト

Barnes, Jonathan, ed. *The Complete Works of Aristotle: The Revised Oxford Translation*. Princeton: Princeton University Press, 1984.
Ross, William D. *The Works of Aristotle*. 12 vols. Oxford: Clarendon Press, 1908-1952.

注

（1）英訳は，Jonathan Barnes, ed. *The Complete Works of Aristotle*（Princeton: Princeton University Press,,

1984), 1, 4から引用〔邦訳は、中畑正志訳「カテゴリー論」『アリストテレス全集1』(岩波書店、二〇一三年)、一八頁〕。

第四章

古代教会の教師――アウグスティヌス

マールテン・ヴィッセ

四・一　アウグスティヌスとアリストテレス

前章では、哲学者アリストテレスの思想を紹介した。彼が提起した専門用語の理解は、改革派スコラ主義の方法論的な資料をよく把握するのにきわめて重要である。しかしまた前章では、アリストテレスの見解がしばしばキリスト教信仰の内容と調和しないことも明らかにした。改革派スコラ主義者たちは、このことも認識していた。彼らは、自分たちの神学においてアリストテレスの用語を用いたが、聖書の規範と改革派教会によって採用された告白文書に調和する内容を堅持しようとしたのである。彼らは絶えず自分たちの思想を、たとえ究極的に決定的ではないにしても、彼らにとってきわめて重要である教会的な伝統の中に位置づけたのである。

改革派スコラ主義者たちは、自分たちの見解が公同的・普遍的教会の伝統の中にあることを示すために、幅広く教会教父に訴えた。ここで、それぞれの教会教父を論じることはできない。そこで私たちは、受けた注目と関心において群を抜いている古代教会の一人の神学者に注目する。ヒッポのアウグスティヌス（三五四―四三〇）である。改革派スコラ主義の中で、彼は一般に、論争と主張の分野において、傑出した真の教会教父とみなされている。この理由のゆえに、教会教父が改革派スコラ主義において果たした役割の一例として、この章では特別な注目が彼に注がれる。アウグスティヌスは、改革派スコラ主義のほとんどすべての面にとって重要であることが証明されるだろうが、この入門書では三つの分野に限定しておく。それぞれは、スコラ主義者たちが巻き込まれるようになった具体的な論争に関係している。

第一にアウグスティヌスは、組織神学の分類や方法とともに、組織神学の原点を扱う神学「プロレゴメナ」にとって重要である。宗教改革者たちは、神学が御言葉の神学であることを求めた。以前にも増して、聖書に訴えることが改革派神学の根本であることを証明した。この聖書への訴えにおいてルネサンス期の人文主義は、一般に認められたスコラ的な方法論の伝統との融合を経験した。対抗宗教改革との議論の中で、教義学の原理(*principium*)である聖書が、改革派神学にとって重要な役割を果たした。まさにこの点において改革派スコラ主義者たちは、カトリックと宗教改革の両者にとっての共通の背景に訴えたのである。それがアウグスティヌスである。アウグスティヌスが、聖書の読み方と、そのために用いられた方法を扱った『キリスト教の教え』(*De doctrina christiana*)は、特にこの目的に合っていた。

アウグスティヌスが大きな影響力を持ったもう一つの分野は、神の教理である。ローマ・カトリックと改革派スコラ主義の伝統の双方にとって彼は、神の属性と三位一体の教理に関して重要な根源であった。アウグスティヌスの『三位一体論』(*De Trinitate*)は、ソッツィーニ主義やフォルスティウスとの論争において、重要な参照ポイントであった(第八章を見よ)。

改革派スコラ主義者たちがアウグスティヌスに訴えた第三の重要な分野は、恩恵と予定と自由意志に関する議論であった。特にアウグスティヌスの生涯の晩年に生み出されたペラギウス反駁の諸著作は、対抗宗教改革やアルミニウス主義神学者たちとの議論において重要な根拠となった。

四・二　プロレゴメナ

最初から、『キリスト教の教え』の中で展開される聖書の正しい解釈と適応をめぐるアウグスティヌスの扱い方は、具体的な神学的文脈に置かれている。アウグスティヌスにとって聖書の読解は、単にそこから抽象的な結論を導き出し、読者を置き去りにするテキストの専門的な分析ではない。この方法で聖書を読むことは無益だろう。むしろ聖書の読解は、信仰の文脈の中に正しい位置づけを持つのであり、したがって読解のプロセスが始まる前に、すでに信仰を前提としているのである。それゆえこの信仰は、適切な読解の実践へと導く類のものである必要がある。信仰において見出される読解の適切な文脈が、『キリスト教の教え』の第一巻でアウグスティヌスによって扱われている。ある意味でそれは、彼の神学全体の枠組みに洞察を与える。

アウグスティヌスは、人間の生の最終目的である神を享受すること（*frui*）と、その目的に到達するために私たちが用いる手段（*uti*）を区別している（一・一・一―一・四・九）。私たちがするすべてのこと、あるいはしないと決めるすべてのことは、神への愛を目的としなければならない。それ以外のすべては、この目的に到達するために用いるものにすぎない。アウグスティヌスは、自分が意図したことを説明するために一つのイメージを用いる。母国の外を放浪する捕囚民は、母国に帰った時に初めて幸福を味わう。彼らは、その地に帰るためにあらゆることをする（一・四・八）。人間にとっても同じである。彼らは神の外側を放浪し、神を真に享受することへと立ち返るために――あるいはアウグスティヌスの用語を用いるなら「神を見ること」あるいは「神の観照」（*visio Dei*）――この世のすべてのものを用いなければならない。

神を知るようになる信仰はまた、愛を通して神の享受を求めるという文脈にある。それゆえ神を知るようになるということは、純粋に手段的な役割である。それ自体が目的ではありえない。このようにアウグスティヌスは、的を目指す。それは神の享受である。

神の言語的な表出としての神の知識と、終末における神の直観を区別する。前者は一時的であるが、後者は神を探求するすべての人間の目的である。聖書の読解や研究という神をよりよく知るようになるために私たちが用いるすべての助けも、同様にそれ自体が目的ではない。読解において私たちが用いるすべての助けは、最終的な目的を目指す。それは神の享受である。

このように私たちが信仰を必要とする限り、それは私たちの人生という旅の途上で用いられるにすぎない。神に関する知識は、神の享受と直観に従属するようになる。アウグスティヌスはさらに、もし信仰と希望と愛を持つなら、その人は聖書を必要としないとまで言う。信仰を持つ者はまた、それ以外のあらゆる種類の神学的な知識を必要としない。私たちが、母国へと向かう途上でさらなる知識を必要とするのは、私たちの信仰の不完全性以外の何ものでもない。そこで聖書は、重要な役割を果たすのである。

『キリスト教の教え』の第二巻でアウグスティヌスは、聖書を研究するために用いられる補助手段を考察する。彼は、正典の範囲や、原典の使用、本文批評、当時使われた世俗の学問的方法の使用をも含む、幅広い問題を取り扱う。彼は、聖書の講解と適応において、論理学の用法について幅広い議論を提示している。ギスベルトゥス・ヴォエティウスは、彼の「信仰の事柄における人間理性の使用」(*De ratione humana in rebus fidei*)という議論の中で、この点をめぐってアウグスティヌスを引用している。それは、神学議論において聖書からの引用以外、何も用いようとしないローマ・カトリックの反対者とは対照的である。この議論は、付録二に収録されている。

アウグスティヌスは、論理学の用法に関する解説を次のように始める。「討論の学問は聖書に属するあらゆる問題の中に深く入って解決を与えるのに大いに役立つ。ただしここでしりぞけなければならないのは闘争心にかられることと、論敵をあざむこうとして幼稚な誇示をすることである」[1]。アウグスティヌスは、「あなたは私が存在するのとは違う。私は人間である。それゆえあなたは人間ではない」というような、あらゆる無意味な命題が構築されかねないと指摘している。

この文脈でアウグスティヌスは、改革派神学にとってきわめて重要となった区別をする。アウグスティヌスによればその区別は、命題の論理的妥当性と、命題が構築される提題の真理値との間に置かれなければならない（二・三二・五〇―二・三四・五二）。「すべての人間は三つの目を持つ。私は人間である。それゆえ私には三つの目がある」という命題は、論理的には正しいが、基本的な提題が正しくない。アウグスティヌスは、前提の真理が聖書に由来しなければならないと論じている。聖書だけが、論理的に推論する提題の根拠として役割を果たすことができる。このように弁証法というのは、どの結論が提題から引き出されるか、あるいは引き出されないかを明らかにするために役割を果たすだけである。さらに、妥当な結論を識別することが重大な目標達成のすべてではない。なぜなら、与えられた提題の真理を識別することの方が、はるかに重要だからである。例えば死者の復活があることを知っている人の方が、もし死者の復活がないならキリストはよみがえらなかったはずであるということだけを知っている人よりも幸いである。

四・三　神の教理

アウグスティヌスの神の概念の多くは、アンセルムスのレンズを通してスコラ主義に到達した。アンセルムスは、かなり特徴的なアウグスティヌスの読み方を提示した。ある意味で――これもアンセルムスが提示したことである（たとえば『モノロギオン』の序文を見よ）――彼は、アウグスティヌスの内にすでに存在したことを単に「繰り返して」いる。確かに『モノロギオン』は、アウグスティヌスの『三位一体論』の概略的注解である。同じことは例えば、アンセルムスの有名な贖罪充足説にも当てはまるが、それはすでにアウグスティヌスの『三位一体論』第一三巻に登場している。

しかし、決定的なことがアウグスティヌスとアンセルムスの間で起きた。アンセルムスのアウグスティヌス解釈は、アウグスティヌスの古代後期キリスト教反異教弁証と、アンセルムスのキリスト教修道院の文脈におけるそれ（アウグスティヌスの反異教弁証）の再考との間の微妙な変化を含んでいた。それは、神を理性の線に沿って「熟考」できるとする見解のきわめて強烈な強調であると同時に、神の概念に関するより体系的で理性的な論述を意味した。アウグスティヌスの『キリスト教の教え』ではまだ、どんなに正しい方法でも、神について語ることはできないと非常に強く強調されていた。神について考えることはできるが、神は表現を超越しているため、神を適切に語ることはできないのである（一・六・六）。後の伝統の中で、この表現不可能性は形式的に維持されたが、実質的にはきわめて大きな重点が、私たちが神について語ることを熟考できること、それを論理的に首尾一貫させ調和させることができることに向けられた。例えばアウグスティヌスには、神の属性についての広範な分析が見出せない。

『キリスト教の教え』第一巻で、アウグスティヌスは簡潔ではあるが洞察力をもって、唯一正しい意味で、真に楽しむべき存在を扱っている。それは父、子、聖霊なる三位一体の神である（一・五―六）。アウグスティヌスによれば、私たちが神について考える時、私たちは最もすぐれた不死の本質を持つ存在を考え、それ以上考えることができないほど偉大な存在を念頭に置いている。この概念は、後のスコラ的な伝統に影響を残した。そこでは特にアンセルムスが、このアウグスティヌス的洞察を自らの本体論的神の存在証明へと発展させたのである。

アウグスティヌスは解説を続ける。それ以上考えることができないほど偉大な存在は、当然、不変でなければならない。なぜなら、不変性は可変性にまさっているからである。また、私たちの最大目的である神の享受は、可変的であるものに位置づけることはできない。さらに、それ以上考えることができないほど偉大な存在は、永遠でなければならない。なぜなら、そうでなければ私たちは最高善としての神を永遠に楽しむことはできないからであり、永遠でなかったならば神は最高善ではないからである。最後に、神は完全でなければならない。なぜなら、それ以上考えることができないほど偉大な存在は、当然、完全な善であるからである。スコラ主義においてこれらの概念は、神の教理の中で、神の本性と属性に関する広範な議論とともに取り上げられている。スコラ主義者たちによれば、これらの概念はまた、自然の光を通して構築された神学的なトピックスを扱う神学領域である、いわゆる自然神学の中に場を持つ。自然神学では、すべての人に共通する議論に基づいて、神の存在と神の性質の最も基本的な面が扱われる。

主要な教義学的著作（この著作のジャンルは激しい論争文書）である『三位一体論』の中でアウグスティヌスは、現在私たちが神の属性と呼んでいる事柄に関して、あるいは神が、私たちが考えうる至高の存在であるという概念について、ほとんど触れていない。三位一体なる神についての告白が中心的な場を占め、そこで展開された議論の結果は、啓蒙主義に至るまでの西方神学の伝統の大部分にとって、一般に決定的・確定的なものと考えられた。これは特に、第五―七巻にあるアウグスティヌスの「三位一体プロパー」の議論と呼ばれるものに当てはまる。ここでアウグスティヌスは、自らキリスト教三位一体論の基本的な正統的信仰告白と考える事柄を最も包括的に扱っている。すなわち、父は神であり、御子も神であり、聖霊も神であるが、三つの神が存在するのではなく唯一の神が存在する、というものである。この告白の難解な特徴は、後の伝統に強い影響を与えた。それは、いわゆるアタナシオス信条または *Quicumque Vult* という、アタナシオスの作ではなく、おそらく五世紀のガウルに起源を持つ文書に基盤を与えることとなった。改革派スコラ主義の伝統から一例を挙げるとすれば、フランソワ・トレティーニは、『論駁神学綱要』において次のように発言している。「キリスト教という宗教には、何よりも困難な問題が二つある。一つは、三位一体の一つの本質における三つの人格の統一に関するもので、もう一つは、受肉における一人格の中の、二つの性質の統一に関するものである」（二・一三・六）[2]。このようにアウグスティヌスは、神における数的統一という強い要請に沿って、神の一性と三性という解決できない緊張によって特徴づけられる三位一体の教理に基礎を据えた。後者は、『三位一体論』第六巻における、アウグスティヌスの神の単一性の強調に密接に関係している。三つの神の人格はすべて、同じように神のすべての属性を共有する必要がある。それもその神の本性とは区別される偶有的属性としてではなく、各人格が神ご自身の内に持つ決定的な特徴として、である。

トレティーニからの引用がすでに明らかにしたように、アウグスティヌスがカギの役割を果たすもう一つの分野は、キリスト論である。キリスト論の問題は、『三位一体論』第四巻と第一三巻の中心である。多くの点でアウグスティヌスは、カルケドンのキリスト論をめぐる統一見解となったものの備えをしている。キリストの人格の統一が強調されているが、いかなる意味においても、キリストの神性と人性の混同はない。この二性の区別性と非混同性の維持の強調が、特にサクラメントと教会の教理において、改革派の伝統に激しい分裂をもたらした。ローマ・カトリックやルター派の伝統とは対照的に、改革派の伝統では、それ自体で私たちの神であり人であるという性質の最終目的のモデルであるキリストに由来する、神であり人であるという性質のリアリティとしてのサクラメントや教会の概念を否定する。むしろ改革派の伝統の強調は、私たちの神性への参与にあるのではなくて、私たちの罪の充足として解釈される十字架上のキリストの死による赦しにある。キリスト論の救済論的な含意というこの見解のルーツは、アウグスティヌスの著作全体の文章にあるが、特に彼の『三位一体論』第一三巻に見出される。

『三位一体論』の後半でアウグスティヌスは、現在私たちが神学的な人間論に属するものとみなす多くのテーマを扱っている。彼の思想のいくつかは、スコラの伝統において大いに受け入れられたが、あるものはそうではなかった。例えば第一一巻において、アウグスティヌスは、記憶、知性、意志からなる人間の心の三つの概念を展開している。この人間の霊魂の基本的な本性に関する見解は、スコラの伝統がアリストテレスの伝統から継承した霊魂の二つの概念（知性と意志）とはかなり異なる。しかし他方で改革派のスコラ的な伝統は、基本的にアウグスティヌスの神のかたち（*imago Dei*）の概念に従っている。神のかたちの問題は、改革派スコラ主義において非常に神経質な問題であった。というのもそれは、ローマ・カトリックやアルミニウス主義、ソッツィーニ主義だけでなく、ルター派との論争においても重要な役割を果たしたからである。この問題は、神のかたちは何によって構成され、堕落後それはどの程度失われ、救済における自由意志の問題にとってどんな意味があるかということに関わる。アウグスティヌスは、奪うことのできない状態で人間に結合した「神のかたち」、つまり第一に神を愛し、そして自分自身のように隣人を愛する「能力」における「神のかたち」と、アウグスティヌスが真の知識と義と聖と定義する「完全性」における「神のかたち」とを区別する。完全性は、終末においてのみ完成されるので、神の直観はこの地上では不可能である。なぜならそれは、神を見ることができる心のきよさを要するからである（マタ五・八）。しかし、「神のかたち」それ自体は、すべての人間に存在している。

すべての人の内にあるこの「神のかたち」の存在と関連しているのは、『三位一体論』の後半で非常に重要な役割を果たす思想である。それは、堕落後、完全に善であり続ける人間はいないのであるが、どんなに罪深い人間でも善を「知っている」という思想である。罪人がキリストにあって神に立ち返るために、最高善の知識としてこの善の知識は神の知識であり、この善の知識の上にアウグスティヌスは立っている。

改革派スコラ主義者たちが持っている、堕落後の「神のかたち」の残滓についてのありとあらゆる原因は、悲観的で懐疑的なものである。なぜなら、ほぼすべての論敵との論争が、意志の隷属と堕落の影響を強く強調することへと彼らを追いやったからである。ローマ・カトリック、アルミニウス主義、ソッツィーニ主義はみな、それぞれ自分たちの方法で、より楽観的な人間論を提示した。ルター派だけが自由意志の見解において否定的であり、実際、改革派スコラ主義者たちよりも否定的であった。例えばトレティーニは、『論駁神学綱要』の中で、人間霊魂の基本的な本性は罪によって破壊されたと主張したフラキウス・イリリクス（一五二〇—一五七五）の見解を論じた（一・五・五）。しかし改革派は、行動し、認識し、意志する人格としての基本的な人間本性（これは堕落後も無傷で残った）と、人間の霊的な能力（これは堕落後ひどく腐敗した）との間に区別を設けることによって、アウグスティヌス的な均衡を保ったのである。このことは、改革派スコラ主義者たちが、善を知るという基本的な人間の能力を、アウグスティヌスがしたほどに保つことができるかどうかという問題を未解決のまま残した。道徳的な神のかたちの痕跡は、秩序ある社会の可能性に説明を与え、罪人から「あらゆる純真さが取り去られること」を確認するために言及されるというのが、有力な見方であるように思われる（例えば、ドルトレヒト信仰規準Ⅲ―Ⅳ、一―四を見よ）。

四・四　予定と自由意志

「神のかたち」というテーマは、アウグスティヌスの神学が改革派正統主義に与えた影響の主要な第三の領域への良き導入ポイントを提供する。生涯の晩年期にアウグスティヌスは、ペラギウスとの論争に巻き込まれることとなった。このアイルランドの修道士は、アウグスティヌスが善を選ぶ人間の能力について『告白録』の中で語った否定的な方法を受け入れなかった。これらの議論は、ペラギウス反駁文書としてしばしば言及される著作となった。

アウグスティヌスが恵みに関する主張を展開したのは、これらの著作においてである。自分の生涯と著作についての回顧である『再考録』（*Retractions*）の中でアウグスティヌスは、ペラギウスとの論争を、恵みの教理の理解を深めるために神に与えられた機会と表現している。

アウグスティヌスの成長が生み出したものの一つが予定の教理である。「予定」という語によってアウグスティヌスは、決して選びと遺棄の二つの聖定を意味していない。アウグスティヌスにとって予定という語は、永遠の救いへの選びのために確保されている。これと不可分的に関連しているのは正反対の、つまりこれもアウグスティヌスのものとされ、その結果、彼がしばしば二重予定論の父とみなされることとなった遺棄の教理である。しかし、これは全く間違っている。遺棄の文脈においてアウグスティヌスは、常に「過ぎ去る」とか、「選ばれていない」とか、「置き去りにする」というような語を使う。それゆえアウグスティヌスの中に、神が人々を断罪へと選ぶ発達した遺棄の聖定は存在しないのである。

アウグスティヌスは、人間の善を行う能力を神の恵みに依拠させる。もし人々が神へと向けられるのなら、彼らはそれを自分自身の本性的能力に負っているのではない。なぜなら堕落後、人間は罪の奴隷となったからである。神は、ご自身の恵みによって彼らを回心させ、そのゆえに彼らは、もう一度、善を行う意志を持つことができるのである。回心と信仰は神の選びの結果であり、この選びを通して、神は人間を信仰へと至らせる。しかしアウグスティヌスはこの方法で、人間の自由に関する問題を新たに生み出した。なぜなら、神が回心と信仰をもたらすために、あたかも強制力を用いたかのように見え、アウグスティヌスの敵対者たちが、そのためにアウグスティヌスを非難したからである。しかしアウグスティヌスによれば、人間は常にある意味において自由であり続ける。彼はこれを *liberum arbitrium* と呼ぶ。それは「自由選択」と翻訳するのが最適だろう。これは、人間の選ぶという根本的な能力を指す。神はこの選ぶ能力を無視せず、むしろこの選択に影響を与えることによって、それを尊重するのである。アウグスティヌスにとって神の選びを行う本質は、心理学的な影響と環境の複合的な秩序づけの中でなされる意志の備えである。彼はこの意志を *voluntas*、あるいはしばしば複数形の *voluntates* と呼ぶ。

このようにして神は、意志の備えという手段によって選んだ人を信仰へと至らせ、その結果、神の意志に従って意志し始めるのである。福音を聞くが応答しない人が多いのは、彼らが神による意志の備えを欠いているからである。神がこの備えの御業において自由意志を尊重しているとアウグスティヌスは主張しているが、神によって準備された人はすべて福音の提示に応答すると、アウグスティヌスは確信しているようである。神は意志に影響を与えて、その結果意志は自由に福音を受け入れることを選び取るが、ある意味で意志は、自らが意志したこと以外のことを意志することはできない。神は、選びの民が神から賜物として受けた信仰を通して彼らを保持する。これが、堅忍の教理（*perseverentia*）として知られるようになる。

信仰へと向かう予定の教理は、宗教改革と改革派スコラ主義において、二重予定説へとさらに発展した。この点においてアウグスティヌスに訴える支持者たちの主張が正当化されるか否かという問題は、答えるのに困難な問題である。一方でアウグスティヌスは、人間の無能性と、選びと神の備えの必要性に強い強調的を置く。しかし他方で、質問と批判に答える他の著作の中でアウグスティヌスは、（自由選択という意味の）自由意志を強調し、それは神によって尊重されていると確信しているのである。

参考文献

アウグスティヌスに関する一般的なもの

Brown, Peter. *Augustine of Hippo: A Biography*. Revised ed. Berkeley: University of California Press, 2000.〔出村和彦訳『アウグスティヌス伝』（上下巻、教文館、二〇〇四年）。〕

Fitzgerald, Allan, and John C. Cavadini, eds. *Augustine Through the Ages: An Encyclopedia*. Grand Rapids: Eerdmans, 1999.

O'Donnell, James J. *Augustine: Sinner and Saint*. London: Profile Books, 2005.

Stump, Eleonore, ed. *The Cambridge Companion to Augustine*. Cambridge: Cambridge University Press, 2001.

Van der Meer, Frederik. *Augustine the Bishop: The Life and Work of a Father of the Church*. London: Sheed and Ward, 1961.

アウグスティヌスと改革派スコラ主義

Goudriaan, Aza. "'Augustine Asleep' or 'Augustine Awake'? Jacobus Arminius's Reception of Augustine." In *Arminius, Arminianism, and Europe: Jacobus Arminius (1559/60-1609)*, edited by Marius van Leeuwen,

Keith D. Stanglin, and Marijke Tolsma. Leiden: Brill, 2009. Pp. 51-72.
Meijering, E. P. *Reformierte Scholastik und Patristische Theologie: Die Bedeutung des Väterbeweises in der 'Institutio Theologiae Elencticae' F. Turrettins unter Berücksichtigung der Gotteslehre und Christologie.* Nieuwkoop: De Graaf, 1991.
Pollmann, Karla, et al., eds. *Oxford Guide to the Historical Reception of Augustine.* Oxford: Oxford University Press, 2010.
Van Oort, Johannes. "De jonge Voetius en Augustinus: Een verkenning." In *De onbekende Voetius: Voordrachten wetenschappelijk symposium Utrecht, 3 maart 1989*, edited by Johannes van Oort, et al. Kampen: J. H. Kok, 1990. Pp. 181-190.
Voetius, G. "De Patribus, seu Antiquae Ecclesiae Doctoribus, pars prima et pars altera." In idem, *Selectarum disputationum theologicarum pars prima.* Utrecht: Joh. à Waesberge, 1648. I, 74-105.

アウグスティヌス、神学、哲学に関するもの

Copleston, Frederick C. *A History of Medieval Philosophy.* London: Methuen, 1972. Pp. 27-49.
Markus, Robert A. "St. Augustine." In *Encyclopedia of Philosophy*, edited by Paul Edwards. New York: Macmillan, 1967. I, pp. 198-207.
Wisse, Maarten. "'Pro salute nostra reparanda': Radical Orthodoxy's Christology of Manifestation Versus Augustine's Moral Christology." In *Augustine and Postmodern Thought: A New Alliance against Modernity?*, edited by Lieven Boeve, Mathijs Lamberigts, and Maarten Wisse. Leuven: Peeters, 2009. Pp. 71-99.

アウグスティヌスとペラギウス論争に関するもの

Bonner, Gerald. *Freedom and Necessity: St. Augustine's Teaching on Divine Power and Human Freedom.* Washington, D.C.: The Catholic University of America Press, 2007.

Den Bok, Nico. "Freedom of the Will: A Systematic and Biographical Sounding of Augustine's Thoughts on Human Willing." *Augustiniana* 44, no. 3-4 (1994): 237-270.
Lamberigts, Mathijs. "Recent Research into Pelagianism with Particular Emphasis on the Role of Julian of Aeclanum." *Augustiniana* 52, no. 2-4 (2002): 175-198.

注

(1) 英訳は、*Augustine: De Doctrina Christiana*, trans. and ed. R. P. H. Green (Oxford: Oxford University Press,, 1995) から引用〔翻訳は、加藤武訳『アウグスティヌス著作集6　キリスト教の教え』〔教文館、一九八八年〕、二・三二・四八、一二八頁〕。

(2) 英訳は、Francis Turretin, *Institutes of Elenctic Theology*, 3 vols., trans. Gerge Musgrave Geiger, ed. James T. Dennison, Jr. (Phillipsburg, N.J.: Presbyteiran and Reformed, 1992-1997) から引用。

第五章

学校の方法――中世スコラ主義

ペーター・L・ロウヴェンダール

五・一　序

伝統的に、マルティン・ルター（一四八三―一五四六）が一五一七年に贖宥に関する提題をヴィッテンベルク城教会の扉に打ち付けたとき、その釘打ちは、教会にとって新しい時代の案内人のように見えた。ルターの行動は、しばしば宗教改革の始まりと考えられた。しかしこの提題をよく見ると、贖宥それ自体を非難しているのではなく、その悪用だけを非難していることが明らかとなるだろう。それゆえその内容に触れると、ルターの最初の改革運動は一般に考えられてきた以上に中世的なものであった。教会の歴史におけるこの重要な運動の形態は、中世の背景に照らして見られなければならない。神学討論というのは、事前に知らされたテーマに関して定期的に持たれたので、提題を扉に打ち付けるという行為は非日常的なことではなかった。ルターがこの有名な提題を扉に打ち付けた時、彼の意図は、神学討論を申し込むことにあった。討論というジャンルは、中世の学校において発展し、スコラ的な方法論の重要な部分を形成した。ルターの釘打ちは、中世に幕を引き、教会史における新時代のさきがけとなったが、彼の宗教改革の最初の行動それ自体は、全面的に中世的なものであった。この逆説に付加されるのは、ルターが九五箇条の提題を扉に打ち付ける直前に、スコラ神学に対する論争に従事したという事実である。従ってルターは、スコラ神学を非難する中で、スコラ的な方法論やその論争の要素を用いたのである。これは、ルターがスコラ主義の概念をアリストテレスやウィリアム・オッカムの教説を表現するものとして、内容の点から理解したからである。ルターのガラテヤ書注解（一五一九年）は、その内容が改革派の注解と一致するのだが、同様に中世の教育学的な方法である「講義」（*lectio*, 読解）の結実であり、そこでは、文献（聖書）が読まれ、講義の中で教師によって注釈がなされた。

内容における違いにもかかわらず、神学においては方法論的な一貫性があった。この方法はまた、多くの大学において、他のものがありながら議論が教育の重要な要素であり続けたように、宗教改革後期においても維持された。この理由のゆえに、スコラ的な方法が発展するようになった時代――中世――に注意を向けることは望ましいのである。このことは、この方法の改革派的な用い方をより良く理解することへと導くだけでなく、中世、宗教改革、正統主義の連続性について明確な視点を提供することにもなる。私たちの中世スコラ主義の取り上げ方は、主に方法論に限定される。その内容は、スコラ主義を理解し評価するために重要な場合においてのみ、議論されることになる。

五・二　学校の発展

五世紀の終わりにローマ帝国が崩壊した後、西ヨーロッパは知的窮乏の時代を迎えた。その中でボエティウス（四八〇―五二六）は例外だった。この政治家であり哲学者は、アリストテレスの著作の注解を執筆し、キリスト教教義の理性的な擁護を求めた。しかし彼の生存中は、彼の思想にほとんど関心は寄せられなかった。事実、教育水準は、初期中世を通じて、衰退の一途を辿った。当時、有効な教育機関は、修道院に属する人々に限定された修道院附属学校だけだった。

この知的窮乏の時代の後、すべての監督教会（司教座聖堂）に学校を建てるよう命じたシャルルマーニュ（八一四年死去）の治世下で知的復興が起こった。司教座聖堂附属学校として知られるようになったこれらの学校は、特に一〇世紀に繁栄した。これらの学校は、修道僧に限定されただけでなく、信徒にも開かれた。

この八世紀のカロリング・ルネサンスにおいて、古典文化と教会教父（特にアウグスティヌス）に新たな関心が寄せられたが、本質的には、新しい始まりがなされなければならなかった。一〇世紀の初めまでに、秩序だったアプローチと教育の必須水準に寄せられた関心が高まり、その結果、人々は再びボエティウスの著作を求め、それらを読むことができるようになった。この時から、スコラ的な方法が発達し始めたのである。この発展は、きわめて多様な論理学的な方法が学校で訓練された人々に可能となった一四世紀や一五世紀まで続いた。

カンタベリーのアンセルムス（一〇三三―一一〇九）は、この発展において重要な役割を担った。アウグスティヌスの伝統に立つこの神学者のモットーは、「私は、理解するために信じる」（*credo ut intelligam*）というものであった。これはアンセルムスが、当時の哲学的ルネサンスに対する反動で起きた反知性的潮流から、自分自身、距離を置こうとした証拠である。この思想の潮流によれば、信仰は理性なしで働きうる。しかし、アンセルムスの見解は、信仰はそれ自体において、それ自体に関して、実際に理解することを求めるというものであった。「知解を求める信仰」（*fides quaerens intellectum*）である。このようにアンセルムスは、キリストは人となったという自分の信仰的な確信から、彼の有名な『神はなぜ人となられたか』（*Cur Deus homo?*）という著作の中で、受肉の理由を求めたのである。

一三世紀にいくつかの司教座聖堂附属学校――パリ、ボローニャ、オックスフォードにあったようなもの――は、大学へと成長を遂げた。ケンブリッジは少し遅れて創設された。ボローニャは法学を専門としていたので、神学にとって重要性は低かった。大学は、神学の博士号（*doctor theologiae*）を授与できたという点において、他の神学教育形態とは一線を画した。当時、神学博士になるには、通常一三年を要したし、その一三年の前には、教養課程（*artes liberales*）八年間が先行した。教養課程は七学科から構成された。すなわち、三学（*trivium*）あるいは言語学的科目と、四科（*quadrivium*）あるいは数学的科目である。

三学は、文法（*grammatica*）、弁論（*dialectica* or *logica*）、修辞（*rhetorica*）から構成され、議論の展開の中で学生を訓練することが目的であった。その目標のために、学生たちは言語（文法）と、有効な結論を導き出す能力（論理）と、自らの見解を伝達する能力（修辞）を習得することが必要であった。四科は、算術（*arithmetica*）、音楽（*musica* 音楽の実践ではなく、むしろ間隔の計算といった音楽理論）、幾何学（*geometria*）、天文学（*astronomia* イースターの日付の計算のためなど）から構成された。特に四科は、いつでも、どの学校でも教えられたわけではなかった。

学校（*schola*）で研究する人々は、「学徒」（*scholastici*）として知られていた。これらの学校のために、スコラ的な方法として知られる一連の方法が成立するようになったのである。このように問題は、教育がなされる方法であった。一つの共通した方法に従ってなされるが、それが内容に達する時、意見の相違が表れることとなった。物事をわかりやすくするためにも私たちは、スコラ的な方法が神学のためだけに占有されるのではないことに注意を向けておきたい。学校で実践された中世のあらゆる学問が、特に法学や医学の分野において、それはスコラ的であった。

五・三　教育と体系化

スコラ的な方法論に対する洞察を得るためには、教育が体系化された方法を考察することが重要である。教育は、多くの要素から構成され、それぞれが一連のパターンに従っている。第一の要素は、講読あるいは講義

(*lectio*) である。ここでは、権威のあるテキストが講読され、それから教師によって解説がなされる。「講義」に続いて、学生の黙想あるいは熟考 (*meditatio*) が行われる。これは読まれた事柄に対する個人的な適用が意図されている。最後の段階である探求あるいは問題 (「議論的探求」*quaestio*) では、持ち上がった質問が提起される。

時の経過とともに、「議論的探求」(*quaestio*) は、スコラ的な教育の最も重要な部分へと発展していった。「議論的探求」(*quaestio*) を扱うための一連の方法はさらに発展し、「議論的探求」(*quaestiones*) の扱いは、次第に権威あるテキストの学びから独立するようになっていった。スコラ的な方法のさらなる諸側面にとって「議論的探求」(*quaestio*) はきわめて重要なので、これについては以下 (五・四) で、より広範に扱うこととする。「講義−黙想−探求」というパターンとは別に、学問的な議論あるいは討論 (*disputationes*) も存在した。これらの討論は当初、論争の場合や、より広範な関心事とみなされた主題のためにのみ企画された。おそらく一二五〇年以降、討論を定期的に組み込むことが、各教師 (*magister*) の通常の業務の一部となった。教師 (*magister*) は、このような討論の中で扱われるトピック (*quaestio*) を指定した。それから教師は、このトピックに関するいくつかのテーゼ (*articuli*) を作成する。事前に割りふられた学生や応答者 (*respondens*) が、他の学生によって自分に向けられた反論 (*objectiones*) に応答しなければならなかった。反論とそれに対する応答の両方のノートが作成され、討論の結論で、両ノートを集めたものが用いられた。このノートは、しばしば翌日に、通常は翌週に持たれた「最終決定あるいは解決」(*determinatio; solutio*) のために、教師 (*magister*) が用いた。さらに、この文書化された決定は、「討論集」(*disputatio*) と名付けられた。しかし、このような文書化された討論集は、討論それ自体の流れを追った文字通りの記録ではなかったので、そういったものとは区別されなければならない。

年数	課程	主な学問的活動
教養学部		
二年	学部	文法、論理、その他のアリストテレスの著作を講読する通常講義と臨時講義の出席。討論会。
二年	学部	前記に加え、討論会での応答。
その後	討論における決定が認められる	
三年（オックスフォード）（パリでは可変的）	学士	決定（討論における決定） 講読の通常講義の出席とさらなる資料の討論（アリストテレスの自然哲学や形而上学、四科に関するテキスト）、討論における応答、講読の臨時講義を指導。
その後	準修士　修士課程の始まり	特別討論への参加など。
二年（しかし、二年の必須期間を越えて継続可能）	修士　必須の評議	講読の通常講義を指導、討論の決定。
神学部		
七年（後に六年に減年）		聖書講読の通常講義、臨時講義への出席、『命題集』の講読出席、討論。
二年	課程（*Cursus*）／聖書学士（*baccalaureus biblicus*）	それまで同様、講読の通常講義と討論への出席、聖書の臨時講義を指導、討論における応答。

二年　一四世紀までは一年	命題集学士（*Baccalaureus senteniarius*）	『命題集』講読の（通常）講義を指導。
四年	正式な学士（*Baccalaureus formatus*）	討論会で役割を分担し、大学の職務に参与。
その後	修士課程の始まり	特別討論への参加など。
通常は期間限定	上級修士	聖書講読の通常講義を指導、討論の決定。

〔神学部の図表はパリに関するものである。オックスフォードでは課程がより短く、聖書学士が通常、命題集学士のあとに来る。〕

（この図の内容は、John Marenbon, *Later Medieval Philosophy (1150-1350)* (London: Routledge, 1991), 21-22 から取ったものである〔加藤雅人訳『後期中世の哲学　1150-1350』（勁草書房、一九八九年）〕。）

教師（*magister*）が主題を定める討論会とは別に、聴衆がどんなテーマについてでも質問することができる自由なトピックについての討論会（*disputationes de quodlibet*）があった。年二回――クリスマス前とイースター前に――行われるこのような討論会の開催も、教師の通常業務の一部となった。しかし、どのような質問がなされるか彼らは知らなかったし、そのため事前に準備することもできなかったので、多くの教師たちは、このような討論会が開催される前にその都市を去って行った。

これらのスコラ的な方法の諸要素は、決して中世に特有のものではなかった。というのも、それらは後にローマ・カトリックにおいてのみならず、プロテスタントの伝統においても実践されたからである。この章の初めで私たちは、ルターの有名なガラテヤ書の注解がこの書簡に関する彼の「講義」（*lectio*）の結実であることと、彼がヴィッテンベルクにある教会の扉に貼り付けた提題が討論会のためのテーゼを意図していたことに言及した。カルヴァンもまた、『綱要』の中で「議論的探求」（*quaestio*）の方法に従っていた。さらに彼が一五五九年にジュネーヴにアカデミーを創設した時、学生（*scholastici*）は毎月一回神学討論会に参加することが定められていた。改革派の大学は、定期討論会開催の実行を続けたのである。

五・四　「議論的探求」（*Quaestio*）という方法の発展

中世の学校についてより良き理解を得るために、「議論的探求」という方法が教育の中で持つようになった重要な位置づけに、私たちは特に注目する必要がある。もともとこの方法は、特に二つの権威ある著作が互いに矛盾しているか、あるいは矛盾しているように見える時に、結論に到達するために用いられた。二つの部分からなる「あるいは・または」という質問（*utrum. . .an*）は、以下の例にあるように、二つの部分が互いに対立状態に置かれている場面に導き出された。例えば、「信仰は知解と無関係であるか、それとも信仰は知解を求めるのか」という問題である。このような問いの二つの部分のそれぞれが、然り（*sic*）と肯定されるか、否（*non*）と否定されるかでなければならない。

問題を形作るこの方法は、もともと教会法において用いられ、アベラルドゥス（一〇七九—一一四二）によって『然りと否』（*Sic et non*, 一一二二年）の中で最初に神学に適用された。この著作は、「議論的探求」という方法の発展と、スコラ的な方法論全体の発展にとってきわめて重要である。この著作の中でアベラルドゥスは、神学的なテキストの研究のために守られなければならない五つの規則を提示している。第一は、テキストの一部が損なわれている可能性がある場合の権威あるテキストの構築、第二は、主張の一つが後にその著者によって撤回されたかどうかに関する確定、第三は、そこにおいて主張が相対化されるべきかどうかを決定づける環境の考慮、第四は、主張内の用語が持ちうる異なった意味への注意、である。もし、これら四つの段階が解決のために十分でないなら、最も重大な権威は好みに与えられなければならないと、アベラルドゥスは主張した。時の経過とともに、特に第四の規則が「議論的探求」と討論においては重要となった。なぜなら、スコラ主義者たちはきわめて多くの区別（*distinctiones*）を導入したからである。

まず「議論的探求」という方法は、このような二つの部分からなる逆説的な問いを解決するために発展した。続いて一つの立場から問いが提起され、その後その立場に対する議論が挙げられ、議論によって支持されたその人の立場の解説が続き、最後に先に指摘した反論に対する反論が続くこととなる。問いが構築される仕方についてはいくらか異なる場合があるが、方法において本質的な違いはない。二つの異なる立場が、それぞれに対して重んじられる。問いのプロセスの中でも最大の関心事は、真理それ自体を発見することではなく（それはすでに想定されている）、むしろその課題自体への洞察を得ることにある。

時を経て「議論的探求」の扱いは、はっきりと確定した構造を持つようになった。

1　問題の所在（*status quaestionis*）。
2　その人自身の意見に反対する伝統からの主張の列挙（*objectiones*）。
3　その人自身の意見に賛成する伝統からの主張の列挙。この過程の中で、著者は自身の意見を解説する。
4　既述の反論に対する反論（*fontes solutionum*）。

このように、スコラ的な方法は一方的ではない。実際この方法は、敵対する見解に注意を向けさせ、それらを考慮に入れ、あるいはそれらを反駁することへと促すのである。

五・五　資料

中世のスコラ主義者たちにとって、最も重要な権威ある典拠は聖書である。しかし一二一五年頃から、実際にはペトルス・ロンバルドゥス（一〇九五頃―一一六〇）の『命題集』（*Sententiae*, ca. 1150）が聖書それ自体よりも研究された。この二つの重要な文献の他に、教会教父の著作も存在した。特にアリストテレスや（ボエティウスのような）彼の信奉者たちの著作と並んで、アウグスティヌス（特に詞華集からではあるが）の著作があった。

一一四〇年にペトルス・ロンバルドゥスは、パリのノートルダム司教座大聖堂附属学校で教師（*magister*）となった。彼の最も重要な著作は、前述の『命題集』である。各命題は教会教父やその後の神学者たちの著作に見られる見解や学説である。ロンバルドゥスは、このような命題を収集し配列したが、それは同じテーマに関する異なった「命題」（*sententia*）を明らかにし、それらを解説し、あるいは命題間に不一致が生じる場合には両者の調和を図ることを目的としていた。一般的に言って、真理はもはや発見される必要がないと思われた。なぜなら聖書記者や教会教父たちが、それらのことをすでにやり遂げたからである。真理は単に、解説され、体系化され、擁護される必要があるだけであった。

ロンバルドゥスの著作は、この種の唯一の著作ではなかった。例えばアベラルドゥスの『然りと否』（*Sic et non*）は、同じジャンルのものだった。しかし実際に、ロンバルドゥスの『命題集』が、特にすぐれた教義学の文献という地位を得て、最も影響力のあるものとなった。神学博士となるためには、この著作に関する注解を執筆しなければならなかった。

『命題集』は、それぞれ三位一体論、創造論、キリスト論と救済論、サクラメント論を扱う四部からなる。異なる「命題」（*sententiae*）の権威（*auctoritas*）は、それらが実際にアウグスティヌス（あるいは他の誰か）に由来するかという事実に依拠しているのではなく、むしろそれらが真理であると考えられるかという点に拠っている。このように権威ある著作（*auctoritates*）というのは、それらが「純粋に著者自身から」のものであるかという意味において真正であるかではなく、それらが真理の本質を明らかにしているかという意味において真正な著作なのである。

五・六　中世——時代区分と潮流

神学と哲学の文脈において、中世を初期、盛期、後期スコラ主義に区分するのは一般的である。しばしば批判者は、この区分が主観的な価値判断を導入しているとして異議を唱える。

スコラ主義という用語が内容ではなく方法として理解されるなら、この区分は厳密に言って支持できない。スコラ的な方法は中世全体を通じて発展したので、初期や盛期スコラ主義について語ることは確かに正当化される。しかし盛期スコラ主義の時代の後、方法論における衰退の時代を区分するのは困難である。私たちとしては、中世として知られる長い時代の各人物たちを位置づけることが可能な範囲で、この時代区分を支持することとする。

三つの時代とは以下の通りである。

- 初期スコラ主義　一一―一二世紀（例えばアンセルムス、アベラルドゥス）
- 盛期スコラ主義　一三（―一四）世紀（例えばアルベルトゥス・マグヌス、トマス・アクィナス）
- 後期スコラ主義　一四―一五世紀（例えばヨハネス・ドゥンス・スコトゥス、ウィリアム・オッカム）

初期の思想家であるアベラルドゥスとアンセルムスは、本書五・二と五・四ですでに扱った。以下では、盛期スコラ主義と後期スコラ主義の代表的人物を短く素描し、彼らの中世スコラ思想の発展への貢献に言及する。

アルベルトゥス・マグヌス（大アルベルトゥス、一二〇六―一二八〇）は、ケルンの影響力のある教師であった。アルベルトゥスは、アリストテレスの思想をよく用いた。彼によれば、アリストテレス主義とキリスト教は合致する。トマス・アクィナスは彼の最も高名な弟子である。スコラ主義を（アリストテレス）哲学とキリスト教信仰の統合の試みと捉える解釈は、特にこの二人の神学者が、なぜしばしば盛期スコラ主義の代表的人物と理解されるのかを明らかにしている。この解釈によれば、アルベルトゥスとトマスは、この試みにおいて他者をはるかに圧倒していたのである。

トマス・アクィナス（一二二四―一二七四）は、パリその他で教鞭をとった。彼は多くの著作を残したが、その中でも『神学大全』（*Summa theologiae*）は最もよく知られるものとなった。彼の見解は、当時においては多くの議論があったが、後にそれらが多大な影響力を持つこととなる。一五六七年に教皇ピウス五世は、彼を「教会博士」（*doctor ecclesiae*）に昇進させ、一八七九年に教皇レオ一三世は、アクィナスの教えがすべてのカトリック神学と哲学の規準であると宣言した。トマス主義は、しばしば「トマス神学」（*via Thomae*「トマスの道」の意）と呼ばれる。

ヨハネス・ドゥンス・スコトゥス（一二六六―一三〇八）は、オックスフォードとパリで学び、後にケンブリッジ、オックスフォード、パリ、ケルンで教鞭をとった。スコトゥスは、当時の最も深遠かつ難解な神学者の一人で、それが「精妙博士」（*doctor subtilis*）という呼称を与えられた理由である。スコトゥスは特に、彼の共時的偶然性（synchronic contingency）の理論のゆえによく知られるようになった。この理論は基本的に、出来事（例えばxがpをしている場合）の偶然性というのは、その出来事の正反対の状態（xがpをしていない状態）の同時的な「可能性」を排除しない、ということを主張している。人間と神の両者に関してスコトゥスは、彼以前の人々がした以上に広い視点を意志に帰している。人間の意志は、反対のことを行う力を有している。それは、単に異なる時に異なることを意志することができるというだけでなく、一つのことを意志したのと全く同じ瞬間に、意志がそれとは正反対のことを意志する力を保っているということなのである。この共時的偶然性という概念は、神の介入と人間の自由がなぜ真っ向から対立しないかということを説明するために、改革派神学の中でも用いられた。スコトゥス主義は、しばしば「スコトゥス神学」（*via Scoti*「スコトゥスの道」の意）と呼ばれる。

中世後期は多くの発展を見た。これらの発展は直接スコラ主義的な方法に関係するわけではないが、注目すべき事柄である。なぜならスコラ主義はしばしば、中世後期に起きたことと関係しそれと対応しているからである。第一に、これは自由討論（*disputatio de quodlibet*）において扱われた課題を含んでいる。一五世紀にこのジャンルはかなり衰退し、詭弁やその他の知的な理屈が支配的となった。この時代以降の議論は何世紀にもわたって、このようなレンズを通してすべての中世神学を評価するようになった。批判者はしばしば、中世哲学を決定づけるものとして次のような問い（*quaestio*）を指摘する。「針の先で何人の天使が踊れるか」。しかし、これが実際に議論されたと証明されてはいない。

第二の発展は、唯名論と主意主義の台頭である。この両者の発展は、ヨハネス・ドゥンス・スコトゥスの思想と複雑に関係している。スコトゥスは、神の自由と人間の意志に強調点を置いた。この意志の働きの強調は、一般に主意主義（*voluntarism*）と呼ばれる（意志を意味する *voluntas* に由来）。

スコトゥスにおけるもう一つの発展は、人間の「このもの性」（*haecceitas*）の強調である。アリストテレスの伝統において、質料は個別化の原理であり（三・四を見よ）、それによって二人の人間（例えばペトロとパウロ）が互いに区別される。それは両者の形相のゆえではなく、両者の質料のゆえである。しかしスコトゥスによれば、ペトロとパウロの違いを生み出すのは質料ではなく、それはむしろ両者がそれぞれに所有している独自の同定する機能である。スコトゥスは、この各個人の特性を「このもの性」（*haecceitas*）と呼んだのである。この概念で彼は、各個人のユニークな特徴を強調した。普遍（例えば人間本性）は、個別の要素を伴うことなくして、実在に現れることはあり得ない。この発展は、ウィリアム・オッカム（一二八五頃―一三四九）の思想に継承された。このスコラ的な神学者は、旧神学（*via antiqua*）に対峙する新神学（*via moderna*）の父である。旧神学は、その時までに受容され、普遍に最も大きな本質的価値を与えた「実在論」の立場である。例えば「犬」という普遍的な概念は、旧神学を奉じる人々によって、具体的な一頭の犬よりも大きな本質的価値のあるものと考えられた。

なぜなら、彼らによれば、すべての具体的な犬は、神が創造以前に念頭に置いていた普遍的概念としての「犬」に基づいて創造されているからである。神と神の持つ思想とは、地上のリアリティよりも高次なので、普遍的概念である「犬」は彼らにとってより大きな価値を持っている。しかしオッカムは、より大きな本質的価値を普遍よりも具体的なリアリティに帰したのである。この理解は唯名論（*nominalism*）と呼ばれてきた。なぜなら、普遍とは、人々が共通の特徴を基礎にして具体的な事物に与えた単なる名前（*nomina*）にすぎないと、オッカムが確信していたからである。

理性と啓示が対立するという見解が、唯名論と主意主義に密接に関わっていた。アンセルムスの神学のモットーは、「私は、理解するために信じる」（*credo ut intelligam*）であった。時代を経るにつれて理性と啓示は、それぞれ次第に距離を置くようになった。オッカムによれば、実際に理性はしばしば啓示と相反した。彼の見解では、哲学によって真実であるものが、必ずしも神の啓示にとって真実であるとは限らないし、逆もまた同様である。神は、ご自分の意志において完全な主権者であり、論理学的あるいは哲学的真理に拘束されない。このように、理性と神学は互いに無関係であり、教会が持つ教理もまた理性的に理解可能とされるわけではない。教理は、知性からの同意を求めるのではなく、むしろ意志の明け渡しである。スコトゥス以上に強烈に、オッカムは神と人間の両方の意志を強調したのである。

唯名論は、その思想がパリの一流大学ソルボンヌで教えられたので、大きな影響力を得た。後にこの大学で提起された見解がスコラ主義と同一であるとされた度合は、『綱要』におけるカルヴァンのスコラ主義という用語の使用例において明らかである。『綱要』のラテン語版で、カルヴァンは定期的にスコラ主義者たちを批判している。一五六〇年のフランス語版でこの用語は、常に同義のフランス語に訳されているわけではない。むしろそのほとんどは「ソルボンヌの神学者たち」（*théologiens Sorboniques*）と訳されている。このことは、これらの文章の中でカルヴァンが中世神学全体ではなく、特定の神学者を攻撃しているということを示している。

新神学は、宗教改革期においてのみ批判されたのではなく、すでに新神学の時代においても批判された。その救済論によれば、神は、自分でできること（*facere quod in se est*）をする人々から恵みを取り去らない。このように人間の行動は、救いにとって決定的な要素と考えられた。アウグスティヌス主義の再興は、学者たちに近代アウグスティヌス学派（*schola Augustiniana moderna*）として知られている反動の中で起きた。哲学的傾向において、この流れは新神学の中に分類されるが、アウグスティヌスの著作に基づく強力な反ペラギウス主義神学を発展させることで、救済論においてはそれ（新神学）と距離を置いた。それは、二重予定論、人類の堕落、そしてすべての善き業のための恵みの必要性に強調点を置いた。つまり近代アウグスティヌス学派は、反ペラギウス的なアウグスティヌスと唯名論の両者に影響された。リミニのグレゴリウス（一三〇〇―一三五八）は、この思想的学派の重要な代表的人物である。

五・七　中世スコラ主義の後世の評価

私たちは、中世においてスコラ主義が当時の学校と不可分に結び付いていたのを見てきた。この時代のスコラ的な方法とは、教育が行われた方法であった。この方法はもともと、討論（*disputatio*）と並んで「講義－黙想－探求」をその本質としていた。しかし時を経るにつれてさまざまな要素に変化が生じ、その結果スコラ的な方法は、それが盛期・後期スコラ主義に関連して使われる際には、「議論的探求」（*quaestio*）を含むさまざまな方法の集積とより一層関連している。

中世以降、スコラ主義という語はあまり方法として理解されなくなり、むしろ特定の内容として理解され、中世の学校で教えられた神学としてのスコラ神学を指すようになった。この語は一般に、プロテスタントの中で否定的な結び付きを持つようになった。それは、ルターがスコラ神学に対して議論を展開した時のように、あるいはカルヴァンが『綱要』の中でスコラ主義者たちを攻撃した時のように、である。ギスベルトゥス・ヴォエティウス（一五八九―一六七六）やその後継者ペトルス・ファン・マストリヒト（一六三〇―一七〇六）のような後期改革派神学者たちは、カルヴァンの後に続いた。しかし、これらすべてのケースにおいて、彼らの批判は神学の内容に向けられたものであって、その方法論に向けられたものではない。

私たちが改革派スコラ主義者たちの著作を学ぶ時、彼らのスコラ主義という語の一般的な理解が、私たちが本書で扱う方法論的な意味とは異なっていることに注意する必要がある。改革派スコラ主義者たちがスコラ主義への批判を表明する時、彼らはほとんどいつも特定の内容、つまり中世の特定の神学者や神学的潮流の見解に言及しているのである。さらに、ヴォエティウスを一例にとると、彼やその他の学問的な神学者たちは、方法論に関してスコラ的な伝統に立っている。このことは、ヴォエティウスが「スコラ神学について」（*De theologia scholastica*）という議論に決着をつけたスコラ神学の総括的評価から明らかである。ちなみにこの議論は、後に『神学議論選集第一部』（*Selectarum disputationum theologicarum pars prima,* 一六四八年）として出版された。

> 私たちのすぐれた神学者たちは、スコラ的な神学のこれらの事柄とその他の事柄が有益であると、どこでも認識している。言葉においてではなく行動においても、すなわち彼ら自身の著作の中でスコラ主義者たちに従い、彼らを用いることにおいて、彼らはスコラ主義者たちから二、三の事柄を拝借するだけではなく、彼らに訴えることもしている（二七頁）。

五・八　議論的探求（*Quaestio*）という方法の一例

中世の教育における「議論的探求」（*quaestio*）という方法の使われ方を説明するために、トマス・アクィナスの『神学大全』第一部第一問からの一節を例にとる。ここでは、「神はこの学問の主題であるか」と題された第七項のみを再録する。ここでトマスを選んだのは、彼がよく知られ、重要であり、他に比べて身近な神学者だからである。スコトゥスのような別の重要な神学者たちの著作は非常に縁遠い。このことは、彼の文献の入手しやすさと内容の明晰性の両面において当を得ている。テーマ（神が神学という学問の主題であるか否か）は任意に選ばれた。このテーマが「議論的探求」（*quaestio*）の方法を、他の問い以上にはっきりと提示しているというわけではない。トマスは、『神学大全』におけるすべての各論題を「議論的探求」（*quaestio*）の方法に従って扱っている。

この方法に一貫している構造によれば、トマスは最初に、自分の見解と異なるいくつかの主張を列挙し、次に自分自身の立場を構築する主張が一つないし複数続き、それから解説へと移る。そして最後に、最初に列挙した反論を論駁する。太字で記した部分は、『神学大全』の中でトマスによって扱われたすべてのトピックの構造に関して、多かれ少なかれ特徴的となる部分である。あちこちに挿入されたラテン語は、スコラ主義神学者たちによってよく使われた用語である。

神はこの学問の主題であるか(1)

1　神がこの学の主題であるとはいいえないとも考えられる［*Non videtur*］。けだしいかなる学にあっても、その主題について、それの「何たるか」の認識を前提していることを要するものなること、アリストテレスが『分析論後書』第一巻にいうごとくである。然るに、この学は神について、その「何たるか」の認識を前提するものではない。まことに、ダマスケヌスの語るごとく、「神にあっては、その『何たるか』を語ることは不可能なのである」。それゆえ、神がこの学の主題であることはできない。

2　さらに［*Praeterea*］、或る学の主題のもとには、その学において扱われる一切の事柄が包含される。ところで、聖書においては、神についてのほか、それ以外の多くの事柄、例えば被造物とか人間の道徳とかについて、語られている。してみれば、神がこの学の主題ではありえない。

他面、その反対の論にいう［*Sed contra*］。学の主題とは、その学における言説の関わるところのものにほかならない。だが、この学において行われる言説は神に関わる。現にそれは、「神についての言説」という意味で、「テオロジア」（*theologia*）と呼ばれているのである。それゆえ、神がこの学の主題である。

以上に答えて、私はこういうべきだとする［*Respondeo*］。

神がこの学の主題である。けだし、能力［*potentia*］や能力態［*habitus*］における「対象」が、学においてはその「主題」に該当する。然るに、その固有の意味において或る能力や能力態の「対象」と見なされるべきものは、こうしたもの、即ち、それの観点のもとにおいてのみすべてがこの能力や能力態に関係づけられるごときものにほかならない。例えば、人間や石が視覚に関連づけられるのは、これらが「色あるもの」たるかぎりにおいてなのであり、されば、「色あるもの」が視覚の固有の「対象」をなす。いま、聖教においてはすべてが「神」の観点のもとに取り扱われる。事柄が神それ自身であるからにしても、乃至はまた、それが始源ならびに究極［*principium et finem*］としての神への秩序を含むところのものであるからにしても――。神が、だから、真にこの学の主題たることが帰結する［*sequitur*］。同じことは、さらに、この学の出発点たる基本命題を考えることによっても明らかとなるのであって、即ち、この学の出発点は信仰箇条であるが、信仰は神に関わっている。だが、基本命題の主題と学全体の主題とは同じでなくてはならない。学の全体がその出発点たる諸々の基本命題のうちに含蓄的に含まれているのだからである。

一部には、もちろん、この学において取り扱われる事柄にのみ注目して、それらの事柄がそれに基づいて取り扱われるところの観点に注目しないがままに、この学の題材を別なふうに、即ち、或いは「事物と象徴」、或いは「救復の業」、或いは「全キリスト・即ちその頭と肢体」などと見做したひとびともある。事実、この教えのなかでこうしたいずれもが取り扱われるわけではある。ただ、それらは神それ自身に対しての秩序づけということに即して取り扱われるのである。

1については［*Ad primum*］、それゆえ、こういわなくてはならぬ。我々が神についてその「何たるか」を知りえないものなることは事実であるが、我々は、然し、この教えにおいては定義の代りに、神による果［*effectus*］——自然的本性におけるそれであれ恩寵におけるそれであれ［*vel naturae vel gratiae*］——を用いて、神についてこの教えにおいて考察されるところの諸々の事柄に赴くのである。それはちょうど、一部の哲学的な諸学において、因の定義の代りに果をとりあげ、因に関する何らかの事柄の論証を行うのに果を以てする、ということが行われているのと何ら異るところはない。

2については［*Ad secundum*］、こういわなくてはならぬ。聖教において取り扱われる事柄は、神以外のものもすべて神のもとに包含されているのである。包含されているといってもそれは、部分［*species*］としてとか種［*accidens*］としてとか附帯的なものとしてとかではなく、却って、「何らかの仕方で神にまで秩序づけられているところのもの」としてであることはいうまでもない。

参考文献

中世スコラ主義に関するもの

Copleston, Frederick C. *A History of Medieval Philosophy*. London: Methuen, 1972.

Decorte, Jos. *Waarheid als weg: Beknopte geschiedenis van de Middeleeuwse wijsbegeerte*. Kapellen: DNB/Uitgeverij Pelckmans; Kampen: Kok Agora, 1992.

De Rijk, Lambertus M. *Logica modernorum: A Contribution to the History of Early Terminist Logic*. Assen: Van Gorcum, 1962-1967.

__________. *Middeleeuwse wijsbegeerte: Traditie en verniewing*. 2nd rev. ed. Assen: Van Gorcum, 1981.

Grabmann, Martin. *Die Geschichte der scholastischen Methode. Nach den gedruckten und ungedruckten Quellen dargestellt*. Freiburg im Breisgau: Herdersche Verlagshandlung, 1909-1911.

Knowles, David. *The Evolution of Medieval Thought*. 2nd ed. London: Longman, 1988.

Leff, Gordon. *Medieval Thought: St. Augustine to Ockham*. Harmondsworth: Penguin Books, 1958.

Leinsle, Ulrich G. *Einführung in die scholastische theologie*. Paderborn: F. Schöningh, 1995.

Pieper, Josef. *Scholasticism: Personalities and Problems of Medieval Philosophy*. Rev. ed. South Bend, Ind.: St. Augustine Press, 2001.

Southern, Richard W. *Scholastic Humanism and the Unification of Europe*. Vol. 1, *Foundations*. Oxford: Blackwell, 1995.

Van den Brink, Gijsbert. *Oriëntatie in de filosofie*. 2nd ed. Zoetermeer: Boekencentrum, 2000. Pp. 102-141.

Wallace, William A. *The Elements of Philosophy: A Compendium for Philosophers and Theologians*. New York: St. Paul's, 1977. Pp. 288-295.

Weinberg, Julius R. *A Short History of Medieval Philosophy*. Princeton: Princeton University Press, 1964.

中世スコラ主義における人物と潮流

Colish, Marcia L. *Medieval Foundations of the Western Intellectual Tradition 400-1400*. New Haven: Yale University Press, 1997.

Kenny, Anthony. *Medieval Philosophy: A New History of Western Philosophy*. Vol. 2. Oxford: Clarendon Press, 2005.

Marenbon, John. *Later Medieval Philosophy (1150-1350)*. London: Routledge, 1991.

McGrath, Alister E. "The *via moderna* and the *schola Augustiniana moderna*." Chap. 3 in *The Intellectual Origins of the European Reformation*. Oxford: Blackwell, 1987.

Oberman, Heiko A. *The Harvest of Medieval Theology: Gabriel Biel and Late Medieval Nominalism*. Cambridge: Harvard University Press, 1963.

Pesch, Otto H. *Thomas von Aquin: Grenze und Grösse mittelalterlicher Theologie*. Mainz: Matthias-Grünewald-Verlag, 1995.

Southern, Richard W. *St. Anselm: A Portrait in a Landscape*. Rev. ed. Cambridge: Cambridge University Press, 1992.

Vos, A. *Johannes Duns Scotus*. Leiden: J. J. Groen en Zoon, 1994.

———. *The Philosophy of John Duns Scotus*. Edinburgh: University Press, 2006.

Weisheipl, James A. *Friar Thomas d'Aquino: His Life, Thought and Works*. 2nd rev. ed. Washington: Catholic University Press of America, 1983.

注

（1）英訳は、John Gilby, ed., *Thomas Aquinas, Summa Theologiae*, vol. 1, *Christian Theology* (London: Eyre &

Spottiswoode, 1964), 1a.1 から引用したが、いくつか補った箇所がある〔邦訳は、基本的に高田三郎訳『神学大全1』(創文社、一九六〇年)、一九―二二頁から引用した。ただし、強調すべき語が訳出されていないケースがあるので、その際には拙訳を補った〕。

第六章

「開いた手と拳」――宗教改革期における人文主義とスコラ主義

ヴィレム・J・ファン・アッセルト

六・一　人文主義

一四世紀から一六世紀にかけての歴史的現象である人文主義は、ルネサンスと密接に関係し、その上、容易に定義できない複雑な知的潮流である。一般に人文主義は、人文学、特に歴史学、文献学、哲学の分野におけるルネサンスの継承と言える。この時代の人文主義の第二の一般的な特徴は、古典古代への志向である。人文主義者たちが古典文化に立ち返ったのは、そこに、人間が形成され繁栄するための最大の可能性を見出したからである。しかし「人文主義者」という語は一五世紀に現れ、それは人文学（*studia humanitatis* あるいは *humaniora*）に従事する人々を指して使われた。「ウマニスタ」（*umanista*）とは、文法、修辞、詩歌、歴史、倫理（*philosophia moralis*）の研究に専念する人のことである。中世の大学が三学（*trivium*）と四科（*quadrivium*）という自由七学芸（*artes liberalis*）を教えたのに対し（第五章を見よ）、人文主義者たちは文法と修辞（巧みに語る技術）を強調した。論理学と四科（数学、幾何学、天文学、音楽）は、人文学の一部を形成することも、神学、法学、医学を形成することもなかった。言い換えれば、人文主義は（よくあることだが）ルネサンス期の学究の包括的な名称と考えられるべきではない。人文主義は単に、ルネサンスにおける、他と区別されて明確に定義される現象を形成した。哲学（倫理学を除く）のような他の分野は、中世の伝統によって概ね定められた自らのカリキュラムを大学において持っていたが、人文主義には独自の研究分野があった。

ルネサンス期の人文主義者の役割と当時の学問に対する人文主義の影響を理解するために、私たちは既存の大学の秩序の中で人文主義者の学問が持つようになった位置づけに注目するだけでなく、その文芸活動や生産性にも注目しなければならない。人文主義者たちを最もよく特徴づけることができるのは、教育者としてである。彼らは何よりも、言語・文学表現（*eloquentia* と *retorica*）の分野において結実した、文化的・教育的運動の代表者である。彼らの教えの中核は、古典ラテン語——その語彙と文法、詩と散文——の緻密な研究にある。このことは、古典ラテン語ほどではないにしても、古典ギリシア語にもあてはまる。ラテン文学の著作家の中でも、キケロ（前一〇六—前四三）は特に弁論家としての技術において傑出している。イタリアのフェラーラやマントバでは、独立した人文主義者の学校が設立され、ヨーロッパ中から学生を集めた。そこで発達した研究方法は、多くの支持者を持つようになった。この種の学校の基本的な考えとしては、古典語や古典文学の研究は良い品格を育て、将来の指導者や統治者に社会で担う働きの備えを十分にさせるというものである。教皇、司教、王、皇子、そして国家は、しばしば人文主義者を秘書や高官として雇った。人文主義者たちはまた、原本の複製や、印刷技術の発明以後は本の出版や印刷に深く関わった。エラスムス（一四六六—一五三六）は、数年間バーゼルで校正者・出版業者として働き、パリやアントワープの出版社と親密な関係を築いた。人文主義者たちはルネサンス期の大学において重要な役割を担わなかったという、多くの学者たちによってなされた最近の主張は、やや片寄った理解である。実際、大学教授の立場にあった重要な人文主義者たちが存在した。しかし当初彼らの影響力は、大学外の学問や研究の分野に限定されていたのは事実である。

また、人文主義者たちの学問上の成果に光を当てる必要がある。人文主義者たちの古典文学や歴史に対する大きな関心は、原本の複製や印刷に限定されない。テキストが複製あるいは出版される前に、その特定のテキストが最も古く信頼に足るものであるのかどうか、あるいはそれが損なわれたテキストであるかどうかが確定されなければならない。古典期のラテン語やギリシア語文献の古い原本の探求は、多くの著名な人文主義者たちが好んだ職務だった。この働きがまた、キケロやタキトゥスのテキストなどを含む、それまで知られていなかった原本の発見をもたらしたのである。一三五〇年から一六〇〇年の間に、現在、西方世界に知られ、あらゆる近代批判校訂版の基礎となった古典ギリシア語の原本は、東方世界を旅した西方の学者たちによって、あるいは一四五三年のトルコ人によるコンスタンティノープル陥落の後に西方に逃れた東方の学者たちによって、東方からもたらされたものである。新しく発見されたテキストは、注釈が付され、他の原本との異同が比較され、解説がなされ、そしてしばしば、より多くの人々の便宜のためにギリシア語テキストはラテン語へと翻訳された。最初にラテン語に翻訳された哲学書は、プラトンやプロティノス、そしてその他の新プラトン主義者たちの著作であった。アリストテレスの著作は、もはや中世ラテン語のテキストや注解に基づいて研究されなくなった。むしろそれらは、人文主義者たちによって新しくギリシア語原典で読まれ、ギリシア語の注解の助けによって、新たにラテン語に翻訳し直された。同様にヘブライ語やアラム語の研究も、大きな発展を見ることとなった。

このように、人文主義者たちの最も大きな貢献は、文学的・文献学的手段の発達である。それによって、古代の古典的文献が新しい方法でアプローチできるようになった。原典への回帰（*ad fontes*）は、失われていたものの再導入を意味しただけでなく、新しい視点から、新しい方法で、新しい原典の読解をも意味した。宗教改革は、これを用いることを通して実現したのであった。

最後に私たちは、人文主義者たちの功績が、単に古典著作家たちの格調高い文体や語彙、文学構成の模倣やその凌駕を望むことによって特徴づけられるだけではないことに注目する。人文主義者たちはまた、古典それ自体には見出せない新しい側面を付け加えた。それは、人間の感情や経験、意見や好みを表現しようとする傾向である。ほとんどの古典文学に存在しなかった主観的傾向は、ペトラルカからエラスムスに至るあらゆる人文主義者の著作に浸透している。このことはまた、人文主義者たちが批評、対話、演説、書簡、エッセーといった文学ジャンルを好む傾向があることを物語っている。おそらくそれは、ヤコプ・ブルクハルトがルネサンスにおける個人の発見を語った際に意図したことである。いずれにせよ、この意味において主観性は、確実に人文主義者たちの文学と学問の一大特徴なのである。

六・二　人文主義と宗教改革

特に宗教改革に影響を及ぼしたのは、その発展のすべての段階でイタリアの人文主義に影響された北ヨーロッパの人文主義である。イタリアにおける人文主義の重要な人物は、マルシリオ・フィチーノ（一四九九死去）やピコ・デラ・ミランドーラ（一四六三―一四九四）である。彼らは、プラトンやアリストテレス、スコラ主義や神秘主義と、聖書との関係を探求した。その他のイタリアの人文主義者たちは、教会権の乱用や一部の聖職者たちの愚行や非礼に対して、厳しい批判の声を上げた。それにもかかわらず、多くの教皇たちが人文主義を奨励し、ほとんどの人文主義者たちが聖職者であった。

北ヨーロッパやフランスの人文主義はいくぶん異なった様相を呈した。教会や聖職者に対する批判的な態度がそこには見られるが、それが単なる非難ではなく改革を求める発言となっていく。イタリアの人文主義の思想や方法は、むやみに模倣されたのではなく、特定の状況へと適応されたのである。北ヨーロッパの人文主義は、当初、初期宗教改革と連動して進展し、古典古代の著作家たちへの関心という点においては、古典研究と聖書研究の関係の構築を企図した。同じことは、教会教父、特にアウグスティヌス研究にも当てはまる。人文主義のテキスト批評の方法を通して、偽アウグスティヌス文書の存在が発見された。その結果、他の教会教父同様、アウグスティヌスの批判校訂版著作集がまもなく世に出た。このプロセスを経て、アウグスティヌスのペラギウス反駁文書も再発見された。このように人文主義は、宗教改革の広がりに重要な貢献を果たしたのである。

フランスでは、詩編や新約聖書をフランス語に翻訳した人文主義者のルフェーブル・デタープル（Faber Stapulensis, 一五三六没）が改革の道を開いた。法学の分野では、同様に人文主義によって影響されたブールジュ大学やオルレアン大学で発展を見た。これらの大学では、中世法学者の注解や注釈というレンズを通して法律文書を解読するという古イタリア型（*mos italicus*）が、フランス型（*mos gallicus*）の方法に取って代わられた。これは、原語で古典的な法律文書に直接訴えることを意味した。一五二八年カルヴァンは法律を学ぶためにオルレアンにやって来て、そこで人文主義運動の重要な要素に遭遇したのであった。

一六世紀初頭、人文主義の最も重要な中心地は英国ケンブリッジであった。クィーンズ・カレッジ近くにあったパブ（現在は存在しない）にちなんで名付けられたホワイト・ホース・サークルは、ルターの著作を講読した。オックスフォードでは、ジョン・コレット（一五一九没）やトマス・モア（一五三九没）を中心に改革運動が起こった。彼らは、プラトンの思想に多大な影響を受けたが、ローマ・カトリック教会に忠誠のままであった。ウルリッヒ・フォン・フッテン（一五二三没）のような多くのドイツの人文主義者たちは、しばらくの間ルターに従い、ツヴィングリ、メランヒトン、若きカルヴァンのような多くの宗教改革者たちは、人文主義に多大な影響を受けた。宗教改革がより過激になるにつれ、より多くの分派が現れるようになった。

エラスムスの影響は特に、短期間で大変な人気を博した『キリスト者の兵士提要』（*Enchiridion militis Christiani*）によるものであった。これは、聖書を読むための手引きとして意図され、信徒のための実践的で、高度に学問的ではない「哲学」を提示している。エラスムスは、「キリストの哲学」（*philosophia Christi*）について語り、新約聖書を、心の事柄としての宗教の内的形成を要求するキリストの法（*lex Christi*）と呼んだ。エラスムスは、信徒のキリスト者としての務めに、教会を停滞から呼び起すカギを見出した。一五一六年エラスムスは、最良の底本に基づく新約聖書のギリシア語テキストをバーゼルで出版した。そこで彼は、ラテン語ウルガタ訳聖書の信頼性のなさを実証し、ローマ・カトリックのサクラメントを否定した。これらの同様の発展は、ウルガタの権威を衰退させ、逆に宗教改革者たちの立場を強固なものにした。

六・三　スコラ主義と人文主義

前章で指摘した通り、一二世紀は、スコラ的な方法論が、特にパリで隆盛をきわめた時代であった。一三世紀以降発展した大学においてスコラ主義は、研究と他者への教育の両面で用いられた学問的方法として機能した。スコラ的な方法論は、神学部で用いられただけでなく、教養課程でも用いられた。教養課程の学びは、他の課程で学ぶために必須となる備えであったため、すべての学問がスコラ的な方法から助けを借りて行われた。それゆえこの方法論の使用は神学に専有のものではなかった。

一五世紀後半以降人文主義は、大学の中に自らの場を切り開くことを試みた。人文主義者の批評や小冊子は、エラスムスの著作同様、人文主義がスコラ主義の支持者によってあらゆる面から攻撃を受け、大胆な戦いを通してのみ当時の大学で自らの場を勝ち取ることができたという印象を与える。人文主義者たち自身によって与えられたこのような印象は、後の歴史家によるスコラ主義と人文主義の関係の描き方を決定づけた。一九世紀の歴史研究においてスコラ主義と人文主義は、互いに相反する位置に立つ二つの思想の系譜として描かれた。この見解の古典的主張は、一八六〇年にドイツ語で初版が出版されたヤコプ・ブルクハルトの『イタリア・ルネサンスの文化』に見出すことができる。人文主義の隆盛と大学内にその活動場所を切り開くための勇敢な努力は、ブルクハルトによって、激しい戦いという言葉で表現されている。

しかし、ポール・クリステラーの研究に代表される最近の研究では、人文主義とスコラ主義の対立が、従来、想定されてきたほど鋭いものではなかったことが明らかになった。近年の研究によれば、キリスト教化された人文主義は、中世のスコラ的な方法との対立にではなく、むしろ連続性の中に立っていた。このような見解は、後代の人文主義への高い関心によるのと、スコラ主義に対する近代の嫌悪の影響のもとになされたもので、人文主義者たちのスコラ主義への対立はひどく誇張されてきた、とクリステラーは主張した。その上、学問と哲学の歴史にとって、人文主義の重要性はかなり過大評価されてきた。古いパラダイムに対する反動はまさに避けがたいものだが、ある人々が主張しているように、人文主義者たちは、彼ら自身や彼らの近代の擁護者たちが前面に持ち出してきた学問的主張に簡潔に答えない貧弱な学者や哲学者であった、と主張するのは行き過ぎであろう。クリステラーによれば、人文主義者たちは、良い哲学者でも悪い哲学者でもない。ただ単に彼らは、決して哲学者ではなかったのだ！

それゆえ、人文主義者の潮流の起源は、哲学や学問の分野ではなく、むしろ文法や論理学の分野に見出されるべきである。人文主義者たちは、古典研究によって新しい刺激と方向性を与えたこれらの分野において、中世の伝統の系譜に立っていると考えられなければならない。彼らは、大学内に自らの場を求め、他の学問的実践の（スコラ的）形態を大学から完全に排除することなく、それに成功したのである。人文主義者たちはまた、他の学問に確かな影響を与えた。雄弁なスタイルによる執筆と、古典期に由来する原典資料の使用に、より一層の注目が注がれるようになった。この人文主義者たちの他分野への影響は、歴史に対する知識の増大、批判的校訂版資料の使用、さらには注目すべき学問の新しい領域を指摘することにおいて明らかとなった。クリステラーは著書『ルネサンスの思想とその源泉』（*Renaissance Thought and Its Sources*）の中で、この影響は重要であるが、「これらの学問における中世的な伝統の内容や本質に影響を与えたのではなかった」（九二頁）と記している。人文主義者たちは、他の学問分野においては素人であり続け、伝統的な学問に取って代わる何かを提示したわけではなかった。

中世の学問的な方法に対する人文主義者たちの批判は、通常、表面的であり、具体的あるいは根本的な要素に触れるものではなかった。彼らの最も大きな不満は、中世の著者たちの貧しいラテン語に対するものであり、古典的な歴史と文学に対する知識の欠如と、人文主義者たちの目には完全に非実用的なものと映った問題解決に対するものであった。クリステラーによれば、中世の学問に対する人文主義者の議論は、特に学芸の分野内の論争の一側面と見なされなければならない。それは、人文主義者たちが他の学問を代価に点数を稼ごうと試みた大胆な運動である。

一五〇〇年辺りを対象としたドイツやフランスの大学の歴史に関する近年の研究は、当時の大学内においてスコラ主義と人文主義の間に深刻な対立が存在しなかったことを明らかにしている。この研究は、中世から近代への移行期（一四五〇―一五三五）にスコラ主義と人文主義の並存に対立が存在しなかったことを証明しているのではなく、両者の間に原理的な対立がなかったことを明らかにしている。それゆえ私たちは、過度な誇張なしで、人文主義とスコラ主義は、比較的平穏に共存していたと述べることができるのである。

しかし、人文主義とスコラ主義の関係を扱った最新の研究は、両者の対立を強調する伝統的見解と、両者の論争は長い平和的共存の歴史における単なる一時的な出来事と主張する修正的見解の両方の視点を合わせ持つことによって、修正的見解へのさらなる修正を提示している。例えばエリカ・リュンメルは、後者の見解が初期ルネサンスに関してはいくつかの妥当性を有しているが、宗教改革期においては事情が異なっていると論じた。まだこの論争の結論は、人文主義が教育機関や美的価値観の変革に成功したが、一貫した認識論と統一的な教えの体系の形成には失敗したというものである。これに対してスコラ主義は、人文主義者の批判という圧力のもとで、ある程度の再生を経験した。ロレンツォ・ヴァラ、ルドルフ・アグリコラ、メランヒトンといったルネサンス・人文主義者たちは、弁証法をテキスト分析や聖書釈義の手段へと発展させたが、他方ルネサンスのスコラ主義者たちや改革派の継承者たちも、人文主義の新しい影響に感化されずに留まったわけではなかった。改革派スコラ主義研究にとって、この人文主義・スコラ主義論争の最も重要な意義は、ルネサンス研究が後・宗教改革のプロテスタンティズムと何ら関わりがないとされてきた前提を克服するために、改革派スコラ主義の分野の研究者たちが、自分たちの文献表を人文主義の領域へと著しく拡大させなければならなくなった点にある。

六・四 宗教改革とスコラ主義

宗教改革者ルターやカルヴァンの名前は、スコラ主義との関わりにおいて、ほとんど肯定的に言及されることはない。その代わり、中世の学者たちによる神学的実践と宗教改革者たちによるそれとの間には、しばしば鋭い対比が置かれた。さらにルターやカルヴァンの著作は、中世のスコラ的な神学と宗教改革者たちの神学との間に、その内容や形式における前記のような鋭い対比の契機を与えたとみなされた。そのため最近の文献が、宗教改革とは当然反スコラ的なものであるという学説を支持しているのは、全く驚くに及ばない。しかしここ数十年の研究は、この学説の多くの弱点を指摘してきた。第一に、古い学説はスコラ主義という用語を満足に定義していないし、そこで提示された定義はしばしば主観的な価値判断に拠っていると、現在一般的に認められている。最近の研究はさらに、古い研究がしばしば、宗教改革者たちの働きが知的な真空空間においてなされたかのような印象を与えたことを実証した。このような説はもちろん、事実を正確に反映したものではない。ルターもカルヴァンも共に、教養課程における教育から恩恵を受けたし、その結果、中世のスコラ主義的な学問の合理的な知識を持っていたのである。

本章の文脈において私たちは、カルヴァンの中世スコラ主義との関係に関するいくつかの発言に限定して論じたい。カルヴァンによる中世神学の知識と評価は、なお議論の重要なポイントである。カール・ロイターによれば、カルヴァンはパリで、スコットランドの神学者ジョン・メイジャーの下に学び、彼の教育を通してアウグスティヌス、ボナヴェントゥーラ、スコトゥスに精通するようになった。トマス・トーランスは、メイジャーとカルヴァンの認識論の親近性を指摘している。これに対してアレキサンドル・ガノッツィは、認識論のレベルへの影響は必ずしも神学的な影響を暗示しないと主張した。ガノッツィによれば、カルヴァンには、『綱要』の初版（一五三六年）のために、ジョン・メイジャーによるロンバルドゥス命題集注解を用いた形跡が見られる。ロイターは、一五五九年版に根拠を置いて自らの結論を論じた。カルヴァンは一五二一年にパリに来たが、メイジャーは一五二五年までパリに到着してはいない。アリスター・マクグラスは、ロイターの仮説は修正されるべきで、カルヴァンにおける「新しい道」(*via moderna*) からの一般的な影響を認めるべきだと提案している。メイジャーからカルヴァンへの直接的な影響は証明できないが、パリ滞在を通してカルヴァンは、中世後期の学者たちの見解に数多く触れただろうと思われる。

リチャード・ムラーは、カルヴァンとスコラ的な神学の関係に光を当てる別の資料を指摘した。第一にムラーは、カルヴァンの一二小預言書の注解に付された一五五七年二月一四日付のジャン・ビュデの序文に注目する。そこでビュデは、カルヴァンの小預言書の講義が「修辞学的なスタイルというよりは、スコラ的なスタイルにおいて」なされたと発言している。第二にムラーは、一五五九年におそらくカルヴァン自身の手によって起草されたジュネーヴ・アカデミーの規則と、新しいアカデミーの設立に際しベーズによってなされた就任演説に言及した。どちらの文書においても、学生たちが「スコラ学徒」(*scholastici*) として言及され、アカデミー自体はスコラ的な学習のための場と表現されている。この事実から、スコラ主義という用語が、人文主義の教育を受けた宗教改革者たちの学問的な働きに関連するものとして肯定的に用いられうると、ムラーは結論づける。

その上、カルヴァンが回心後に中世のスコラ的な神学に没頭し、ローマ・カトリックのロンバルドゥスの命題集注解を通じて広く知識を深めたということは、十分考えられることである。このことから、カルヴァンが「スコラ主義者たち」を痛烈に批判する際、彼が中世初期の学校を念頭に置いているのではなく、パリでの勉強中に知るようになった中世後期の唯名論の神学者たちだけを想定していると結論づけることができる。ムラーは、カルヴァンの『綱要』の各フランス語版（一五四一年版から一五六〇年版）やフランス語で出版された説教におけるスコラ主義批判が、スコラ主義全般に関するものではなく、特にパリのソルボンヌの神学者（*théologiens Sorbonniques*）に向けられたものであることを明らかにして、前記の結論を強調した。カルヴァンは古いスコラ的な伝統を攻撃したのではなく、同時代のソルボンヌの後期唯名論神学を攻撃したのである、とムラーは結論づけた。またムラーは、カルヴァンがいくつかのスコラ的分類（神の絶対的力と規定的力）に対して批判を加えているにもかかわらず、何のコメントもなく、『綱要』のいくつかの箇所で古いスコラ主義に由来する分類を採用している事実や、それらの有用性を認識している事実を指摘している。ここで私たちは、たとえば摂理の扱い（『綱要』一・一六・九、本書二・八・三参照）や仲保者の二性一人格（『綱要』二・一二・一）における多様な必然性を指摘することができる。そこにおいても、カルヴァンの釈義と中世の神学者たちの釈義における大きな連続性が見てとれる。例えばカルヴァンの出エジプト記三章一四節（「わたしはある」）の解釈には、トマス・アクィナスやヨハネス・ドゥンス・スコトゥスの釈義との間に顕著な類似性があることが明らかである。

総じて、スコラ的な神学の方法は、かなり初期から改革派の伝統の中で場を占めていたと結論づけるのが妥当なようである。ちょうどルネサンス期に、人文主義の学問的な系譜がスコラ的な系譜と並存し続けていたように、宗教改革期にもまた、その当初からスコラ的な系譜と並んで人文主義の系譜が存在したことを突き止めることができる。

宗教改革とスコラ主義の平和的共存を例証するために、私たちは、アントワーヌ・ド・ラ・ロシュ・シャンデュ（一五三四—一五九一、偽名はSadeel）と、彼の「神学的かつスコラ的（*theologice et scholastice*）に議論するための真の方法」に関する著作『書かれた神の言葉について』（*De verbo Dei scripto*, 一五八〇年）を挙げることができる。このフランス人貴族は、ジュネーヴでカルヴァンの下に学び、彼の影響を通じて改革派信仰に転向したのであった。一五五七年にはパリで牧師となった。このことは、彼の波乱万丈の生涯の始まりであった。ジヤン・ル・プレウによってジュネーヴで出版された彼の神学全集（*Opera theologica*）にも入れられた『書かれた神の言葉について』の中でシャンデュは、人間理性や教会でもなく、ただ聖書のみが神学の出発点（*principium theologiae*）であるはずだと論じた。シャンデュはさらに、神学的課題に対するスコラ的アプローチと修辞的アプローチを区別した。彼は、両アプローチが正当なものであると考えたが、その正確さと簡潔さという特質のゆえにスコラ的方法論と演繹的方法を好んだ。「われわれは適切なことを求め、言葉の多用をしりぞける」（*res ipsas quaeremus, verborum multidine neglecta*）。シャンデュは、修辞的アプローチを開いた手にたとえ、スコラ的アプローチを拳にたとえた。

一つの同じ手が開くこともでき、それから指を閉じることによって拳を握ることもできるように、一つの同じ主題が、修辞的な手段によって網羅的に扱うこともできれば、短い演繹法に縮めて、より精妙に綿密に議論することもできるのである（*syllogisticis angustiis coarctata subtilius ac pressius*）（*Opera theologica*, 2）。

この二つのアプローチのために彼が用いたもう一つの比喩は、人体のイメージである。

人間の体が、肉で覆われ、血液で満ち、血色に満ちるのを見る時により快適であるように、各部位に分割される時に、体全体の構成の健康同様、各部分の健康をよりよく見分けることができる。もし、結果的に、一つの部位が真剣かつ綿密に考察され、分析され、いわば必要以上に長い時間を費やして、より大々的に解剖されるとしたら、それはあらゆる面で健全であり、何の欠けもないということを疑いの余地なく証明することができる。まさに病気がそうであるように、そこにあるどんな誤りの起源や原因も、いわば指で指摘することが可能であろう（*Opera theologica*, 11-12）。

このようなシャンデュの発言から、初期改革派神学において、すでにスコラ的な方法が存在していたことは明らかである。そこからさらに私たちは、スコラ的な方法に関して、それが特定のジャンルや形態の問題であって、一連の教えや特定の神学的な内容ではないと結論づけることができる。これらのジャンルの内どちらを使用するかは、その状況に拠っている。説教や大衆向けの神学的著作においては修辞的アプローチが用いられ、学問的・論争的文脈においてはスコラ的アプローチがよく用いられている。

参考文献

ルネサンスと人文主義に関する異なった見解の議論

Burckhardt, Jacob. *The Civilization of the Renaissance in Italy*. New York: Harper, 1958.〔邦訳、柴田治三郎訳『イタリア・ルネサンスの文化』（上下巻、中公文庫、一九七四年）。〕

Copenhaver, Brian P., and Charles B. Schmidt. *Renaissance Philosophy*. Oxford: Oxford University Press, 1992.

Kristeller, Paul O. *Renaissance Thought and Its Sources*. New York: Columbia University Press, 1979.

McGrath, Alister E. *The Intellectual Origins of the European Reformation*. Oxford: Blackwell, 1987. Pp. 32-68.

Southern, Richard W. *Scholastic Humanism and the Unification of Europe*. Vol. 1, *Foundations*. Oxford: Blackwell, 1995.

本章で議論された発展に関する重要な研究

Armstrong, Brian G. *Calvinism and the Amyraut Heresy: Protestant Scholasticism in Seventeenth-Century France*. Madison: University of Wisconsin Press, 1969.

Baron, Hans. *The Crisis of the Early Italian Renaissance: Civil Humanism and Republican Liberty in an Age of*

Classicism and Tyranny. Princeton: Princeton University Press, 1966.

Farge, James K. *Orthodoxy and Reform in Early Reformation France: The Faculty of Theology of Paris, 1500-1543*. Leiden: E. J. Brill, 1985.

Ganoczy, Alexandre. *The Young Calvin*. Philadelphia: Westminster Press, 1987.

LaVallee, Armand A. "Calvin's Criticism of Scholastic Theology." Ph.D. diss., Harvard University, 1967.

Massaut, Jean-Pierre. *Critique et tradition à la veille de la Réforme en France*. Paris: J. Vrin, 1974.

McGrath, Alister E. "John Calvin and Late Medieval Thought: A Study in Late Medieval Influences upon Calvin's Theological Development." *Archiv für Reformationsgeschichte* 77 (1986): 58-78.

Muller, Richard A. "Scholasticism in Calvin: A Question of Relation and Disjunction." Chap. 7 in *The Unaccommodated Calvin: Studies in the Foundation of a Theological Tradition*. Oxford Studies in Historical Theology. New York: Oxford University Press, 2000. Pp. 39-61.

Overfield, James H. *Humanism and Scholasticism in Late Medieval Germany*. Princeton: Princeton University Press, 1984.

Renaudet, Augustin. *Préréforme et humanisme à Paris pendant les premières guerres d'Italie (1494-1517)*. Paris: E. Champion, 1916.

Reuter, Karl. *Das Grundverstännis der Theologie Calvins*. Neukirchen: Neukirchener Verlag, 1963.

Ritter, Gerhard. "Die geschichtliche Bedeutung des deutschen Humanismus." *Historische Zeitschrift* 127 (1923): 393-453.

Rummel, Erika. *The Humanist-Scholastic Debate in the Renaissance and Reformation*. Cambridge: Harvard University Press, 1995.

Sinnema, Donald. "Antoine de Chandieu's Call for a Scholastic Reformed Theology." In *Later Calvinism: International Perspectives*, edited by W. Fred Graham. Sixteenth Century Essays and Studies 22. Kirksville, MO.: Sixteenth Century Journal Publishers, 1994. Pp. 159-190.

Torrance, Thomas F. *The Hermeneutics of John Calvin.* Edinburgh: Scottish Academic Press, 1988.

第七章
区別と教授——改革派スコラ主義における神学的主張の構築

ヴィレム・J・ファン・アッセルト
ペーター・L・ロウヴェンダール

七・一　方法の重要性

この章では、宗教改革後の時代に神学的主題がどのように構築されたかを考察する。つまり私たちは、神学的な方法を扱うのである。本書の目的のために、私たちは「方法」という語を「知の分野を探究するための手順」という意味で用いる。つまり、研究作業における考察や進展のための一つの段取りであり、注意深く考え抜かれたパターンのことである。

後・宗教改革の神学は、そのような方法論的な問題にますます関心を寄せている。それは、アカデミックなレベルにおける学問としての神学の本質に関する関心である。改革派神学が学問のレベルにおいてなされるにつれ、次第に問題は、神学的課題を秩序づけ、本質的な一貫性を与えるために最も良い方法は何かということになってきた。同じことは、ある人物の神学的確信が、西欧の神学や学問という全体の中で、どの場所に位置するかという問題にも当てはまる。

これらの問題の学問的本質を考慮に入れると、宗教改革者たち自身が、それらについて明言しなかったということは驚くに値しない。それにもかかわらず宗教改革初期には、主に聖書を読むためのアドバイスからなる、多くの神学研究への入門書が現れた。例えばエラスムスは、彼が編纂した新約聖書に聖書読解の方法に関する解説を付した。方法論に関する彼の多くの洞察は、人文主義に影響された神学者たちによって適用された。メランヒトンは、聖書の秩序だった読解を主張した最初の人物の一人である。彼は、『神学研究概論』(*Discendae theologiae ratio,* 一五三〇年)の中で、ローマ書が最初に読まれるべきだと勧めた。その理由は、そこには信仰義認や律法と福音の関係といった聖書の正しい理解のために必要な最も重要な教えが含まれているからである。カルヴァンは、『綱要』の初版(一五三六年)において、聖書を読む人々の敬虔を養うために、キリスト教信仰の基本的な原理の解説を提供した。しかし、これらの方法論に関するそれぞれの解説は、この時代にあっては例外である。

しかし、特別な関心が一般にプロレゴメナと呼ばれる方法論的事柄(すなわち神学の実際の内容に先立つ事柄)に向けられた時、事態は一変した。このプロレゴメナは、各部分に一貫性と調和を与えるために、神学が保持すべき基本的原理は何か、秩序だった枠組みは何か、統一した概念は何かという問題を扱う。他の学問と同じように、神学もまたその内容を提示する際の明晰性と一貫性に気を配らなければならない。もし神学が、一つの学問としての立場を維持しようとするなら、その時代の学問的発展の中で自らの立場を保持しなければならない。

七・二　メランヒトンと「ロキ」の方法論

フィリップ・メランヒトン(一四九七―一五六〇)は、プロテスタント神学における、いわゆるロキの方法論と呼ばれるものの発展にとってきわめて重要な人物である。この文脈において私たちは、特に一五二一年の『神学総覧』(*Loci communes*)初版に目を向ける。このタイトルに正確な翻訳を当てるのは容易ではない。いずれにしても「コモンプレイス」（「平凡」の意）という訳語は、特にこの翻訳に伴う否定的なニュアンスのゆえに、全く正確でも便宜的でもない。

「ロクス」（*locus*: "*loci*" の単数形）という語は、字義的には「場所」（place）を意味するが、「書物の中の箇所」を意味するとも考えられる。後者の意味で使われる場合——例えばある課題を証明するために——それは「典拠」（reference）を意味した。修辞学や論理学について執筆したキケロやクィンティリアヌスのような古典古代の著作家たちは、複数形の「ロキ」という語を、演説や議論を構成する概念の集合体を指すために用いた。このように「ロキ」は、どんな論題に関する主張でも組み立てる演説者にとっての補助手段であった属性や原因、結果などの幅広い概念を包括する用語となった。この「ロキ」（ギリシア語では「トポイ」[*topoi*] と呼ばれる）は、特定の主題に関連するのではなく、共通（*communis*）の特徴を持ったのである。

この「ロキ・コムンネス」という表現は、メランヒトンのプロテスタント教義学において初めて登場した。彼はこの用語を人文主義者たちから受け継ぎ、既述の通り、彼らは同様に古典著作家たちの使用に倣ったのである。メランヒトンの人文主義的志向は、特に彼のレトリックについての著作（*De rhetorica libri tres*, 一五一九年）から明らかである。それはきっとエラスムスに影響されたものである。しかしエラスムスはこの用語を、特に人間の道徳的しつけを目指すのに必要な倫理的・道徳的原則の集合を指して、倫理的意味で使った。メランヒトンは当初エラスムスに従った。彼はまた、人文主義者であるルドルフ・アグリコラ（一四四四—一四八五）と彼の論理学に関する著作（*De inventione dialectica*, 一四七九年）にも影響されたと考えられる。

アグリコラは、論理学を「創案」（*inventio*）と「判断」（*judicium*）に分類した。創案は、問題の包括的なリストを用いる物事の定義に関わる。あるものに関して観察されうる限りのあらゆる局面が、非常に詳細に列挙される。判断は、ある主張における明確な論証の配列のために、いくつかの法則の適用から成り立つ。論理学に関する著作においてメランヒトンは、アグリコラに従った。

メランヒトンによれば、一つの主題を扱うに当たって、以下の質問が持ち出されなければならない。(1)その言葉の意味は何か。(2)その語は何に関連するか。(3)その語の構成要素は何か。(4)その語の特徴は何か。(5)その語の諸原因は何か。(6)その語の効果は何か。(7)その語は他にどんな事柄に当てはまるか。(8)それは何に関係するか。(9)それはどんなものと矛盾するか。このような質問を用いることによってメランヒトンは、明確な議論の構築が読者に可能となると訴えた。

メランヒトンは当初、一個人の倫理的向上に関係するエラスムス的な意味において「ロキ」という語を用いたが、『神学総覧』初版(一五二一年)では明らかに別のところに強調点を置いた。「ロキ」はもはや基本的な倫理の原則を描き出すのではなく、メランヒトンがローマ書から抽出した聖書の基本的なテーマから構成された。このように彼は、「ロキ」を贖罪的・歴史的枠組みの中に位置づけたが、そこには聖書の贖罪史の指針が、広い枠組みの中に描き出されている。

メランヒトンは、生涯にわたって『神学総覧』に従事し続けた。一五三五年には新しい版が出版され、さらには決定版として残る一五四三/四四年の第三版が出版された。第一版では、アリストテレス哲学が何の役割も果たしておらず、すべての焦点が神の恵みの福音に関するルターの新しい解釈に向けられている。『神学総覧』第一版は、徹底したローマ書研究の結実であった。その序論においてメランヒトンは、中世哲学、特にペトルス・ロンバルドゥスやダマスコスの聖ヨハンネスの思想に対して鋭い批判を展開した。メランヒトンによれば、ロンバルドゥスは、聖書の教理を主張することよりも異なる意見を集めることに関心を寄せているし、ダマスコスの聖ヨハンネスはあまりにも哲学に関心を寄せすぎている。また、この第一版について特筆すべきは、神の教理や三位一体論、受肉の教理を含む、中世神学において広く扱われた多くのテーマが扱われていない点にある。メランヒトンは、その動機を以下のように説明する。

われわれは、神性の奥義を探究するよりも、それを崇めることをよしとする。……全能の主なる神は、御子に肉体をまとわせた。それは私たちを、神ご自身の偉大さを熟考することから、その肉体を黙考すること、特に私たちの弱さを熟慮することへと導く。それゆえ、「神」、「神の統一と三位一体」、「創造の奥義」、「受肉の様式」といった高尚なテーマについて、多くの労力を費やすべき理由を持ち合わせていないのである(1)。

この理由のゆえにメランヒトンは、人間の教理、人間の能力と意志から始めて、律法と罪の広範な解説へと続けていく。なぜなら、人はキリストの二性や受肉について思索する時ではなく、罪と律法と恵みの力を知る時に初めて、キリストを知ることができるからだと、メランヒトンは書き記している。

変化は、『神学総覧』の後の版に現れた。アリストテレスの生涯に関する演説に先立つこと一年の一五三八年、メランヒトンは論理学に関する四巻本（*De dialectica libri quattuor*）を出版した。この著作の中でメランヒトンは、神学にとってのアリストテレス哲学の価値を強調し、アリストテレスを「方法論の唯一の専門家」（*unus ac solus methodi artifex*）とまで呼んだ。アリストテレスなくして学問は不可能であり、そこには思想の混乱以外の何ものも存在しない、と書いている。一般に認められているように、メランヒトンは中世のスコラ主義者たちがしたようには、アリストテレスを読まなかった。むしろ彼は人文主義者がしたようにアリストテレスを読んだ。彼によれば、アリストテレスの『物理学』や『形而上学』からのいくつかの主張（例えば、世界の永遠性の概念）は、徹底的に拒否されなければならない。しかし、アリストテレスの論理学は、新旧の異端を論理的に支持できないものと証明するのに、絶対に必要不可欠であると言われている。時間の経過とともに、メランヒトンはアリストテレスの方法論的な見解を、ますます肯定的に捉えるようになった。この後、私たちは、多くの改革派神学者た

導入	人間の能力 罪 律法 福音 恵み 律法と信仰 旧約と新約の違い 古い人と新しい人 しるし 愛 この世の権力 不品行
序論	神 創造 罪の原因と結果 人間の能力、あるいは自由意志 罪 律法 福音 恵みと義認 善き業 旧約と新約の違い 死罪と小罪の違い 教会 サクラメント 予定 キリストの王国 死者の復活 霊と文字 災い、十字架を負うこと、真の慰め 神への呼びかけ、あるいは祈り 市民権力と政治的事柄の権限 教会における人間的儀式 肉体の死 不品行 キリスト教的自由

上の表で、上欄はメランヒトンが『神学総覧』初版で扱ったトピックであり、下欄は最終版で扱われているトピックを列挙している。トピックの数が著しく増えたことが一目瞭然である。

ちが、アリストテレスに対して同様の評価をするようになったことを見ることになる。

　アリストテレスに対するメランヒトンの評価が高まるにつれ、彼は『神学総覧』初版において見過ごしてきた教理にも次第に関心を寄せるようになった。この進化は、神の教理、三位一体論、キリスト論、創造論が直接的に扱われることとなる最終版からきわめて明白である。その序文の中でメランヒトンは、古代教会によって排斥された異端の中に、自分たちのルーツを見出す再洗礼派や反三位一体論者たちに反対する意図を明らかにしている。誤った神の教理は、三位一体の神への礼拝を危機にさらすことになる。メランヒトンは、教父たちからの幅広い引用と、それよりは少ない頻度の中世のスコラ主義者たちからの引用で、自分の主張を補強している。それは、自分が教会の伝統との連続性、特に古代教会の伝統との連続性の中に立っていることを示すためである。同様に、創造論やキリスト論との関連において、メランヒトンは、主要なすべての点において伝統の系譜に立っていることを立証しようとしている。

教理を扱うに当たり、ロキという方法論を用いることが、ほとんどの改革派神学者にとって規範となっていった。しかしこのことは、贖罪的・歴史的路線には当てはまらなかった。時にロキの数は増えていき、その結果、贖罪的・歴史的路線がもはや影を潜めるようになった。別の者たちは、意識的に異なるロキの羅列を望まず、多様なトピックスを緩やかに連結させて満足した。しばしばロキは、直接関連しない事柄で満ちていた。例えば、セゲド出身のハンガリー人シュテファン・キス（一五〇五―一五七二）は、非常に多様な教理的・非教理的事柄を収集した。彼の『純粋神学』（*Theologia sincera*, 一五八八年）には、三三四ものロキが収められていた。神の教理に関するロキの中で、彼はサクラメントや教会の職務も扱った。人間論に関するロキの中では、重い皮膚病についての箇所を含み、さらには墓の手入れや墓地の組織化の指針までも提示した。このようなことを実践したのは、彼だけではなかったのである。もともと学生の教科書として意図された同様の『神学総覧』は、実質的な知識の宝庫へと成長し、そこではしばしば、一つのトピックが同じ著作の多くの箇所で取り扱われたのである。

以下の節では、ロキ以外の方法論を扱う。しかし、これらの方法論はロキの方法論を補足する程度のものであることを忘れてはならない。ラムス主義の著作、統合的著作、分析的著作もまた、ロキの構造を維持した。すなわち、それらは章を追うごとに多様な教理を扱って進む。異なっているのは、それらのロキが構成される様式である。方法論に関してメランヒトンに特徴的なのは、贖罪的・歴史的順序である。

七・三　ラムスと二分法

すべての者がアリストテレスの見解に魅せられたわけではない。最も痛烈な批判は、ペトルス・ラムス（一五一五―一五七二）に由来する。彼は、アリストテレスの定義の理論をひどく複雑であると考え、より簡潔な代替案を求めた。彼のアリストテレスを拒否する姿勢は、人文学修士号（*magister artium*）の試問の際のテーゼから明らかである。「アリストテレスがこれまでに言ったすべては、でっち上げられ、作り出されたものである」。カトリック教徒としてスタートしたラムスは、アリストテレスとパリの人文学部のカリキュラムを痛烈に批判する二つの著作を執筆した。改革派教会に転向した後、彼はベーズにジュネーヴ・アカデミーでの教授職について問い合わせたが、功を奏さなかった。

ラムスは、アリストテレス主義にとって代わるものを提示したかった。彼は、自身の出版物の中で簡潔化を求め、論理学により実践的な方向性を与えている。彼にとって、アリストテレスの定義論の習得は、論理の構築のためになくてはならないものではなかった。「人間は理性的存在であるか」という質問に答えることができるためには、まずアリストテレスの論述と概念の理論に全面的に精通している必要はない。むしろ、その質問の中の大名辞（理性的）から、小名辞（人間）を区別しなければならない。それは、続いて両者を結び付けている関連性を求めるためである。もしそのような関連性があるならば、その質問には肯定的に答えることができる。もしそのような関連性がないならば、否定的に答えなければならない。ラムスは、中間名辞あるいは中間命題であるこの関連性に言及した。このように、彼にとって命題は、議論の手段ではなく、物事や出来事の状態にある関係を表現する手段なのである。ラムスは論理学を正しい関連性や正しい命題を見出すものとして捉える。これらの関連性は、すべての可能な中間名辞を含むと彼が確信したロキやトポイのリストの中に見出される。どんな質問でも、例えば「人間」（person）と「理性的」（rational）の間の適切な中間名辞を確定するために、人はロキのリストを調べなければならなかった。この場合の中間名辞は、「合理性」（rationality）である。人間は理性的存在であり、論理的に考えることは理性的活動である。しばしば人間は、答えを直感的に知っている。そうでなければ、ロキのリストに当たることが必要とされる。ラムスはこれらのロキを本来のもの（例えば原因、結果、対象）

に分けて、ロキ（例えば種類、形式、名前）を引き出したのである。それゆえラムスの思想において、「ロクス」（*locus*）という語はメランヒトンとは異なる意味を持つようになった。ラムスは、古典的な修辞学の伝統におけるこの語の本来の意味に立ち返ったのである。

ラムスによれば、論理学者の職務は、分類法を実践的な使用に向けて提供することにある。彼は、諸概念をより記憶しやすく配列できるよう、概念の明瞭な配列を強調した。ラムスが二分法（*dichotomies*）という手段によってもたらした、物事の秩序だった提示法は、きわめて重要なものである。この方法で体系の枠組みがつくり出され、一種の青写真として図や表のかたちで冊子に印刷されるようになった。すべてのものが自らの場を持つまで、分類され、再分類される。物事が秩序だったわかりやすい方法で構成される時に、一つのテーマがふさわしく扱われるというのがラムスの主張である。しかし、この手のすべての図表がみなラムス的だと考えないよう注意すべきである。なぜなら改革派神学者たちは、宗教改革の初めから二分法を採用していたからである。しかしラムスは二分法の第一人者と呼ばれる。なぜなら彼は、二分法を彼の方法論の一番の核心としたからである。

おまけにラムスの論理学は、彼自身が述べているほど反アリストテレス主義的ではなかった。彼と同時代のアリストテレス主義者の一人は、ラムスの最も重要な思想のいくつかが直接的にアリストテレスの著作から取られていると主張した――ラムスはその典拠を認めていないが――。

ラムスは神学者ではなかったが、プロテスタントへの回心後、キリスト教についての解説書を執筆し始めた。彼は、一五七二年に死後出版されたこの『キリスト教についての解説書　全四巻』（*Commentarium de religione Christiana, libri quatuor*）を、神学のすべての点に新しい光をもたらすものであると、かなり意識して発表した。実際この著作は、当時の改革派神学によくみられた類の一書であった。ここにもまたラムスは、二分法を適用したのである。第一部は教理（*doctrina*）を扱い、第二部では実践（*disciplina*）を扱った。ところが第二部は、失われたかあるいは出版されなかった。ラムスは神学をよく生きるための教理（*doctrina bene vivendi*）と定義した。

これと密接に関連しているのは、信仰（*fides*）と信仰の行い（*observantia*）が、この良き生にとって必要不可欠であり不可分の要素であるという彼の見解である。

ラムスの見解は激しく議論されたが、これらの論争にもかかわらず（あるいは多分そのゆえに）、ラムス主義は興隆をみせた。ラムスは改革派教会に転向したが、彼の見解はその中で必ずしも好意的に受け入れられたわけではなかった。一部の改革派神学者たち――ウルジヌス、エラストゥス、ベーズを含む――は、ラムスの方法論を放棄し、むしろアリストテレスの方を好むと表明した。反対にチューリッヒの神学者たち（例えばブリンガー）やケンブリッジのピューリタンたちは、ラムスの思想を受け入れた。ラムスの論理学を扱った教科書（*Dialectica, libri duo*, 一五三三年）は、ルター派やローマ・カトリックの学校（例えばサラマンカ大学）でも使われた。そこでどのようにラムスがアリストテレスよりも好まれるようになったかということについては、不明瞭なままである。おそらくその理由は、彼が神学を実践的な学問と主張し続けて定義したからではないかと思われる。ある学者たちは、ラムスの改革派神学への影響を過大評価してきた。その理由は、彼らが二分法に直面するときにはいつでも、どこでも、それはラムスからの影響だと理解したからである。

いずれにしても、改革派陣営におけるラムス主義への関心は、初期正統主義の適切な神学的方法論を求める熱心さを描き出している。ラムスの方法論は、実践的・教育的側面におけるより一層の明晰性や正確さを改革派神学にもたらすために用いられた。

七・四　統合的・分析的方法

私たちはすでに、ルネサンスが全体として反スコラ的な運動であると描くことが的確でないことを指摘した。この観察は、改革派神学にとっても重要である。改革派神学内の人文主義的な志向の流れ（ツヴィングリ、ブリンガー、カルヴァン）とは別に、宗教改革の最初期から、ルネサンスの中にスコラ的な風潮に根差した神学が存在していたのである。一六世紀中頃から多くの改革派神学者たちが、パドヴァにおける方法論的発展によって、方法論の探究に触発された。パドヴァは北イタリアにおけるイタリア・ルネサンスにとって最も重要な中心地の一つであった。

この大学における発展は、一五六三年にパドヴァで教え始めたヤコポ・ザバレラ（一五三三―一五八九）の著作において明らかになった。彼は一五七八年に、彼を瞬く間に有名にした著作『論理学論』（*Opera logica*）を出版した。その中でザバレラは、一つの方法を展開した。それは、アリストテレス主義の思想を他の学問に適用する方法であった。他の学者たちとともにザバレラは、パドヴァにおけるアリストテレス・ルネサンスを担った。しかし彼の見解は、アリストテレスの適用をもたらしただけではなく、この時期にペトルス・ラムスによって展開された反アリストテレス的な方法に対する反動ももたらしたのである。

知識の発見と提示という二つのことのために、たった一つの方法を認めたラムスに対して、ザバレラは明らかにこの二つの活動を分離し、それらのために異なる二つの用語を用いた。知識の発見に対して彼は「方法」（*methodus*）という語を用い、知識の提示には「秩序」（*ordo*）という語を用いた。知識の発見は、知られているものから知られていないものへと進むが、提示は、すでに獲得された知識の正しい秩序にのみ関係している。この二つの方法は、知識の発見と提示の両方に適用できる。あるものは原因から結果へと進み、別のものは結果から始まり、そこから原因へと足跡を辿る。原因から結果へという最初の選択肢をザバレラは、合成（*composition*）あるいは統合（*synthesis*）の方法と呼ぶ。結果からその原因へ、あるいは手段からそしてその原因へという第二の選択肢を彼は、解明（*resolution*）あるいは分析（*analysis*）と呼ぶ。統合的方法か分析的方法かの選択は、その人が従事している学問の種類によって決まる。ザバレラは、実践的学問と観想的学問を区別し、そこではそれぞれの概念が異なる方法論を要請した。

医学のような実践的学問にとって、知識はそこから流れ出るべき正しい行動方法に従属する。ザバレラによれば、まず目の前に目的を置き、それからどのようにその目的に到達しようとしているかを問うべきである。実践的学問においては「分析的に」、つまり結果から原因へと進むべきである。このように分析的あるいは「解明的」方法では、調べられる課題に関する知識から始めるのではなく、むしろ特定の実践的学問が目指す目的（*finis*）から始めて、その後で、その目的へと向かう手段（*media*）が扱われる。分析的方法は帰納的に進む。この方法は、最初に来るもので始めるのではなく、結果や成果で始めるのである。

哲学のような観想的学問は、むしろ知識そのものを関心事とする。ここでは原因から結果へと論じ、演繹的プロセスに従う合成的・統合的方法が用いられる。この動きは、普遍（*universalia*）から特殊（*particularia*）へというものである。

これら二つの方法論は、家の建築と比較して表現することができる。分析的方法では、最初に建物それ自体を構想するのが一般的である。つまり、出発点は全体である。そこから、最終的に基礎に到達するように、レンガ一つひとつといった各要素を考慮に入れる。他方、統合的方法は、最初に基礎を考慮に入れることを含意している。それから、一つの部分が最終的に建物全体の印象を持つまで、基礎以外のすべての部分が続く。

パドヴァで興隆した方法論的洞察を通して、多くの改革派神学者たちも改革派の教理を解説するために順序や方法に注意を払い始めた。ザバレラ自身は、神学が観想的学問であるか実践的学問であるかと分類しなかった。彼にとって神学は、単純にそれ自体が学問ではなかったからである。パドヴァ学派の大きな影響のゆえに、学問として神学を実践することを望んだプロテスタントの人々は、同時代の学問的議論の用語によって自分たちの立場を定義せざるをえなかったのである。プロテスタントの神学者たちは、神学がどこに位置づけられるべきか——実践的学問か、観想的学問か——を考察しなければならなかった。

パドヴァ学派の方法論を改革派神学に移入することに貢献した人々の中で、私たちが特に指摘するのは、ピエトロ・マルティレ・ヴェルミーリ（一五〇〇—一五六二）とヒエロニムス・（ジローラモ・）ザンキウス（一五一六—一五九〇）である。二人ともローマ・カトリックの神学者として出発し、両者ともパドヴァで学んだ。改革派神学の発展に及ぼした彼らの重要性は、彼らがイタリア・ルネサンスのスコラ主義と改革派神学の間にある溝に橋を架けたという事実に、特に置かれている。

パドヴァが改革派神学に及ぼした影響にとってさらに大きな重要性を持つのは、バルトロメウス・ケッカマン（一五七一—一六〇九）である。彼もまた、学問の中の神学の位置づけに関する問題に直面した人物である。ケッカマンは、神学を実践的学問であると捉え、その結果、分析的方法を採用した。ルター派の神学者たちもこの分析的アプローチを採用した。

後期ルネサンスに対する人文主義の影響を追跡することができるとするならば、このことはプロテスタント神学における興味深い発展を表している。プロテスタント神学とは、自らを新しい発展に開示した、明らかに進歩的な神学であった。学問的方法論のレベルにおける最新の方法を用いることによって、プロテスタント神学はれっきとした学問として、大学における自らの地位を獲得した。この発展はまた、改革派神学が国際的にすばやく広まったことを、部分的に説明している。

神学に適用される場合の分析的方法というのは、結果が出発点を形成することを意味し、ケッカマンにとってそれは、人間の救いである。したがって、主体が、この場合は人間が、考慮されて、救いへと導く手段が後に続く。神学にとって統合的方法は、神が出発点であることを定め、永遠における神の業（聖定）とその後の時間における神の業（創造や救済）が続き、最後に、終末論や終わりの教理（死者の復活、最後の審判、人間の永遠の状態）で結ばれる。

初期の分析的方法を好む傾向の後、時間の経過を経て、ほとんどの改革派神学者たちは、——確かにルター派との比較において——それに追従することを選ばなかった。このことは、ルター派神学者たちが、自分たちの立場を、分析的構造を持つハイデルベルク信仰問答に従わせ、反対に改革派神学者たちの多数――分析的な信仰問答を背景に持った――が統合的方法に従ったという、特筆すべき状況へと導いた。オランダの改革派教義学者たちは統合的方法の有力な賛同者であったが、彼らは神学の実践的性格にも大きな強調点を置いた。ヴォエティウスは、実践神学（*theologica practica*）をそれだけで一学問として紹介することまでしたのである。

改革派神学者たちの大部分が、神学を実践的学問として定義しながら統合的方法に従ったことを考慮すると、ザバレラが実践的学問と分析的方法を一方とし、理論的学問と統合的方法を他方として立てた区分は、必然的なものと考える必要はないと私たちは結論づけることができる。例えばペトルス・ファン・マストリヒト（一六三〇―一七〇六）は、神学を理論的か実践的かのいずれかに分類せず、その両方であると見なした。しばしばこの二つの方法は、ザンキウスの著作に見られるように、結び合わされる。彼は、分析的方法を聖書の解説に適切なものと見、ロキを扱うためには統合的方法を好んだ。

人間の救いを神学の目的として保持し続ける改革派思想は、行き過ぎであるとするのがよいかもしれない。とりわけ神学は、神を関心事とすべきである。統合的方法を選んだ改革派の選択は、彼らがそれを信仰と予定論の関係をより明確に説明するためのものと考えたという推測について、ほとんど説明となっていない。統合的方法と分析的方法の両者は、因果的な構造を持っている。統合的に原因から結果へと進むか、あるいは分析的に結果から原因へと進むかに、本質的な違いはないのである。

七・五　改革派正統主義時代のスコラ的方法

これまでの章では、改革派スコラ主義者たちの神学の歴史的背景を形成したスコラ的な方法の諸要素を広範に扱ってきた。ここに至るまで私たちは、多くの区分に細かく注目し、中世スコラ主義の現象を検証し、神学を実践するための特別な形態が発展した人文主義と宗教改革の時代を考察してきた。これらすべての要素は、私たちが第一章でスコラ主義と確認したものの一部を形成している。これまでの章から、宗教改革後に実践されたスコラ主義にとって重要な観察が明らかとなる。改革派正統主義の時代において、スコラ的な方法とは、哲学と神学の歴史から取られた多様な要素の折衷的な総体である。これは決して、アリストテレスの思想や、中世や宗教改革の思想を再現したものではない。むしろそれは、哲学と神学の歴史全体の至るところから集めた異なる要素の複雑な混合体なのである。

改革派正統主義において私たちが方法に関する折衷主義に直面することを考慮すると、その神学的方法の本性を明確に表現して提示するのは困難である。正統主義が持つスコラ主義の折衷的な適用はまた、スコラ的な方法のある一側面と歴史における特定の時代との間に、直接的な関係を導き出すことが可能かどうかという問題を引き起こす。私たちがスコラ的な著作の中に、属（*genus*）、種（*species*）、原因（*causae*）、関連（*adjuncta*）などのパターンに従ったあるトピックの細分類に直面する時、それに関連する問題はむしろ、⑴そのような細分類はスコラ的な方法においてどのような機能を持つか、そして⑵それはどこに由来するか、というものである。

私たちの改革派正統主義の歴史と方法論の説明の最後に、この状況にいくらかの明快さを持ち込むために、改革派正統主義時代にも功を奏した、スコラ的な方法についての概略的説明を提示しようと思う。私たちはまた、後・宗教改革期におけるスコラ的な方法の異なるレベルによって、改革派正統主義に至るまでの歴史から、さまざまな要素の中にある関係性を引き出してみようと思う。宗教改革後に使われたスコラ的な方法について私たちが解説するに当たり、三つの段階的区分を提示したい。私たちは、スコラ的な方法をミクロレベル（microlevel）、メゾレベル（mesolevel）、マクロレベル（macrolevel）に区別することを選んだ。

第一に、私たちはミクロレベルにおいてスコラ的な方法を考察する。ここには、特定のテーマを扱うために使われる論理の概念、区分、方法が含まれる。このレベルでは、第三章で論じたようなアリストテレスの概念や区分が重要である。私たちはこのような区分を可能態や行為や本質、あるいは出来事として考えることもできるし、または三段論法のような論理の手段として考えることもできる。このように、例えばフランソワ・トレティーニは『論駁神学綱要』（*Institutio theologiae elencticae*）において、たとえ小さな子どもたちが福音を理解できなかったとしても、彼らは信仰を持つことができるだろうかという問いを取り上げる中で、可能態としての信仰と行為としての信仰というアリストテレス的区分を扱った。しかし、この段階における要素は、アリストテレスだけが持っていた区分ではない。それはまた、特定の区分が中世において発展し継承されたとも考えられるし、新しい区分が改革派正統主義自体の中で創り出されたという可能性もある。

ミクロレベルよりもいくぶん広範なのが、特定の主題を扱う方法に関心をよせるメゾレベルである。ここでもスコラ的な方法の使い方を区分できる。前述した可能態と行為の区分は、特定のトピックを扱う際に、この場合では信仰を扱う際に用いられた。しかしこの議論は、その段階になって、特定の形式へと適用された。このレベルにおけるスコラ的な方法の重要な要素は、議論的探求（*quaestio*）という方法である。ここで私たちは、トレティーニが『綱要』の中のすべてのトピックを議論的探求という形式で扱っているのを目にする。これまでの章では、議論的探求という方法が、中世スコラ主義からの遺産であることを明らかに示した。しかしメゾレベルにおいて続く手順は、より後代にその起源を持つ可能性がある。例えばペトルス・ファン・マストリヒトは、『論理的・実践的神学』（*Theologia theoretica-practica*）の中で、講解的、瞑想的、議論的、実践的学問という、神学における彼自身の区分というレンズを通して、各主題を扱ったのである（本書第九章を参照）。しかし、この細分類は、特に一六世紀において中心的な位置を占めた議論であり、神学が理論的学問か実践的学問かという前述の議論と関連している。

最後に、スコラ的な方法をマクロレベルにおいて語ることも可能である。スコラ的な論述において扱われたトピックスは、たいてい意識して選ばれた順序に従った。上述したように、教理の解説のためには、分析的方法と統合的方法の区分が設けられたのである。

参考文献

一般的な文献

Althaus, Paul. *Die Prinzipen der deutschen reformierten Dogmatik im Zeitalter der aristotelischen Scholastik.* Leipzig: Deichert, 1914.

Dibon, Paul. *La philosophie néerlandaise au siècle d'or. Tome I: L'enseignement philosophique dans les universités néerlandaises à l'époque précartésienne (1575-1650).* Amsterdam: Elsevier, 1954.

Goudriaan, Aza. *Reformed Orthodoxy and Philosophy, 1625-1750: Gisbertus Voetius, Petrus van Mastricht and Anthonius Driessen.* Leiden: Brill, 2006.

Hartvelt, G. P. "Over de methode der dogmatiek in de eeuw der Reformatie." *Gereformeerd theologisch tijdschrift* 62 (1962): 4-6, 97-149.

Muller, Richard A. *Post-Reformation Reformed Dogmatics.* Vol. 1, *Prolegomena to Theology.* 2nd ed. Grand Rapids: Baker, 2003.

Neuser, Wilhelm. "Die reformierte Orthodoxie." In *Handbuch der Dogmen- und Theologiegeschichte, Band 2: Die Lehrentwicklung im Rahmen der Konfessionalität,* edited by Carl Andresen. Göttingen: Vandenhoeck & Ruprecht, 1980. Pp. 306-352.

Rehnmann, Sebastian. *Divine Discourse: The Theological Method of John Owen.* Grand Rapids: Baker, 2002.

Schweizer, Alexander. *Die protestantischen Centraldogmen in ihrer Entwicklung innerhalb der reformierten Kirche.* 2 vols. Zürich: Orell, Fuessli & Co., 1846-1856.

Van Asselt, Willem. "Scholasticism Protestant and Catholic: Medieval Sources and Methods in Seventeenth Century Reformed Thought." In *Religious Identity and the Problem of Historical Foundation: The Foundational Character of Authoritative Sources in the History of Christianity and Judaism*, edited by Judith Frishman, Willemien Otten, and Gerard Rouwhorst. Leiden: Brill, 2004. Pp. 457-470.

メランヒトン関連

Maag, Karin, ed. *Melanchthon in Europe: His Work and Influence Beyond Wittenberg*. Grand Rapids: Baker, 1999.

Pauck, Wilhelm. "Loci Communes Theologici: Editor's Introduction." In *Melanchthon and Bucer*. Philadelphia: Westminster Press, 1969.

Wiedenhofer, Siegfrid. *Formalstruktur humanistischer und reformierter Theologie bei Philip Melanchthon*. Bern: Peter Lang, 1976.

ラムス関連

Dibon, Paul. "L'influence de Ramus aux universités néerlandaises du 17e siècle." *Actes du XIème congrès international de philosophie* 14 (1953): 307-311.

Graves, Frank P. *Ramus and the Educational Reformation of the 16th Century*. New York: Macmillan, 1912.

Hooykaas, Reijer. *Humanisme, science et Réforme: Pierre de la Ramée (1515-1572)*. Leiden: E. J. Brill, 1958.

Moltmann, Jürgen. "Zur Bedeutung des Petrus Ramus für Philosophie und Theologie im Calvinismus." *Zeitschrift für Kirchengeschichte* 68 (1957): 295-318.

__________. "Ramus, Petrus." In *Die Religion in Geschichte und Gegenwart*. 3rd ed. Vol. 5. Tübingen: Mohr Siebeck, 1961. Pp. 777-778.

Neuser, Wilhelm. "Die Schule des Petrus Ramus." In *Handbuch der Dogmen- und Theologiegeschichte, Band 2: Die Lehrentwicklung im Rahmen der Konfessionalität*, edited by Carl Andresen. Göttingen: Vandenhoeck & Ruprecht, 1980. Pp. 328-330.

Ong, Walter J. *Ramus, Method, and the Decay of Dialogue.* Cambridge: Cambridge University Press, 1958.

Sprunger, Keith. "Ames, Ramus and the Method of Puritan Theology." *Harvard Theological Review* 59 (1966): 133-151.

Van Berkel, Klaas. "Franeker als centrum van ramisme." In *Universiteit te Franeker 1585-1811. Bijdragen tot de geschiedenis van de Friese hogeschool*, edited by Goffe T. Jensma, et al. Leeuwarden: Fryske Akademy, 1985.

ザバレラとその方法論関連

Copenhaver, Brian P., and Charles B. Schmidt. *Renaissance Philosophy.* Oxford: Oxford University Press, 1992. Pp. 117-122.

Edwards, William F. "The Logic of Jacopo Zabarella (1533-1589)." Ph.D. diss., Columbia University, 1960.

Gilbert, Neal W. *Renaissance Concepts of Method.* New York: Columbia University Press, 1960.

McGrath, Alister E. *The Intellectual Origins of the European Reformation.* Oxford: Blackwell, 1987. Pp. 191-196.

Weber, Otto. "Analytische Theologie." In *Warum wirst du ein Christ genannt? Vorträge und Aufsätze zum Heidelberger Katechismus im Jubiläumjahr 1963*, edited by Walter Herrenbrück and Udo Schmidt. Neukirchen: Neukirchener Verlag, 1965. pp. 24-39.

注

（1）英訳は、Wilhelm Pauck, ed., *Melanchthon and Bucer* (Philadelphia: Westminster Press, 1969), 21 から引用。

第八章

初期正統主義時代（一五六〇頃—一六二〇頃）におけるスコラ主義

ヴィレム・J・ファン・アッセルト

八・一　序

これまでの各章では、後・宗教改革期における改革派神学者たちが用いたスコラ的な方法の背景と構造を紹介した。次の三つの章では、改革派スコラ主義の歴史的概観を提示する。本章は、改革派スコラ主義を形成しこれに影響を与えた人物、潮流、思想を紹介する三つの章の内の最初の章である。一六世紀後半から一八世紀の終わりにまで及ぶ一時代を描くのに、ある程度の時代区分が必要となる。この理由のゆえに、私たちは改革派正統主義を三つの時代に区分する。リチャード・A・ムラーやその他の研究者に従って、⑴初期正統主義（一五六〇頃—一六二〇）、⑵盛期正統主義（一六二〇頃—一七〇〇）、⑶後期正統主義（一七〇〇頃—一七九〇）について述べる。このような区分は、歴史家が歴史に負わせる限りにおいて、付帯的な性格を持つのだということを認めなくてはならない。歴史の中の時代を区分する際、そのような時代区分が歴史的現実と合致するのかと問うことができる。それは、このような区分には何ら良い根拠がないということを意味するのではなく、むしろこのような時代区分には常にいくらかの人為的な性格があるという意味である。したがって私たちは、初期、盛期、後期正統主義の間に、あまりはっきりとした線引きをすべきではないのである。

第一章で私たちは、スコラ主義と正統主義という用語が同義ではあり得ないと指摘した。正統主義によって私たちは、スコラ的な方法が用いられた神学史の一時代を指す。このように、正統主義時代の改革派スコラ主義をめぐるこの三つの章で、私たちはある一つの視点から正統主義を描写することになる。この場合それは、改革派の信仰告白文書に結び付けられる神学の流れである。ルター派やローマ・カトリックといった他の正統主義の形態は、改革派正統主義の理解に寄与する限りにおいて扱われることになる。最後に、私たちは改革派正統主義についての記述を、これまでの章で記述されたスコラ的な方法を用いた流れに限定することとする。

本章は、初期正統主義の時代を扱う。この時代は、宗教改革において形成された改革派の教えが、一貫した教理体系へと発展するのを経験した。私たちはすでに、この時代の始まりを正確に定めることが困難であることを指摘した。ある研究者たち（例えばリチャード・A・ムラー）は、それを一五六〇年に置き、ハイデルベルク信仰問答の成立と普及を重要な目印と考える。他の研究者たち（例えばオットー・ヴェーバー）は、宗教改革者の第二世代たち（カルヴァン、ムスクルス、ヴェルミーリ）がこの世を去った一五六五年を初期正統主義の出発点とする。

初期、盛期、後期正統主義を比較・対照するために、以下の各章では一つのパターンに従うこととする。第一の節では、改革派スコラ主義の発展における多様な要素を扱って、歴史的概観を提示する。その後、各時代において傑出した改革派神学のそれぞれの中心地に焦点を当てる。そして各章は、その時代の代表的神学者をより詳細に見て終えることとする。

八・二　歴史的概観

一六世紀後半から一七世紀初頭のスコラ主義は、ルター派、改革派、対抗宗教改革のスコラ主義に区分できる。第一章で提示されたスコラ主義の定義は、改革派ではないスコラ主義神学にも当てはまる。それは、「概念、区別、定義、命題的分析、論証的手法、論争的方法が絶えず繰り返された体系」(一・三・二を見よ)を用いた研究と教授のレベルにおいて、神学に適用された方法を関心事としている。それは、スコラ主義を識別できる現象と定めることを認め、それに統一と連続性をもたらす方法である。ルター派、改革派、対抗宗教改革のスコラ主義は、方法においては多くの類似を示したが、内容においては明確な相違が存在していた。これらの相違は、各派内の信仰告白的な地位を持つものとして認識される文書によって決定づけられた。以下において私たちは、改革派スコラ主義の理解にとって比較的重要性が低いことを理由に、ルター派スコラ主義を省略することとする。

八・二・一　対抗宗教改革のスコラ主義

一五四五年教皇パウロ三世は、トリエント公会議(一五四五―一五六三)を招集した。この会議の期間、ローマ・カトリック教会の最も傑出した神学者たちは、中世の伝統から助けを借りて、宗教改革に対する返答を作成した。中世の伝統の中から出たさまざまな系譜が、極端なアウグスティヌス主義を除いて、スコラ的な形式を用いて擁護された概略的な信仰告白へとまとめられた。この公会議の間、義認論、サクラメント論、教会論に関してなされた宣言が、ローマ・カトリック神学の発展にとって規範的なものとなった。改革は、神学教育のためにも導入された。「改革について」の教令(一五四六年六月一七日の第五会議)と司祭の教育に関する決定(一五六三年七月一五日の第二三会議)において、神学教育のための指針が確立された。そこでは、中世のカリキュラム(*trivium-quadrivium*)が取り上げられたのである。

イエズス会の修道院は、トリエント公会議以後のローマ・カトリック神学において重要な役割を果たした。議案が増える中、イエズス会は対抗宗教改革スコラ主義の体裁を整え、カリキュラムを発展させた(*Ratio studiorum*, 一五五九年)。そこでは、⑴聖書の研究、⑵スコラ的な神学、⑶肯定神学の間に区別が引かれた。「肯定神学」(*cursus minor* とも呼ばれる)は、会議の決定、教会著述家たちの著作、教会法の各部分、道徳神学(倫理、特に決疑論）の研究などから構成される。「スコラ的な神学」（あるいは*cursus maior*）は、スコラ的な教理の神学者トマス・アクィナスに拘束されるが、『勉学の方法』（*Ratio studiorum*）によればそれは絶対ではない。トマスが教えたすべてが受け入れられなければならないわけでも、彼と異なる見解が徹底的に否定されるわけでもない（*neque omnia, neque sola*）。イエズス会のカリキュラムはまた、スコラ的な神学の教授（*Regulae professoris scholasticae theologiae*）のための条件を列挙した。それは正統的信仰（*fides orthodoxa*）と敬虔（*pietas*）であり、そこでは正統信仰が敬虔に奉仕するのである。すべての学問機関は、最低でもスコラ的な神学の教授を二人は雇わなければならない。神学の研究は四年の長さを要し、アリストテレス哲学を三年間準備研究として学んだ後に、初めて進むことができた。イエズス会の神学は、取捨選択的で批判的にアクィナスを適用するのを特徴とした。

トリエント公会議後の時代は、スコトゥス主義とトマス主義という中世の伝統の再興を経験した。一五六七年ドミニコ会出身の教皇ピウス五世（一五六六—一五七二）は、トマス・アクィナスを正式な教会教師（*doctor ecclesiae*）に昇格させた。厳格トマス主義の重要な中心地は、サラマンカやアルカラによって代表されるスペインの大学で、その著名な代表的な人物はメルチョル・カノ（カナリア諸島の司教、一五〇九—一五六〇）やドミンゴ・バニェス（一五二八—一六〇四）などである。トリエント後の時代におけるローマ・カトリックのスコラ的な神学の議論を主として決定づけた論争は、スペインの厳格トマス主義とイエズス会（ガブリエル・バスケス［一五五一—一六〇四］やフランシスコ・スアレス［一五四八—一六一七］を含む）の間で勃発した。中心的な論点は、神の恩恵の助け（*auxilium gratiae*）との関連において、人間はどの程度自由であり続けられるかという程度の問題であった。物理的な方法（*praemotio physica*）で第二原因（人間）を決定づける第一原因である神についてのトマス主義的な理解に対して、イエズス会はルイス・デ・モリナ（一五三五—一六〇〇）によって考え出された中間知（*scientia media*）という説を擁護した。

中間知という学説は、人間の自由意志と神の恩恵、予知、摂理、選び、遺棄との関係にある問題に解決を与えようとする試みである。この概念は、神の知識の中に二つの区別を設ける、神の知識に関する中世の学説を前提としている。一方で、神がご自身と出来事のすべての可能態（自然的知［*scientia naturalis*］あるいは純粋な知性の知識［*scientia simplicis intelligentiae*］）を知る知識が存在し、この知識は、構造的に神の意志の行動に先立っている。他方で、神がご自身の自由意志によって過去、現在、未来の現実（自由な知識［*scientia libera*］あるいは視的知識［*scientia visionis*］）を実現することを決めた「後」に、神が過去、現在、未来を知る知識が存在する。しかしモリナは、実現されるべきことを決めるのは神であるので、この説には人間の自由意志の入る余地がないと主張した。この理由のゆえにモリナは、この両者の間に「中間知」という第三の知識を置いたのである。神は、自らの意志の決定の前に、（創造される）人間の自由意志に関する知識も持ち合わせておられる。つまり神は各人について、想像しうる限りのいかなる環境においても、彼や彼女が実行するであろうことを正確に知っておられるということである。特定の環境を創り出すことによって神は、人間が自由に行うであろうことを誤りなく知るのである。

トマス主義者たちは、神の聖定が未来の出来事に関する神の知識に先行するという見解（*decretum antecedens*）を擁護した。スコトゥス主義者たちは、先行する神の聖定と人間の意志の物理的な決断というトマス主義の概念をしりぞけた。スコトゥス主義者たちにとって、人間の決断は、時間的に先行する神の聖定に依拠していない。神の聖定はむしろ被造物の自由意志の決断と共時的なものとみられている。言い換えれば、神は、人間の意志が自由に行うことが実際に起こるであろう、と定めるのである。スコトゥス主義の立場では、先行する聖定（*decretum antecedens*）は存在せず、むしろ共時的聖定（*decretum concomitans*）が存在する。中間知（*scientia media*）という説によってモリナ主義者たちは、神の聖定が人間の自由意志に依拠しているという概念を擁護した。このようにして彼らは、神の聖定というものが、人間が自由に行うであろうことに関する神の予知に従っていると教えたのである。

この最後の概念を出発点とするスアレスは、人間は自由かつ能動的な従順の能力を持っていて、その能力を通して人間は、神の恩恵に協力することができるという立場を擁護し続けた。バスケスは、さらにこれを自らの調和的思想（*congitatio congrua*）という説にまで発展させた。

バスケスによれば、神の恩恵とは人間の良き思想の教化にあるのであって、意志が必ずしも思想に従うのでないことを考慮に入れれば、それは良き行動のために必要であり、人間の自由を無効にはしないのである。神は、その良き思想を創出するだけであって、その良き思想について神は、私たちの意志が良き思想に従うであろうことを知っている。しかし、神によって創出された思想と私たちの自由意志との間には、因果論的に決定的な関係が存在するのではない。

この矛盾は些細なものではなく、神の行動と人間の自由の関係という古くからの問題に関するものである。この矛盾には、重要なヨーロッパの支配者たちが加わるようになり、立場を選択し始めたので、教会的・政治的反響を持つようになった。アルミニウス主義者や多くのルター派神学者たちはモリナ主義の説を好んだが、改革派正統主義はトマス主義やスコトゥス主義の立場に従ったので、やがてこの問題は教派を超えた重要性を持ったのである。スアレスの貢献は、中世神学と中世哲学の全体を統合し、それに明解な解説を与えたところにある。特に一五九七年に出版された彼の『形而上学論争』（*Disputationes metaphysicae*）は、しばしばプロテスタントのスコラ主義者たちによって研究された重要な教科書であった。

八・二・二　改革派正統主義の発展

およそ一五六〇年から一六二〇年におよぶ初期正統主義時代の神学的活動は、「信仰告白化」や「文書化」という表現で最もよく特徴づけられる。教会改革の後、改革派教会はローマ・カトリックの制度的構造を放棄して、制度的に自らを形成し体系化する必要に直面した。信条的基礎が据えられ、教会的組織が建て上げられ、牧師の徹底した訓練のために規則が定められなければならなかったのである。

信条的な基盤は、ハイデルベルク信仰問答（一五六三年）のような信仰告白文書に据えられた。この時代の神学は、特に信仰告白文書の広がりにおいて、神学的なだけでなく社会学的にも他の信仰告白に対する境界線として機能し始めた教理（*doctrina*）へと発展した。この「教理」（*doctrina*）は、さらなる思索の出発点となった。初期正統主義の最初期の改革派神学は、使徒信条、ハイデルベルク信仰問答、ベルギー信仰告白（一五六一年）、フランス信仰告白（一五五九年）の解説という形で現れた。ライデンの教授エレミヤ・バスティンギウス（一五五一―一五九五）は、オランダでハイデルベルク信仰問答の解説（一五八八年）を書いた最初の一人であり、この著作は非常によく知られるようになったものである。

ハイデルベルク信仰問答は、プファルツの選帝侯フリードリヒ三世の要請で、ハイデルベルク大学の神学教授団によって書かれたもので、選帝侯自身の序文を付して一五六三年に出版された。この序文は、初代教会のカテキズム教育に言及し、その上で申命記四章六―七節と今も増え続ける世界の不正への警告に触れながら、自分たちの時代のための使用を促したのである。初版は、番号が付されていない一二八の問答からなっていた。第三版は一五六三年の終わりまでに成立し、この時はプファルツの教会規則の一部として出版された。この版が権威あるテキスト（*textus receptus*）となり、五二主日に分けられた九つの朗読区分（*lectiones*）〔訳注1〕、一二九の問答から成っていた（ミサに関する問八〇を含む）。

ベルギー信仰告白は、ドールニック、ライセル、ファレンシエンネで労したカルヴァン主義の説教家ギー・ド・ブレーによって一五六一年に完成した。ド・ブレーは、間違いなく南オランダの改革者と見なすことができよう。スペインのフェリペ二世宛の手紙を序文とするこの信仰告白の内容は、パリ会議（一五五九年）で成立したフランス改革派教会の信仰告白で、後に第三五項と第四〇項を含む版となって出版されたフランス信仰告白に概ね従っている。ドルトレヒト全国総会議は、一六一九年五月二四日にオランダ語とフランス語の両方で、ベルギー信仰告白の改訂版を正式に承認した。ライデンの牧師フェストゥス・ホミユス（一五七六—一六四二）は、それからラテン語訳を作成し、この会議の秘書の一人として、一六二〇年に出版された議事録（*Acta*）に盛り込んだ。

体系的な発展を経た信条的基礎からなる正統的な教理全体が進展する中で、改革派神学は生き延びることができ、宗教改革の伝統を保持することができた。改革派教会は、このような信条的・教理的体系化を抜きにして、生き延びることはほとんどできなかっただろうと主張するのは、決して言い過ぎではない。

学問的なレベルの議論のために、改革派の神学教育の中心地を持つことははるかに必要であった。一五五九年のジュネーヴ・アカデミーの設立は、重要な転換点となる。多くの神学者たちが、このアカデミーで周到な訓練を受け、それによって改革派の信仰は、学問的な世界の中で、自らの堅固な立場を獲得することができた。ジュネーヴ・アカデミーは、ヨーロッパの改革派神学の他の中心地にとって、一つの模範として機能するようになったのである。

八・二・三　外的要因

いくつかの外的要因の考察は、最初期の改革派神学のより明瞭な理解を得るのに必要不可欠である。最も重要な要因は否定的なものであり、ローマとの論争に関するものである。トリエント公会議の後、ロベルト・ベラルミーノ枢機卿（一五四二—一六二一）は、自らの著作の中で改革派の教理を絶え間ない批判にさらした。彼は、自らの記念碑的著作である『この時代の異端に対するキリスト教信仰に関する論争についての論考』

(*Disputationes de controversiis christianae fidei adversus huius temporis haereticos*, 一五八六年)において、プロテスタントを攻撃した。この書は多くの版を重ね、ルター派・改革派両陣営から二〇〇以上の反論を引き起こすこととなった。改革派陣営からの最初の反論は、おそらくイギリスの神学者ウィリアム・ホウィッテイカー(一五四八―一五九五)のものである。ホウィッテイカーは、ケンブリッジのセント・ジョーンズ・カレッジの神学教授であり学寮長であった。ホウィッティカーが一五八六年に公開講義の中でベラルミーノの『論考』を扱った時、公式な版はまだ出版されていなかった。彼はその代わりに、ベラルミーノの草稿のコピーから論じた。

ほとんどの改革派神学者がベラルミーノに対する反論を執筆したが、その中でもウィリアム・エイムズの『無力にされたベラルミーノ』(*Bellarminus enervatus*, 一六二六年)は最も評判となった。ベラルミーノの攻撃は実際スコラ的で、彼やその他のローマ・カトリックの論争的な神学者たちと対峙するために、同じスコラ的な手段を用いる必要があった。この議論の過程で、宗教改革それ自体が持つ神学的立場のさらなる詳細な解説が提示された。何世紀にもわたって洗練された一連のスコラ的な方法論を用いて、正確な組織化のために重要な神学的体系が発展した。

このように、例えばハイデルベルクの教授ツァハリアス・ウルジヌスは、神学教育のための手順として中世の議論的探求(*quaestio*)という方法を用い、神学的解説のための基礎としてハイデルベルク信仰問答を選んだ。彼のハイデルベルクにおける後継者ヒエロニムス・ザンキウスは、トマス・アクィナスやヨハネス・ドゥンス・スコトゥスの神学に非常によく精通していた。彼は、改革派信仰告白に出発点を置いて、改革派信仰と中世の伝統の関係を説明しようと試みた。彼は、改革派の教えを体系的に解説する助けとして中世の資料を用いた。ザンキウスの著作は、当時の神学的議論に参加できるために、いかに改革派神学者たちがスコラ的な議論を用いたかを明らかにする好例である。

改革派神学の発展にとって重要なもう一つの外的要因は、教会的で教育的なものである。改革派教会の設立においてこのような重要な役割を果たした第一世代・第二世代の神学者たちが世を去った後、次の世代は、新しい教会的・学問的文脈の中で、宗教改革の意味に新しい枠組みを与える必要に直面した。その試みとは、キリスト教の伝統という光において改革派神学の公同性を説明することであった。プロテスタントの伝統が、同じ公同の伝統であるローマ・カトリックの解釈との対比において、首尾一貫した正統的な立場を表明したことを示す必要があった。

この背景は、宗教改革者の第一世代の神学体系よりも、はるかに広範な神学体系の発展を説明している。学問的な議論に参加することができるためには、——特に神の属性や創造、摂理の教理に関して——中世神学からの哲学的概念や形而上学的議論が用いられなければならなかった。

このように、この時代の神学の教科書の中に、私たちは、新しい方法の発展（第七章を見よ）とともに、中世の概念的な枠組みとそこから派生する定式の端緒を見るのである。教義的な事柄は、改革者たちのものとは異なる方法で区別される。釈義と伝統と信仰告白の関係に、注目が注がれなければならなかった。これは、神学的な組織化にとって基礎となる事柄を扱った序論（*prolegomena*）において最初に行われる。神学の立場に関して質問が挙げられる。神学とは何か。神学的な組織化と神の本質的な真理との関係は何か。諸学問の中で神学はどこに位置づけられるか。神学は、独自の方法と原則による学問として定義され、その結果、学問的なレベルにおいて他の学問と連関し綿密な反応を形成することができる手段によって、一連の一般的な方法を発展させたのである。

八・三　改革派神学の中心地

大学は、改革派スコラ主義の発展に重要な役割を果たした。現在、大学は多様な個々のカレッジの複合に過ぎず、その教育は学問的な研究に基づいている。あらゆる統一が、ほとんどの場合、単なる組織的なものとなっている。霊的・宗教的共同体としての大学の概念は、学問の一貫性という見方とともに、およそ二〇〇年の間に失われてしまった。

しかし一六―一七世紀の改革派の学問機関は、教師と学生の共同体（*universitas magistrorum et scolarium*）という中世的な理解に、まだしっかりと従っていた。これを基礎とするということは、その構成員が一体であり、各構成員が他者に仕え、彼らとともに労したという理解であった。この時代、改革派プロテスタンティズムは、まだヨーロッパの単一の運動であった。共通語であるラテン語がコミュニケーションの手段として用いられた。同じカリキュラムが使われ、同じことが教育方法や教科書にも当てはまった。このように、改革派の学問機関は、ヨーロッパ全域に及ぶカルヴァン主義の広がりにおいて中心的な役割を果たしたのであった。これらすべての改革派の学問機関の強みは、教会との結び付きとその国際的な特徴にあった。学生はしばしばヨーロッパの多くの学校を訪れ、最も良い教授（*peregrinatio academica*）に耳を傾けるために一つの学校から別の学校へと渡り歩いた。学問機関は、最も傑出した教授を引き付けることに最善を尽くした。一七世紀の連合七州のオランダ共和国において、十分な経済力は、名声のある学者を惹きつけるのに有効だった。

八・三・一　スイス

ジュネーヴ・アカデミーは、一五五九年、政治的に困難な状況下で設立された。特に、一五六六年の法学教授の二つのポストと一五六七年の医学教授の一つのポストの創設にも助力したテオドール・ド・ベーズ（一五一九―一六〇五）の下、アカデミーは隆盛をきわめ、多くの国々から学生たちを引きつけた。またジュネーヴは、母国で信仰のゆえに脅威にさらされた亡命者たちの安息の地でもあった。例えばスコットランドの改革者ジョン・ノックス（一五一四頃―一五七二）は、一五五四年と一五五五年の何か月かをジュネーヴで過ごした。カルヴァン死去の一五六四年に、アカデミーは正規学生を三〇〇人以上も抱えていたが、ジュネーヴ以外からの学生は全体の八〇パーセントに及んでいた。

ジュネーヴ出身の学生の中には、ハイデルベルクの改革派教会にとって重要な役割を担うことになったカスパル・オレヴィアヌス、貴族出身でウィレム・オラニエ公の良き友でもあった聖アルデゴンデのフィリップ・マルニクス、ライデン大学教授のフランシスクス・ユニウスとヤコブス・アルミニウス、そしてオックスフォードの有名な図書館の創設者トマス・ボドレーがいた。

ジュネーヴ・アカデミーの学長ベーズは、カルヴァンの死後、西洋世界における改革派正統主義の代表的な神学者となった。改革派の神学教育は、ベルンやバーゼルでも提供された。

ジュネーヴ・アカデミーの学長となる前、ベーズは、パリ、ブールジュ、オルレアンで学んだ。一五四八年には、ジュネーヴ、テュービンゲン、そしてローザンヌを訪れ、ローザンヌでギリシア語教授に任命された。そして一五五八年に彼はジュネーヴに来たのである。彼の最も重要な教義学的著作は、『キリスト教信仰の告白』（*Confession de la foy chrestienne*, 一五五八年）、『キリスト教問答小書』（*Quaestionum et responsionum Christianorum libellus*, 一五七〇年。第二巻、一五七五年）、そして有名な『予定論の図表』（*Tabula praedestinationis*）を含んだ『キリスト教大全』（*Summa totius christianismi*, 一五五五年）である。

改革派陣営に転向したベネディクト会の修道士ヴォルフガング・ムスクルス（一四九七―一五六三）は、影響力のある『聖神学総覧』（*Loci communes sacrae theologiae*）を一五四九年にバーゼルで執筆し始め、一五六〇年に出版した。

アマンドゥス・ポラーヌス・フォン・ポランスドルフ（一五六一―一六一〇）は、バーゼルのもう一人の重要人物である。一五九〇年に『神学の分類、第一部』（*Partitiones theologicae*）が出版された（第二部、一五九六年）が、彼の最もよく知られた『神学便覧』(*Syntagma theologiae christianae*)は、一六〇九年に初めて日の目をみた。この最後の著作の中でポラーヌスは、ベラルミーノのようなローマ・カトリックの論客との論争において、プロテスタントの聖書論を大規模に発展させた。

八・三・二　ドイツ

ドイツの大学の中で、特にハイデルベルクとマールブルクが改革派の立場にあった。改革派信仰へと転向した領土内で、高等教育機関がジュネーヴの例に倣い、名門ギムナジウム(*gymnasium illustre*)の系統として設立された。これらのギムナジウムは、博士号を授与する権利を持っていなかった。ヘルボルンとブレーメンの両ギムナジウムは一五八四年に設立され、ハールトのノイシュタットは、プファルツの選帝侯エルンスト・カシミールによって一五七八年に創設され、後にハイデルベルクのルター派大学となり、国際的に重要となった。例えばヘルボルンは、ボヘミヤ、ハンガリー、ポーランドから学生や教授たちを引きつけたが、ハイデルベルクでは、留学生の三五パーセントが中欧や東欧から来ていた。ダンツィヒの名門ギムナジウムは、バルトロメウス・ケッカマン(一五七一—一六〇九)の評判と彼の著作によって名声を得た。

重要なマールブルクの教授は、改革派とルター派の立場の調停を試みたアンドレアス・ゲラルドゥス・ヒペリウス(一五一一—一五六四)である。結果的に彼は、両伝統の発展にとって重要な人物となった。彼の最も重要な著作は、『神学論、あるいは神学研究体系論三巻』(*De theologo, seu de ratione studii theologici, libri III*, 一五五六年)、『キリスト教の基礎』(*Elementa christianae religionis*, 一五六三年)、『神学方法論、あるいはキリスト教の重要な神学総覧三巻』(*Methodi theologiae, sive praecipuorum christianae religionis locorum communium, libri tres*, 死後出版、一五六六年)である。

ヘルボルンの重要な神学者は、カスパル・オレヴィアヌス（一五三六―一五八七）、ヨハネス・ピスカートル（一五四六―一六二五）、ヨハン・ハインリヒ・アルシュテット（一五八八―一六三八）である。アルシュテットは、ナッサウの教会代表としてドルトレヒト全国総会議に参加し、一六二九年ヴァイセンブルク（現ルーマニアのジーベンビュルゲンにあるアルバ・ユリア）で教授に就任した。彼は、傑出した編著者で、その最も重要な著作である『神聖神学方法論八巻』（*Methodus sacrosanctae theologiae octo libris tradita*, 一六一四年）は、神学百科辞典の分野に属するものであった。

バルトロメウス・ケッカマンは、ヴィッテンベルク、ライプツィヒ、ハイデルベルクで学び、ハイデルベルクでヘブライ語と神学を教えた（一五九二―一六〇一）。一六〇一年から死去する一六〇九年まで、彼は故郷のダンツィヒのギムナジウムの校長を務めた。彼の最も重要な神学的著作は、『聖組織神学』（*Systema sacrosanctae theologiae, tribus libris adornatum*, 一六〇二年）である。彼は、自らの神学を分析的方法（第七章を見よ）に従って構築した。ケッカマンはまた、一学問分野を指す言葉として「組織」（*systema*）という用語を導入した人物であった。一七世紀に神学に適用された「組織」という用語は、一九、二〇世紀に理解された哲学的・神学的体系を指す言葉とは異なる。組織という用語によってケッカマンは、「正しく適切な方法で解説された教え」以外のことを意味しなかったのである。

八・三・三　イングランドとスコットランド

改革派神学は、カルヴァン、ブリンガー、ベーズの見解を広めた多くの亡命者たちの著作を通して、イングランドやスコットランドへも広がっていった。マルティン・ブツァーやピエトロ・マルティレ・ヴェルミーリを含む大陸からの多くの改革派神学者たちもまた、ケンブリッジやオックスフォードでしばらくの時を過ごした。少なくとも一七世紀の初め頃までに、イギリスの神学は、はっきりと改革派の特徴を有していた。ピューリタンの側から、特に私たちとしては、ウィリアム・パーキンス（一五五八―一六〇二）とウィリアム・エイムズ（一五七六―一六三三）の影響に注目する。

パーキンスは、ウィリアム・ホウィッティカーなどの下、ケンブリッジのクライスト・カレッジで学び、一五八二年の初めに研究員としてそこで教え始めた。彼の最も重要な著作は、*A Golden Chaine*（一五九〇年）と英訳された『黄金の鎖』（*Armilla aurea*）、『キリスト教の基本六原則』（*The Foundation of the Christian Religion into sixe Principles*, 一五九〇年）、『使徒信条講解』（*An Exposition of the Symbole or Creed of the Apostles*, 一五九五年）である。

ウィリアム・エイムズ（アメシウス）は、パーキンスの教え子であった。彼もまたケンブリッジのクライスト・カレッジで学び、説教問題の後一六一一年にライデンに向かった。ドルトレヒト全国総会議中には、議長のヨハネス・ボーヘルマンの補佐を務めた。一六二二年には、フラネカーの教授となった。彼の最も重要で影響力のあった著作『神学の精髄』（*Medulla theologiae*, 一六二三年）は、多くの版を重ね、*The Marrow of Sacred Divinity* というタイトルのもと一六四三年に英訳が出版された。エイムズは、神学を「神へと生きる教理あるいは教え」と定義した。

一六〇〇年以降、アルミニウス主義が、ゆっくりと英国の神学的状況において支配的となったが、セント・アンドリューズはスコットランドのカルヴァン主義の進展において重要な役割を果たした。ここでジョン・シャープあるいはヨハネス・シャーピウス（一五七二頃―一六四八）が傑出した役割を果たした。シャープは、セント・アンドリューズで学んだ。一六〇五年フランスへ渡り、ドーフィネのディで教授となった。一六三〇年彼はフランスを追われ、エディンバラに戻り、そこで神学教授に選出された。彼の最も重要な著作は、『神学の道筋』（*Cursus theologiae*, 一六一八年）と名づけられた。

ジェームス・アッシャー（一五八一―一六五六）はダブリンのトリニティ・カレッジで学び、そこで一六〇七年に神学教授として教え始めた。一六一五年、彼は明確な改革派の特徴を持つ『アイルランド信仰箇条』に貢献した。一五年間アーマーの大主教を務めた後、アッシャーはライデンへの任命を拒んで、一六四〇年最終的にイングランドへと向かった。彼の最も重要な神学的著作は、『神学体系』（*A Body of Divinity*, 一六四五年）という題でも出版された『キリスト教の原則』（*The Principles of the Christian Religion*, 一六四四年）である。この著作は、三つの部分から構成され、改革派神学発展の好例として用いられている。第一部は、短い教理問答で始まり、「方法論」

(Methodus) と題された箇所が次に続き、第三部は「キリスト教の総体と本質」(*The Sum and Substance of the Christian Religion*) と題された、きわめて洗練された教義学を含んでいる。

八・三・四　フランス

フランスでは、アンリ四世治下のナントの勅令(一五九八年)以後、一定の宗教の自由がプロテスタントに認められた。短期間に、モントーバン、カーン、ドーフィネのディ、スダンなど、多くの改革派のアカデミーが創設された。一五七八年から一五八二年までオランダに滞在したフィリップ・デュ・プレシー・モルネー(一五四九―一六二三)は、一五八九年にソミュールに改革派のアカデミーを創設し、ライデンに倣ってこれを組織した。しかしこれらのアカデミーは、一六八五年のルイ一四世によるナントの勅令の廃止を生き延びることはなかった。多くの著名なフランス改革派の人々は、オランダ、イングランド、その他の地へと亡命した。スダンのアカデミーは一六八一年に、ディは一六八四年にすでに閉校となった。モントーバンとソミュールは一六八五年に閉鎖された。この初期の最も代表的なフランス改革派神学者は、アントワーヌ・ド・ラ・ロシェ・シャンデュ(一五三四―一五九一)である(第六章を見よ)。

シャンデュは、パリの改革派の牧師で、迫害のゆえにサディールという偽名を使って多くの著作を出版した。彼は、一六世紀フランス改革派教会の全国会議の期間、重要な役割を果たした。一五七二年にパリで起きた聖バルトロメウスの日のプロテスタント大虐殺の後、彼はスイスに亡命し、ジュネーヴ、ローザンヌ、オボンヌに住んだ。彼の最も重要な著作は、『書かれた神の言葉について』(*De verbo Dei scripto*, 一五八〇年)、『キリストの人性の真実について』(*De veritate naturae humanae Christi*, 一五八五年)である。

八・三・五　オランダ

北部オランダにおける大学の歴史は、西欧の他の地域と比べて、著しく遅れて始まる。その原因は、スペインの政治体制にある。自由を勝ち取った後、失地は速やかに回復され、一五七五年のライデン大学創立の後、他の多くの大学や高等教育機関がまたたく間に創設された。一五八五年フラネカー、一六〇〇年ハルデルウェイク、一六一四年フローニンヘン、一六三〇年デーフェンター（名門校）、一六三二年アムステルダム（州立ギムナジウム *athenaeum*）、一六三六年ユトレヒト（一六三四年以来すでに名門校）。やや重要性の落ちるアカデミーは、ロッテルダム、ナイメーヘン、ドルトレヒトに設立された。大学は、政治体制のためにその管理者によって運営された国立機関であった。一七世紀において神学部は、全ヨーロッパに改革派思想を浸透させるのに、特に神学教授たちの国際的な性質という点において、きわめて重要であった。

ライデン　ライデン大学は、とりわけスペインからの自由のための戦いの最中、包囲攻撃下の抵抗のゆえに、他でもなくこの都市に建てられた。その目的は、「神の正しい知識と、この地の合法的な政治を目指すすべての善良、誠実、自由な技能と学問の正しい知識の両面における」指導と教育である。教育に関してライデンは、ラテン語とギリシア語、数学と物理、修辞学と倫理学の分野における訓練のために、七歳から一四歳まで文法学校に通うことを学生たちに求めた。学問教育の基礎である教養課程は、ラテン語とギリシア語、哲学と形而上学、数学、物理、天文学に主眼が置かれた。その後、学生たちは、修士、学士、博士の学位を取得するために、高等課程（神学、法学、医学）の内の一つを選ぶことができた。北部オランダにおける最初の高等教育機関は、中世のカリキュラムに倣って設立された。ライデンの代表的な神学教授は、ランベルト・ダノー（一五三〇―一五九五）、フランシスクス・ユニウス（一五四五―一六〇二）、フランシスクス・ゴマルス（一五六三―一六四一）、ヨハネス・ポリアンデル（一五六八―一六四六）、ルーカス・トレルカティウス・ジュニア（一五七三―一六〇七）、アントニウス・ヴァラエウス（一五七三―一六三九）であった。

一五七四年にジュネーヴの教授となったランベルト・ダノーは、一五八一年にライデンに移り、一年間だけここで教えた。彼の最も重要な教義学的著作は、『神学総覧のためのキリスト教イサゴーゲー』（*Christianae isagoges ad locos communes*, 全五巻、一五八三―一五八八年）である。彼はまた『聖神学概説』（*Compendium sacrae theologiae*, 一五九五年）を執筆した。

フランス人フランシスクス・ユニウス（François du Jon）はジュネーヴで学び、ノイシュタット（一五七六―一五八四）、ハイデルベルク（一五八四―一五九二）、ライデン（一五九二―一六〇二）の教授であった。神学の分野における彼の最も重要な著作は、『真の神学について』（*De vera theologia*, 一五九四年）と神学の概説書『神学論』（*Theses theologicae*, 一五九二年）で、これらはハイデルベルクとライデンにおける彼の教授活動の成果である。また彼は、詩編一二二―一三三編の瞑想（*Le paisable chrestien*, 一五九三年）を通じて名声を得たが、その中で彼は、異なる教会のキリスト者たちの間に平和を希求した。ユニウスによれば、詩編一二二編は平和の特徴を扱い、詩編一三三編はその平和の果実を扱っている。ヤコブス・アルミニウス（一五六〇―一六〇九）は、一六〇二年にライデンで彼の後を継いだ。

フランシスクス・ゴマルスは、ブルッヘで生まれ、シュトラスブルク、ノイシュタット、オックスフォード、ケンブリッジ、ハイデルベルクで学んだ。一五九四年に、ライデンの神学教授に就任した。一六〇九年に論客であるアルミニウスが死去し、コンラット・フォルスティウスがその後を継いだ時、ゴマルスは抗議の末、辞職した。一六一四年にはソミュールに就任するが、一六一八年にオランダに戻り、フローニンヘンで神学教授となった。彼の体系的な著作は、一六四四年に出版された『神学議論』（*Disputationes theologicae*）に集められた。

ヨハネス・ポリアンデルは、ブレーメン、ハイデルベルク、ジュネーヴで学んだ。一五九一年にドルトレヒトでワロン教会の牧師となり、一六一一年にはゴマルスの後を継いでライデンの神学教授となった。彼はまたドルトレヒト全国総会議にも出席した。アンドレ・リヴェ、アントニウス・ヴァラエウス、アントニウス・ティシウスとともに、彼はこの時代の代表的な神学入門書である『ライデン要綱』（*Synopsis purioris theologiae*）を共同執筆した（第九章参照）。

ルーカス・トレルカティウス・ジュニアはライデンで学び、そこで一六〇三年に教授となった。彼は、予定論とキリスト論をめぐるアルミニウスとの論争に加わった。彼の最も重要な著作は、『神学総覧の学問と方法』（*Scholastica et methodica locorum communium s. theologiae institutio*, 一六〇四年）である。

アントニウス・ヴァラエウスは、ライデンで学び、ジュネーヴで教えた（一六〇〇年頃）。オランダの多くの教会に仕えた後、彼は一六〇九年にミデルブルクで神学教授に就任し、その立場のゆえにドルトレヒト全国総会議に出席した。一六一九年にはライデンで教授となった。彼の指導の下、インド人の神学校（Seminarium Indicum）から一二人の牧師が東インドに向けて出発した。彼の『ライデン要綱』（*Synopsis purioris theologiae*）への貢献はさておき、私たちは『宗教改革のエンキリディオン』（*Enchiridion religionis reformatae*）や『神学総覧』（*Loci communes theologici*）に注目すべきである。これらの著作はすべて、彼の一六四三年の『全集』（*Opera omnia*）に収められている。

ライデンにおけるヴァラエウスの後継者は、ハイデルベルクとジュネーヴで学んだフリードリヒ・シュパンヘイム父（一六〇〇―一六四九）である。一六二六年、シュパンヘイムはジュネーヴの哲学教授になり、一六三一年には神学教授となった。一六四二年には、ライデンに移って神学を教え、その間、同地のワロン教会でも奉職した。シュパンヘイムは、特にアミローの見解に対する反論を通して知られるようになった（第九章を見よ）。これに関する彼の最も重要な著作は、『普遍的恩恵に関する黙想』（*Exercitationes de gratia universali*, 一六四六年）、『モシェ・アミローの譴責見本に対する普遍的恩恵についての彼の黙想の弁証としての二編（死後出版）』（*Vindiciarum pro exercitationibus suis de gratia universali partes duae posthumae, adversus specimen animadversionum Mosis Amyraldi*, 一六四九年）である。

フラネカー　早くも一五一五年には、州総督フロリス・ファン・エグモントの治下、フラネカーに学校を設立する話が持ち上がっていた。この大学の正式な開校は、一五八五年七月二九日、一五世紀に設立された十字架兄弟団の回廊で行われた。その当初から、神学部はこのアカデミーの重要な部分を形成していた。フラネカーのこの初期を代表する重要な二人の神学者は、シブランドゥス・リュッベルトゥス（一五五六頃―一六二五）とヨハネス・マコヴィウス（一五七八―一六四四）である。

リュッベルトゥスは、ブレーメン、ヴィッテンベルク、マールブルク、ジュネーヴで学んだ。ジュネーヴでは、ベーズの講義に出席した。バーゼルとノイシュタットで学んだ後、彼は一五八七年にハイデルベルクから博士号を取得した。一五八五年にはフラネカーの神学教授に就任。リュッベルトゥスは、アルミニウス主義やローマ・カトリックに対する熱心な反対者であったが、フラネカーの同僚マコヴィウスとも、彼の怠惰な生活とともに、その堕落前予定論や、形而上学的問題を議論する際の広範な論理学的概念の使用をめぐって、論争に巻き込まれるようになった。フラネカーの長老会で扱われ、そこでマコヴィウスが五〇の誤りを非難された「マコヴィウス問題」は、ドルトレヒト全国総会議の議事上の重要なポイントとなった。リュッベルトゥスは、『キリスト教教義の原則七巻』（*De principiis christianorum dogmatum libri VII*, 一五九一年）を著し、そこで対抗宗教改革、ソッツィーニ主義、アルミニウス主義を扱った。もう一つの重要な著作は『神学と哲学の区分と基準』（*Distinctiones et regulae theologicae ac philosophicae*）で、彼の同胞で教え子のニコラウス・アルノルドゥスがこれをリュッベルトゥスの死後一六五二年に出版した。この著作は、論理学と形而上学をめぐる一七世紀神学の進行中の議論の中で、重要な役割を果たした。リュッベルトゥスの影響は大きかった。一七世紀の最初の四半世紀の間、彼の特質はフラネカーの神学教育に刻まれた。彼は、熱心な文通を通して、全ヨーロッパの教会指導者や神学的指導者たちと連絡を取り続けた。

ポーランドの貴族ヤン・マコースキー（ヨハネス・マコヴィウス）は、プラハ、ルブリン、ハイデルベルク、マールブルク、ライプツィヒ、ヴィッテンベルク、イエナ、フラネカーで学び、一六一四年フラネカーで神学博士号を取得した。学生たちの強い勧めで、彼は一六一五年にフラネカーの教授に就任した。リュッベルトゥスとは対照的に、マコヴィウスは堕落前予定論の見解を擁護した。ドルトレヒト全国総会議では、「ベラルミーノやスアレスによってではなく、聖霊によって」語ることを勧められた。彼の最も重要な著作は、『神学集成』(*Collegia theologica*, 一六二三年)や、一六五〇年に出版された『神学総覧』(*Loci communes theologici*)である。マコヴィウスは、神学者にとって、徹底したスコラ的訓練がきわめて重要であると考えた。一六五〇年にフラネカーで出版された『神学総覧』の中で、知性(*intellectus*)の再生(*regeneratio*)を通して、理性の照明(*illuminatio rationis*)が起こると彼は主張した。この照明は、神の意志の認識(*agnitio voluntatis Dei*)を本質としている。マコヴィウスによれば、理性と知識は意志の要因でもある。「人がもし真理の知識に到達することを望むなら、その人はまことに真理を意志しなければならない」(*Loci communes theologici*, 751)。理性は、人間の全存在へと集約されなければならない。

フローニンヘン　一六一四年歴史家ウッボ・エンミウス(一五四七—一六二五)の指導の下、フローニンヘンに大学が設立された。彼は後にそこでギリシア語と歴史を教え、最初の学長となった。この大学はフローニンヘンの都市と郊外に存在した(「都会と田舎」"Stad en Lande")。両者はそれぞれ三人の理事を任命したと思われる。このアカデミーで教えた人物は、ハインリヒ・アルティング(一五八三—一六四四)と彼の息子ヤコブス・アルティング(一六一八—一六七九)、サミュエル・デ・マレ(マレシウス、一五九九—一六七三)、アントニウス・ドリーセン(一六八四—一七四八)である。アルティングの業績を以下に概説し、後二者については次章でより詳細に考察する。

ハインリヒ・アルティングはエンミウスの下にフローニンヘンで学び、ヘルボルンではヨハネス・ピスカートルの講義にならった。一六一三年ハイデルベルク・アカデミーで教授に就任し、三年後そこにあったサピエンティア・コレギウム(*Collegium sapientiae*)の監督となった。一六一八—一九年にはドルトレヒト全国総会議に出席し、そこで遺棄の教理に関する演説を行った。三〇年戦争のために、彼は一六二三年ハイデルベルクを去ってオランダへ向かい、一六二七年フローニンヘンの教授となった。当時の学者たちの間で、彼は卓越した地位を確保し、そのためライデン、フラネカー、ユトレヒトからの誘いを受けた（が断った）。彼は、歴史と歴史神学を専門とした。彼の最も重要な著作の一つは、一六四四年に死後出版された歴史神学の書『歴史神学』（*Theologia historica*）である。『複雑な問題を附録としたアウグスブルク信仰告白の論理学的・神学的釈義』（*Exegesis logica et theologica Augustanae Confessionis cum appendice problematica*, 一六四七年）と題されたアウグスブルク信仰告白の注解書の中で、彼はルター派に対して改革派の立場を擁護した。

八・四　改革派聖書論の発展

この節では、初期正統主義時代に扱われた多くの教理の方法を簡潔に概観する。これを説明するために、初期に実際に前面に現れたトピックを選んだ。ローマとの論争の中で、前面かつ中心に位置したのは、聖書論であった。

すでに指摘した通り、初期正統主義時代の改革派神学者たちは、自分たちが神学する方法と内容について考察することを、外的・内的要因によって強いられた。それはまず、いわゆる序論（*prolegomena*）の中に現れ、そこでは神学的解説の基礎である事柄を扱い、神学の原理（*principium*）を解説しなければならなかった。改革派正統主義における聖書論のさらなる発展のために重要な要因となったのは、トリエント公会議後にローマ・カトリックの神学者たちとの間でなされた論争であった。これもまたすでに指摘した通りだが、特にベラルミーノの著作『神の言葉について』（*De verbo Dei*, 一五八〇年）が、どんな中心的な事柄が議論されるのだろうかということを決定づけ、しばしばプロテスタントの立場の構造そのものさえも決定づけた。プロテスタントの聖書の位置づけの正当性を示すために、改革派正統主義は、教会教父たち、中世神学者たち、そして宗教改革者たちの多くの文章を議論し、それらを概念的な総体へと発展させたのである。

この文脈の中で、スコトゥスの見解が、中世の議論と（後・）宗教改革の議論の間の連続性に良き説明を与えてくれる。例えばスコトゥスの聖書論の中で、私たちは後者の立場、特に正統主義の立場の基礎と構造に出会う。神が主題である神学それ自体（*theologia in se* あるいは原型的神学）と、人間が主題である神学（*theologia nostra* あるいは模写的神学）との区別という文脈において、スコトゥスは、生来の人間理性では神に到達することができないと断言した。この理由のゆえに、啓示は必要不可欠となり、「私たちの神学」の基礎となる。「聖書には、（地上の）旅人にとって必要不可欠な教理が十分に含まれている」（*Sacra Scripture sufficienter continet doctrinam necessariam viatori*）。カルヴァンは、中世の見解と後の正統主義の見解の間の重要な関連性を代表する。それはしばしば、カルヴァンの聖書論における実在的な要素と、後期正統主義の客観的教理を対比的に見るよういざなっている。しかしカルヴァンや他の改革者たちも、聖書に関する自分たちの実在的な発言にとっての客観的な基礎を認識していた。同様に改革派正統主義も、聖書に関する自分たちの客観的・教義学的主張に加えて、御言葉の個人的・主観的な力を認識していた。さらに、カルヴァンと正統主義の間にあるジャンルの違いを考慮に入れなければならない。説教的あるいは論争的な文脈における聖書の本質についての文章は、それが体系的な解説の枠組みに移される時に、自然と別の形態を取るのである。

それゆえ、後のプロテスタントのスコラ的な聖書論において私たちは、聖書の特性、権威、解釈に関して、中世的な立場と改革派的な立場（や定式）の融合を見る。しかし、予想されるように、聖書論を扱った中世の学者たち、宗教改革者たち、そして正統主義の神学者たちの間には、その方法論における違いもまた存在する。中世の神学者たちは、序論（*prolegomena*）の中で聖書に関する自分たちの見解を扱ったが、初期の改革派信仰告白は独立した項目をそれに充てた。改革派正統主義は、聖書を教義学の独立したトピック（*locus*）の中で論じた。

独立した聖書論のトピック（*locus*）の定式化に重要な貢献をした最初の神学者は、シュトラスブルクでマルティン・ブツァーとともに働き、一五四九年にベルンで神学教授となったヴォルフガング・ムスクルス（一四九七―一五六三）であった。彼の『聖神学総覧』（*Loci communes sacrae theologiae*, バーゼル、一五六〇年）は、聖書論のトピック（*locus de Scriptura*）の構造と内容の良き模範を提示した。

フランシスクス・ユニウスは、聖書論のトピック（*locus de Scriptura*）に決定的となるスコラ的な形態を与えた人物と考えられる。彼の資料の配列は、改革派神学のすべての聖書論（*loci de Scriptura*）で扱われるようになったトピックスをほとんど決定づけた。すなわち、伝統の問題に加えて、聖書の四要因（作用因、形相因、質料因、目的因）、その権威（*auctoritas*）、十全性（*sufficientia*）、明晰性（*perspicuitas*）である。さらにユニウスは、聖書論（*locus de Scriptura*）を序論（*prolegomena*）の直後、神論の直前に置いた。このことは、聖書を神学的知識の唯一の基礎（*principium unicum cognoscendi theologiae*）と考えるべきであるということと、神の教理が神学の本質的な出発点（*principium essendi*）を形成しているということを明らかにした。

要約すると、（初期）正統主義は宗教改革者たちの立場の本質を維持したが、これらの立場が扱われた形式においては変化があったと言ってよいだろう。さらに、新しい事柄が後・トリエント・カトリック主義との議論や論争を通して加えられたのである。

八・五　内的闘争

一七世紀の最初の数十年間、特に三〇年戦争（一六一八―一六四八）の間、改革派神学内における内的闘争が起こり、それを通して根本的な相違が表面化するようになった。オランダではアルミニウス主義論争が起こり、八〇年戦争（オランダ独立戦争）の一二年の休戦の間、政治的状況がさらなる触媒として機能し、神学的分裂を促進させた。改革派内の多くが、予見された信仰に基づく信仰や予定に関するアルミニウスの立場について、ローマ・カトリックの教理とあまりに多くの類似点を示していることを理由に、政治的基盤に基づくアルミニウスに疑いを持った。ドルトレヒト全国総会議（一六一八―一六一九）は、もう一度より詳しく教理（*doctrina*）を定義することによって秩序を回復しようと試みた。この時代の神学の教科書はまた、アルミニウス主義の代表的人物、特にアルミニウスのライデンにおける後継者コンラット・フォルスティウス（一五六九―一六二二）との継続的な論争を証言している。

ゴマルスの抗議にもかかわらず、フォルスティウスは、アルミニウスによって空席となっていた職を埋めるため、ライデンの学長によって任命された。ヨハネス・ファン・オルデバーネフェルトやヨハネス・ウィテンボーゲールトのような人物たちの影響を通して、彼の就任は進み、一六一〇年五月二四日に教授に着任した。彼のソッツィーニ主義への共感を理由に（以下を見よ）、激しい冊子論争がただちに勃発し、その結果、ファン・オルデバーネフェルトは連邦議会の前で認められるまで、フォルスティウスの職務の始動を遅らせざるをえなかった。フォルスティウスの運命と将来に関する最終的な決定は、国外の影響を通して実現した。英国王ジェームス一世は、オランダから入手した情報をもとに、オックスフォードとケンブリッジでフォルスティウスの著作を焚書にし、連邦議会にフォルスティウスを解雇するよう圧力をかけた。オランダと英国の関係がかなり悪化するようになった外交勢力闘争にピリオドを打つために、オランダ政府は、ライデン当局や大学の学長たちからの抗議にもかかわらず、研究休暇を理由にフォルスティウスをゴーダへと送ることに決めた。一六一九年五月四日、彼はライデンで教授として働くことなくそこを退いた。彼はゴーダを去り、シュレスヴィヒ・ホルシュタインのテニンゲンへ行き、そこで死ぬまで神学を教えた。

アルミニウス主義者たちは、自分たちの擁護のためによくフォルスティウスを持ち出すこともあったが、彼に賛同することもまた望まなかった。しかし明らかなことは、アルミニウス主義者たちが改革派によって攻撃された諸点に関して、ソッツィーニ主義（以下を見よ）とアルミニウス主義との間には、それが発展し続けるにつれて神学的・政治的な関係が見てとれるということである。フォルスティウスは、『神についての神学的論考』（*Tractatus theologicus de Deo*）の中で、神の本性と神の属性を鋭く区別することによって、改革派神学やその中世の先駆者たちから離れていった。フォルスティウスによれば、神は、ご自身の意志の働きにおいて完全に自由であり、ご自身の本性にも決して拘束されない。もし神が意志したなら、神は人々のすべての罪を、そのための償いを受け取ることさえせずに赦すことができただろう。さらにフォルスティウスは、人間に襲いかかったすべての罰、特に永遠の死をキリストが担ったという解釈を拒んだ。

これらの見解は、ファウストゥス・ソッツィーニ（一五三九―一六〇四）の影響を露呈しているが、ソッツィーニは『救い主イエス・キリストについて』（*De Jesu Christo Servatore*）という著作の中で、償いによる贖罪という正統教理をはっきりと拒否した。アドルフ・フォン・ハルナックによれば、彼の立場は、ペラギウス主義唯名論や批判的人文主義と簡潔に表現できる。ソッツィーニ主義は、ポーランド（一六五六年に追放されるまで）、ドイツ、オランダで多くの支持者を惹きつけた。一七世紀プロテスタント神学者にとって、これは最悪の異端であった。

アルミニウス主義にかなりの好意を寄せたフーゴー・デ・フロート（グロティウス、一五八三―一六四五）は、償いの教理に関する彼の見解との関連で、改革派から同様に攻撃された。アルミニウスのように、グロティウスは贖罪の教理の神学的解説において、スコラ的な方法を用いた。しかし彼は、『ファウストゥス・ソッツィーニに抗して、贖罪に関するカトリック信仰の弁護』（*Defensio fidei catholicae de satisfactione adversus Faustum Socinum*, 一六一七年）の中で、ソッツィーニの贖罪の理解に反対した。グロティウスによれば、神の律法もまた、キリストによってなされたような償いを要求していた。しかしキリストは律法を充足しなかったので、キリストの死は、律法の刑罰の厳密な執行ではなかった。むしろ彼は律法の賦与者なのである。それゆえキリストは、律法の厳密な刑罰（*solutio eiusdem*）を受けていなかった。彼がなした支払いは、単にそれと同等のもの（*solutio tandem*）にすぎなかった。改革派神学者たちは、律法の刑罰とキリストが受けた刑罰は、形式的にも実質的にも同じものであったと応戦したのである。

八・六　代表例――フランシスクス・ユニウス

初期正統主義の発展における最も重要な諸点を素描したので、この節では、その人物の見解がこの時代を代表すると考えられる神学者に焦点を当てることとする。私たちはまた、中世の議論と宗教改革者たちの見解の連続性を立証することになる。

八・六・一　原型的神学と模写的神学

一五九四年に、フランシスクス・ユニウスは『真の神学について』（*De vera theologia*）という論文を出版した。これはアブラハム・カイパー編集の『フランシスクス・ユニウス博士の神学選集』（*D. Francisci Junii Opuscula Theologica Selecta*）の中で、一八八二年にカイパーによって再版された。この著作の中でユニウスは、神学の起源、本性、形態、部分、方法を扱い、これらの研究を秩序だった総体へと統合した。彼は、神学を二つの形態に区別した。原型的神学（*theologia archetypa*）と模写的神学（*theologia ectypa*）である。最初の用語によって彼は、神がご自身について持つ本質的で自存的な知識を意味し、二つ目の用語で神が人間に啓示することを決めた知識を意味した（第七章）。

今われわれはこの模写的神学の本性を考察しよう、そしていくつの形態があると思われるかにおいて……私はこの神学の中に三つの型を区別する。第一は、神かつ人であり、われわれの仲保者であるキリストの神学である（*theologia Christi theanthropou & Mediatoris nostri*）。第二は、天にいる聖徒たちの神学である。第三は、地上にいる人々の神学である。これら神学の三つの型は、すべての知恵の作者が持つ伝達方法の環境が変化するに応じて、それに相当する意味を持つ三つの別の名称と共通する。第一は一致の神学（*theologia unionis*）、第二は直観の神学（*theologia visionis*）、第三はある人々によって啓示の神学（*theologia revelationis*）とも呼ばれている。第一は、最も崇高で最も十全な（*plenissima*）神学であり、そこから私たちすべてが引き出し（ヨハ一・一六）、人性に注視されたキリストの内にそれは存在する。第二は、十全（*plena*）であり、それによって天における祝聖された聖徒たちは、神の至福の直観を獲得し、神のありのままの姿を見るのである（Ⅰヨハ三・二）。最後に、第三は実際的であって十全ではなく（*non plena*）、むしろそれは、この同じ真理の基礎において洗練されているので、私たちに関して容易に十全と呼ばれうる時に信仰の啓示を通して十全なのであり、反対に、使徒がコリント人たちに教えるように（Ⅰコリ一三・一二）、私たちが望む天上の神学と比較するなら、それは不完全なのである。しかしこの神学は、最終的な分析において、私たちの神学なのである（第五章）。

このように模写的神学（*theologia ectypa*）は、第一に、神かつ人であり仲保者であるキリストが持つ神の知識と関連しており、次に神のすべての栄光の中で神を見る天使や聖徒たちについての知識と関連している。最後に、模写的神学は、地上にあってそれ自体を啓示の神学、あるいは旅人や放浪者、つまりは天の故郷へ向かう途上にある人々の神学であることを明らかにしている。ユニウスの次の発言は重要である。

われわれの仲保者であるキリストにおける一致である模写的神学は、天にある聖徒たちとこの地上にある罪人たちの両者によって知られる、その他すべての神学の共通原理である（*commune principium reliquae theologiae*）。原型的神学は、神学のすべての形態の母体であり、模写的神学はそのほかすべての神学の母（*mater*）である。

ユニウスは、キリストの神学に近づくこの旅人の神学が、二つの異なる方法で被造物に伝達されると指摘し続けている。

それゆえ、神学の二つの伝達形態（*duplex modus*）が存在する。自然を通してと恩恵を通してである。前者は、いわば伝達の内的原理（*internum principium communicationis*）であり、後者は伝達の外的原理（*externum principium communicationis*）である。これに基づいて、一方の神学は自然的と呼ばれ、他方は超自然的と呼ばれる。この伝達形態を区別する様式は、分別を持つ人間は誰もそれを否定できないというローマ書一章において、パウロによって私たちにはっきりと知らされている（第九章）。

八・六・二　資料

ユニウスは、この区別を明確な形で用いた最初のプロテスタント神学者であるが、その基本的なメカニズムは、中世神学、特にスコトゥスの「神学それ自体」（*theologia in se*）と「われわれの神学」（*theologia nostra*）の区別にさかのぼることができる。「秩序それ自体」と「実際の秩序」の区別によってスコトゥスは、アクィナスが提唱する神と被造物の存在の類比（*analogia entis*）に反論した。スコトゥスによれば、神が唯一まことの神学者である。なぜなら、「神学それ自体」（*theologia in se*）だけが言葉の真の意味で神学だからである。ルターもまた、ありのままの神を表現するという見せかけを含んだ人間の神学（*theologia gloriae*）の概念を否定し、彼は地上にあっては十字架の神学（*theologia crucis*）があるのみだと考えた。同じ精神でカルヴァンは、罪によって堕落した人間の側の性質から、神に関する適切な知識の可能性を否定した。キリストにある救いや聖書における救いの啓示なしに、自然からの神の知識は、堕落以後、閉じた書物のままなのである（『綱要』一・二・一）。

ユニウスの異なる神学形態の扱い方は、第七章で論じた通り、ミクロレベルにおけるスコラ的な神学のすぐれた実例である。神学の解説の中でユニウスは、神学的知識の特徴を指摘するための区別を持ち出している。彼はこの区別を、以前に中世神学者スコトゥスによって言及されたものから継承し、この区別をルターやカルヴァンの思想と関連づけた。

八・六・三　後代の発展

原型的神学と模写的神学の区別は、ユニウスによって導入された後、プロテスタント正統主義の共通項となり、すべての重要な組織的著作において扱われた。このことは、改革派神学者のみならず、ルター派神学者においても当てはまる。

改革派の中でこの区別は、アマンドゥス・ポラーヌス（『神学便覧』［*Syntagma*］Synopsis libri I）、アントニウス・ウァラエウス（『神学総覧』［*Loci communes*］二・二五）、ヨハン・ハインリヒ・アルシュテット（『神学の予備知識』［*Praecognita*］一・四）、サミュエル・マレシウス（『神学全書』［*Collegium theologicum*］一・三）、フランシスクス・ゴマルス（『神学論争選集』［*Disputationes*］一・一五—一七）に継承された。ヨハネス・ポリアンデルの監督の下で擁護された『ライデン要綱』（*Synopsis purioris theologiae*, 一六二五年）の最初の議論において、私たちは次のように書いてあるのを見る。「それが、神が神ご自身とすべての神的事柄を、神的方法によって知る知識である限り、（神学が）神において考慮される際、それは原型的であり本来的である。この理由のゆえに、この知識は、ちょうど神の本性そのもののように、御父と聖霊とともに、御子に共通なのである……ヨハネ福音書七章二九節、一〇章一五節。しかし、もし神学が、この世界においてであれ後の世界においてであれ、理性を賦与された被造物に神によって伝達される知識である限りで考察されるなら、それは模写的であり派生的である」。アブラハム・ハイダヌスやヨハネス・コクツェーユスもまた、メルキオール・ライデッカーやユトレヒトのヴォエティウスの後継者ペトルス・ファン・マストリヒトがしたように、この区別を用いた。ユニウスの区別を採用したルター派の中では、ヨハン・ゲアハルト（一五八二―一六三七）やダーフィト・ホラーツ（一六四八―一七一三）が注目に値する。

原型的・派生的区別によって、これらの神学者たちは、人間が行う神の本質の探究には限界があることを示した。さらに、神が持つ自己知識と人間が持つ神学の形態との間に境界線を引くために、「適応」（*accommodation*）の概念に訴えた。人類に啓示された神学において、神はご自身を人間の理解力に適応される。この方法においてその区別は、最初から改革派神学に存在する洞察を表現するために使われた、すなわち有限で罪深い人間は、神の真理を十分に把握できないということである。

八・六・四　結論

神学の本質に関する初期正統主義の見解は、特に用語や内容に関して独自のものではなかったが、それでも一六世紀神学との比較において、それは方法論における顕著な転換を立証している。宗教改革者たちの見解を擁護するために、正統主義は先行する数世紀以来のスコラ的な形式に立ち返った。この変化は、比較的短い期間に起こったに違いない。一七世紀の最初の四半世紀においてこれらの概念はありふれていたようだが、一六世紀の終わりになって初めて私たちは、神学的な著作の中に原型的神学と模写的神学の区別の痕跡を発見するからである。一〇年かそこらの内に、プロテスタントの学問的神学は成熟し、スコラ主義の複雑で専門的な用語がプロテスタント内に受容された。このようにして重要な成果は、この時期に、伝統的な概念が新しい洞察へと適合されることでなされた。これらの変化は、三位一体、キリストの人格、予定論といった教理においてはほとんど見られない。これらの教理の中で、本質（*essentia*）、本性（*natura*）、人格（*persona*）、実在（*subsistentia*）、原因（*causa*）といった用語は、すでに一六世紀全般にわたって用いられていた。しかし、神学的論考それ自体の中で、詳細な専門的分析がなされたように、原型的神学（*theologia archetypa*）と模写的神学（*theologia ectypa*）という概念の使用は、新たな発展を表している。

参考文献

宗教改革以後のヨーロッパにおけるスコラ主義の短い歴史概説

Bavinck, Herman. *Reformed Dogmatics*. Edited by John Bolt. Translated by John Vriend. 4 vols. Grand Rapids: Baker, 2003-2008. 1.151-204.

Graham, W. Fred, ed. *Later Calvinism: International Perspectives*. Sixteenth Century Essays and Studies 22. Kirksville, MO.: Sixteenth Century Journal Publishers, 1994.

Leinsle, Ulrich G. *Einführung in die scholastische Theologie*. Paderborn: F. Schöningh, 1995. Pp. 262-338.

Leube, Hans. *Kalvinismus und Luthertum im Zeitalter der Orthodoxie*. Leipzig: A. Deichert, 1928.

Neuser, Wilhelm. "Die reformierte Orthodoxie." In *Handbuch der Dogmen und Theologiegeschichte, Band 2: Die Lehrentwicklung im Rahmen der Konfessionalität*. Edited by Carl Andresen. Göttingen: Vandenhoeck & Ruprecht, 1980. Pp. 306-352.

Prestwich, Menna, ed. *International Calvinism 1541-1715*. Oxford: Clarendon Press, 1985.

Ratschow, Carl H. *Lutherische Dogmatik zwischen Reformation und Aufklärung*. 2 vols. Gütersloh: G. Mohn, 1964-1966.

Ritschl, Otto. *Dogmengeschichte des Protestantismus. Die Reformierte Theologie des 16. Und 17. Jahrhunderts in ihrer Entstehung und Entwicklung III: Orthodoxie und Synkretismus in der altprotestantische Theologie*. Leipzig: Hinrichs, 1926.

改革派信仰告白の神学

Bierma, Lyle D., et al. *An Introduction to the Heidelberg Catechism: Sources, History, and Theology; With a Translation of the Smaller and Larger Catechisms of Zacharias Ursinus*. Grand Rapids: Baker, 2005.〔吉田隆訳『「ハイデルベルク信仰問答」入門——資料・歴史・神学』（教文館、二〇一三年）。〕

Gootjes, Nicolaas H. *The Belgic Confession: Its History and Sources*. Grand Rapids: Baker, 2007.

Rohls, Jan. *Reformed Confessions: Theology from Zurich to Barmen*. Translated by John Hoffmeyer. Louisville: Westminster, 1998.〔芳賀力訳『改革教会信仰告白の神学——その教義学的特質』（一麦出版社、二〇〇〇年）。〕

Schaff, Philip. *The Creeds of Christendom, with a History and Critical Notes*. 6th ed. 3 vols. New York: Scribner, 1931. Reprints available.

ヨーロッパの大学史全般と、オランダの神学部関連

Bots, Johannes A. H., et al., eds. *Het Gelders Athene. Bijdragen tot de geschiedenis van de Gelderse universiteit in Harderwijk (1648-1811)*. Hilversum: Verloren, 2000.

Bouman, Hermannus. *Geschiedenis van de voormalige Geldersche Hoogeschool en hare hoogleeraren*. 2 vols. Utrecht: J. G. Van Terveen, 1844-1847. (On Harderwijk.)

Cramer, J. A. *De theologische faculteit te Utrecht ten tijde van Voetius*. Utrecht: Kemink, 1932.

De Groot, Aart, and Otto J. De Jong, eds. *Vier eeuwen theologie in Utrecht*. Zoetermeer: Meinema, 2001.

De Ridder-Symoens, H., ed. *A History of the University in Europe*. Vol. 2, Universities in Early Modern Europe *(1500-1800)*. Cambridge: Cambridge University Press, 1996.

Eekhof, Albert. *De theologische faculteit te Leiden in de 17e eeuw*. Utrecht: G. J. A. Ruys, 1921.

Frank-Van Westrienen, Anna. *De Groote Tour: Tekening van de educatiereis der Nederlanders in de zeventiende eeuw*. Amsterdam: Noord-Hollandsche Uitgeversmaatschappij, 1983.

Heerspink, J. B. F. *De godgeleerdheid en hare beoefenaars aan de hoogeschool te Groningen, gedurende het 250 jarig bestaan der akademie (1614-1864)*. 2 vols. Groningen: Van Zweeden, 1864-1875.

Jensma, G. Th., et al., eds. *Universiteit te Franeker 1585-1811. Bijdragen tot de geschiedenis van de Friese hogeschool*. Leeuwarden: Fryske Akademy, 1985.

Kernkamp, G. W., et al. *De Utrechtsche Universiteit 1636-1936*. 2 vols. Utrecht: N. V. A. Oosthoek, 1936.

Kuyper, H. H. *De opleiding tot den Dienst des Woords bij de Gereformeerden*. Part I. The Hague: M. Nijhoff, 1891.

Molhuysen, P. C. *Bronnen tot de geschiedenis der Leidsche Universiteit*. 7 vols. The Hague: M. Nijhoff, 1913-1924.

Mulier, E. O. G. Haitsma, et al. *Athenaeum Illustre: Elf studies over de Amsterdamse Doorluchtige school 1632-1877*. Amsterdam: Amsterdam University Press, 1997.

Otterspeer, Willem. *Groepsportret met dame. Het bolwerk van de vrijheid: De Leidse Universiteit 1575-1672*. Amsterdam: Bert Bakker, 2000.

Scheurleer, Theodoor H. Lunsing, and G. H. M. Posthumus Meyes, eds. *Leiden University in the Seventeenth Century: An Exchange of Learning*. Leiden: E. J. Brill, 1975.

Sepp, Christian. *Het godgeleerd onderwijs in Nederland gedurende de 16de en 17de eeuw*. 2 vols. Leiden: De Breuk en Smits, 1873-1874.

ヨーロッパのその他の地域における（改革派）学問機関

Armstrong, Brian G. *Calvinism and the Amyraut Heresy: Protestant Scholasticism in Seventeenth-Century France.* Madison: University of Wisconsin Press, 1969.

Borgeaud, C. *Histoire de l'université de Genève: L'Académie de Calvin 1559-1798.* Geneva: Georg & Co., 1900.

Bourchenin, Daniel. *Étude sur les académies protestantes en France au XVIe et au XVIIe siècle.* Paris: Grassart, 1882.

Cant, R. G. *The University of St. Andrews: A Short History.* Edinburgh: Scottish Academic Press, 1970.

Geiger, M. *Die Basler Kirche und Theologie im Zeitalter der Hochorthodoxie.* Zürich: Evangelischer Verlag, 1952.

Green, Vivian H. H. *A History of Oxford University.* London: Batsford, 1974.

Hautz, Johann F. *Geschichte der Universität Heiderlberg.* 2 vols. Mannheim: J. Schneider, 1862-1864.

Hof. U. Im. "Die Entstehung der reformierten Hohen Schulen, Bern-Zürich Lausanne-Geneva." In *Beiträge zu Problemen deutscher Universitätsgründungen der frühen Neuzeit.* Wolfenbütteler Forschungen 4, edited by Peter Baumgart and Notker Hammerstein. Nendeln/Liechtenstein: KTO Press, 1978. Pp. 243-262.

Horn, David B. *A Short History of the University of Edinburgh.* Edinburgh: University Press, 1967.

Maag, Karin. *Seminary or University? The Genevan Academy and Reformed Higher Education, 1560-1620.* Aldershot: Scholar Press, 1995.

Menk, Gerhard. *Die Hohe Schule Herborn in ihrer Frühzeit (1584-1660). Ein Beitrag zum Hochschulwesen des deutschen Kalvinismus im Zeitalter der Gegenreformation.* Wiesbaden: Hist. Komm. für Nassau, 1981.

Merzeau, E. *L'Académie protestante de Saumur, 1604-1685: Son organisation et ses rapports avec les églises reformées.* Alençon: Vve. F. Guy, 1908.

Selderhuis, Herman J., and Markus Wriedt, eds. *Konfession, Migration und Elitenbildung: Studien zur Theologenausbildung des 16. Jahrhunderts.* Leiden: Brill, 2007.

Swanson, Robert N. *Universities, Academies and the Great Schism.* Cambridge: Cambridge University Press, 1979.

Tyacke, Nicholas, ed. *The History of the University of Oxford.* Vol. 4, *Seventeenth-Century Oxford.* Oxford: Clarendon Press, 1997.

本章で論じた運動

Adriaanse, H. J., et al., eds. *In het Spoor van Arminius: Schetsen en studies over de Remonstranten in verleden en heden aangeboden aan Prof. dr. G. J. Hoenderdaal t.g.v. zijn 65e verjaardag*. Nieuwkoop: Heuff, 1975.

Broeyer, Frits G. M. “William Whitaker (1548-1595). Leven en Werk van een Anglocalvinistisch Theoloog.” Ph.D. diss., University of Utrecht, 1982.

Dibbon, Paul. *L’enseignement philosophique dans les universités neerlandaises à l’époque pré cartésienne (1575-1650)*. Leiden, 1954.

Fatio, Olivier. *Méthode et théologie: Lambert Daneau et les débuts de la scolastique réformée*. Geneva: Droz, 1976.

Freddoso, A. J. ed., *Luis de Molina: On Divine Foreknowledge (Part IV of the Concordia)*. Ithaca: Cornell University Press, 1988.

Jedin, Hubert. *History of the Council of Trent*. 2 vols. London: Nelson, 1957.

Kühler, W. J. *Het socinianisme in Nederland*. Leiden: Sijthof, 1912.

Nellen, Henk J. M., and Edwin Rabbie. *Hugo Grotius, Theologian: Essays in Honour of G. H. M. Posthumus Meyjes*. Leiden: Brill, 1994.

O’Malley, John W. *Trent and All That: Renaming Catholicism in the Early Modern Era*. Cambridge: Harvard University Press, 2002.

Perrottet, L. “Un example de polémique religieuse à la fin du XVIe siècle: La défense de la tradition par Robert Bellarmin (1542-1621) et la république Calviniste.” *Revue de théologie et de philosophie* 114 (1982): 395-413.

Smith, Gerard, ed., *Jesuit Thinkers of the Renaissance*. Milwaukee: Marquette University Press, 1939.

フランシスクス・ユニウス

De Jonge, Christian. *De irenische ecclesiologie van Franciscus Junius (1545-1602)*. Nieuwkoop: De Graaf, 1980. (Originally Ph.D. disssertation, University of Leiden.)

Reitsma, Johannes. *Franciscus Junius, een levensbeeld uit de eerste eeuw der kerkhervorming*. Groningen: Huber, 1864. (Originally Ph.D. dissertation, Hoogeschool Groningen.)

Sarx, Tobias. *Franciscus Junius d. Ä. Ein reformierter Theologe im Spannungsfeld zwischen späthumanistischer Irenik und reformierter Konfessionalisierung*. Göttingen: Vandenhoeck & Ruprecht, 2007.

注

〔訳注1〕『プファルツ教会規程』（一五六三年）には、午前の礼拝で説教前に問答書全体が九週間で朗読されるよう指示されており、具体的な区分が記されている。

第九章

盛期正統主義時代（一六二〇頃—一七〇〇頃）におけるスコラ主義

ヴィレム・J・ファン・アッセルト

九・一　序

初期正統主義時代から、私たちがより良い用語がないので盛期正統主義時代つまり正統主義の最高点と捉えているものへの転換点として、ドルトレヒト全国総会議を考えるのには二つの理由がある。第一に、この会議は最初で唯一の改革派「国際」会議であったのであり、そうあり続けている。

この国際的な特徴は、イングランド、プファルツ、ヘッセン、ジュネーヴ、ナッサウやウェッテロー、スイス、ブレーメン、スコットランドからの代表たちの出席に表れており、彼ら全員が裁決を下した。この会議は、不適切に全改革派会議と考えられたのではない。ドルトレヒト信仰規準は、すべての参加者の決定に基づいており、さらに教理的な誤りに関する会議の判決（*iudicium*）を含んでいる。これらの規準は第一三六回会期において承認され、ドルトレヒト大教会（Grote kerk）で行われた一六一九年五月六日の総会で読み上げられた。

第二に、改革派神学のさらなる発展にとって決定的なものとなった多くの基準を打ち立てたこの会議において、一つの合意が達成されたからである。ドルトの五つの規準は、アルミニウスの追随者たち（レモンストラント）の立場、彼らが一六一〇年の『抗議書』において表明した立場とは反対の立場を採択した。『抗議書』の第一項は、神の選びと遺棄を扱い、第二は、キリストの死によってもたらされた贖いによる救いについてと贖罪の範囲について、第三は、神の賜物としての信仰と人間の再生を扱い、第四は、人間が恵みという賜物を拒むことができるかということを考察する、そして第五項は、信仰の堅忍についてである。レモンストラントの教理に対する会議の中心的な反対は、神がご自身のさばきにおいて、人間の行動を考慮に入れるという彼らの見解にある。神は、彼らの内に予見する信仰に基づいて人々を選ぶと言われた。これは、神が最初に何かを見て、その上でそれに反応するということを暗示しており、つまり神の聖定は人間の行動に対する反応なのである。これに対してドルトレヒトの神学者たちは、神の聖定は全く神の御心のみに基づき、選びは罪深い人間の救いの唯一の原因であると主張したのである。

しかし、ドルトレヒト信仰規準が改革派神学「全体」の要約と見られるべきではない、ということが注意されるべきである。それらは、より大きな文脈に再び置き戻されなければならない、拡張された断片にすぎない。この理由のゆえに、ドルトレヒト信仰規準は「聖定神学」と同一視するための改革派神学の戯画でもある。改革派神学のどこにも、神の聖定の教理を神学の基礎原理（*principium theologiae*）や基本的条項（*articulus fundamentalis*）とみなすものはない。神の予定や決定の意志は、改革派の体系において重要な一要素ではあるが、それはすべてを包括する原理ではない。

国際的にますます増大する改革派神学の普及と、ドルトレヒト全国総会議における予定の教理に関する改革派正統主義の立場の定義が、盛期正統主義の始まりのしるしという役目を担っている。

この時代を適切に特徴づけるために、先行する時代の光でそれを考察することが必要となる。この二つの時代の違いは、大部分が、本質的なものであるよりは形式的なものである。第一に、初期正統主義時代（一五六〇頃―一六二〇）において神学は、まず改革派信仰告白という基盤から発展して成果を収めた。しかし盛期正統主義時代（一六二〇頃―一七〇〇）は、包括的な教義学的著作を生み出し、そこでは釈義、教義学的な定式化、論争的要素や教理の実践的示唆を含む解説の成果が、壮大な全体へと組み合わされた。このように、盛期正統主義のスコラ主義は、神学的組織体系におけるさらなる緻密さによって特徴づけられる。このことは、教義学的な事柄にさらなる成果を収めさせ、論争課題の数を増やす原因となった。盛期正統主義は、新しい体系の発展のための時代ではなく、むしろ初期正統主義神学から継承されてきたものを構築するための時代であった。それゆえリチャード・A・ムラーは、初期正統主義の教義学的体系を「盛期正統主義教義学の骨子」とみなしている。

初期正統主義と盛期正統主義の第二の形式的な違いは、論争の増加であり、特にそれはローマ・カトリック、ソッツィーニ主義、レモンストラント、契約神学の代表的人物たちとの議論において形成された。またルネ・デカルト（一五九六―一六五〇）の哲学が、一七世紀後半に改革派陣営からの反発を引き起こした。

最後に、私たちはまた盛期正統主義の終焉（*terminus ad quem*）を考察する必要がある。この時代の終わりはどこにあり、どこから私たちが後期正統主義と見なす時代が始まるのか。この問いに単純な解答はない。しかし、一七世紀の終わりと一八世紀の始まりに位置する啓蒙主義の幕開けは、盛期正統主義から後期正統主義への移行にとって、良きしるしの役目を担っているように思われる。これについては、次章でより広範に扱うことにする。本章は、ちょうど前章でしたように、改革派神学が戦った異なる立場の解説で始め、次に改革派スコラ主義の多くの重要な国際的中心地の記述が続き、そして盛期正統主義の代表的神学者である、ジュネーヴの神学教授でイタリア亡命者教会の牧師でもあったフランソワ・トレティーニについて論じて終わる。

九・二　歴史的概観、潮流、論争

この章の序ですでに、改革派神学の国際化にとってのドルトレヒト全国総会議の重要性に注目した。改革派神学の性格を決定づけ、擁護することとともに、この国際化もまたローマ・カトリックやソッツィーニ主義の神学との議論のために重要な指標となっている。

九・二・一　ローマ・カトリック神学

初期正統主義と盛期正統主義を比較する時、私たちはローマ・カトリック神学との論争が多くの点で継続していることに気付く。しかし、初期正統主義の論争が、主としてロベルト・ベラルミーノ（前章を見よ）と、彼の聖書の見解（*locus de Sacra Scriptura*）に向けられていたのに対し、盛期正統主義のローマ・カトリックとの論争においては、人間論や救済論を含むものへと拡大したのであった。キリストの御業、教会、サクラメントに関する箇所（*loci*）は、より拡張され、しばしば一口にペラギウスや半ペラギウス主義（第四章を見よ）の立場と言われたローマ・カトリックの立場に対する、多くの論争的要素を含んでいた。盛期正統主義もまた、神学的相違を調停するために、教会教父の重要性や彼らの役割に基づいて、ローマ・カトリックの論争家たちとの広範な議論を明らかにしている。

ルター派のマティアス・フラキウス・イリリクス（一五二〇—一五七五）は、著書『真理の検証要覧』（*Catalogus testium veritatis,* 一五五六年）や『マグデブルクの中心』（*Magdeburger Zenturien,* 一五五九—一五七四年）の中で、より古く、より穏健な立場を促し提示した。彼は、教会教父たちに関する見解は全く聖書に従順であるべきだが、それにもかかわらずそれらの見解は当時の神学的議論に貢献できると主張した。ジャン・ダイエ（一五九四―一六七〇。パリの牧師）やアンドレ・リヴェ（一五七二―一六五一。ライデンの教授）のような改革派の教父学者たちは、彼らの教父の権威に関する見解にかなり批判的であった。ダイエは、一六三二年の教会教父の正しい用い方に関する研究（*De usu Patrum ad ea definienda religionis capita quae hodie sunt controversa*）の中で、教父たちは絶えず互いに相反していて、その結果ローマ・カトリックが主張したように、現代的な神学的議論に貢献しないと主張した。ヴォエティウスは、『論争選集』（*Disputationes selectae*）の最初の部分で、「教会教父あるいは古代教会の博士たちについて」（*De Patribus seu antiquae ecclesiae doctoribus*, 一六四〇年）という表題の下、二つの議論をこのテーマに費やした。ここで彼は、教会の教父であると考える人物たちの批判的解説を行い、彼らの著作がどのように使われるべきかを提示している。フランソワ・トレティーニによれば、「教会教父」と呼びうるのは、反キリストが教会に侵入した年である紀元六〇〇年までである。これによって彼は、三位一体論とキリスト論の教義が教会の権威ある時代に属するものであると考えたことを明らかにしたのであった。

九・二・二　ソッツィーニ主義

前章で紹介した運動であるソッツィーニ主義との論争もまた、盛期正統主義時代において継続された。ソッツィーニ主義者たちが、対抗宗教改革を通して一六五〇年代にポーランドを追われてドイツやオランダへ亡命した後、彼らの影響力はこれらの国々で大きくなった。

彼らの著作の多くがアムステルダムで出版され、そこからヨーロッパ大陸全域やイングランドへと普及した。一六五三年に北部と南部のオランダ議会は、連邦議会へ次のように書き送った。「ここを離れて、彼らは自分たちの多くのソッツィーニ主義の著作を母国へと持ち込んだ。それは、ソッツィーニ、ドゥディティウス、スマルキウス、モスコロヴィウス、オストロドゥス、フォルッケリウス、クレリウス、シュテグマンヌス、スリクティンギウス、その他多くの人々の著作で、イタリア語、高ドイツ語、ポーランド語、ラテン語で書かれたものである。そしてあたかもこれでは十分でないかのように、最も重要な著作家たちの多くの著作が現在オランダ語に翻訳されている」。この引用は、ソッツィーニ主義のどの著作がオランダで読まれていたかを明らかにしている。特に『聖書の権威について』(*Van de Authoriteit der H. Schrifuur*)、『油注がれた救い主について』(*Van de gesalfde Heyland*)、『聖書的訓練』(*Schrifuurlijcke Lessen*) のような、ファウストゥス・ソッツィーニの多くの著作が、オランダ語に翻訳された。これらの訳書のほとんどが一七世紀中頃に出版され、このことは、この時代の改革派スコラ主義者たちの著作において、ソッツィーニ主義との論争が急務であったことを物語っている。

ソッツィーニ主義の三位一体の否定、キリストと聖霊の神性の否定、キリストの償いの否定、キリストの従順を義とすることへと転嫁することの否定、再生における聖霊の力の否定、体の復活の否定、永遠のいのちの否定は、深刻な抵抗を引き起こし、改革派神学の無数の代表者たちによって攻撃された。その結果、盛期正統主義の体系のほぼすべてのロクス (*locus*) において、ソッツィーニ神学に対する応答を認めることができる。

至るところにあるソッツィーニ主義者に対する議論の一例は、フランソワ・トレティーニの著作の中に見出すことができる。すでに『論駁神学綱要』の最初のロクス (*locus*) の中で、つまり自然神学は救いのために十分か否か、あるいはすべての人間がいかなる区別もなく救われる共通宗教が存在するかという質問 (*quaestio*) の議論の中で、トレティーニは以下のように改革派の立場を要約している。「われわれはソッツィーニ主義者たちとレモンストラントたちに対してこれを否定する。いかなる宗教でも救われるという主張にすべての人が確固たる基礎を置くペラギウス主義者たちの不敬虔な教理が、この質問に機会を与えたのである。自由主義者、ダヴィド・ヨリス主義者[訳注1]、その他(公正な市民生活に満足し、宗教を無関心の事柄とする人々) だけがこれを信奉しているのではなく、今日のソッツィーニ主義者たちもまたこれを認めている。彼らは、さらに隠された言葉の一種である自然の光に基づいて神を礼拝する人々が神をなだめ、神を喜び、神が自分たちに報いを与える方であるということを知るのだと教えて、一部直接的にこれを認めるが（Socinus, *Praelectiones theologica* 2 [1627], pp. 3-7）、救いにとって絶対に必要な宗教の教理を最低限にまで減らし、方法と程度においてすべての人々に共通なものとして、一部間接的かつ遠回しにこれを認めるのである（一・一・四、一項[1]）。

改革派神学者たちによれば、最終的にソッツィーニ主義は、教理は信仰の事柄において確実性を提示せず、むしろ倫理に関する基礎としてのみ機能するだけであるということを、実際には意味したのである。ソッツィーニ主義者たちは、三位一体とキリストの二性を否定したので、贖罪を通じてなされる償いの正統的な教理も大きな圧迫の下に置かれることとなった。ソッツィーニ主義者たちの神学的・キリスト論的立場は、原罪や予定論の否定に表されるように、人間論（人間の教理）にも及んだ。さらにソッツィーニ主義者たちは、創造における啓示の存在を否定し、この主張を擁護するために、宗教を持たない人々の存在に言及した南アメリカにおける探検家たちからの報告書に訴えた。

ソッツィーニ主義者たちとの論争の緊急性は、彼らの翻訳書が市場に出るようになるにつれて増大した。学問的な訓練を受けた神学者たちだけでなく、信徒たちもまた、ソッツィーニ主義の教理に触れるようになったからだと思われる。一七世紀におけるソッツィーニ主義の影響と広がりは、改革派正統主義からの応答も相まって、改革派神学者たちがこの議論に巻き込まれたことを明らかにしている。彼らは、神学的な真空状態で働きをしたのではなく、当時の教会や神学における実際の論題や運動に対して対応したのであった。

九・二・三　レモンストラント

ドルトレヒト全国総会議によるレモンストラントの立場の排斥の後、その支持者たちは独立した運動として自分たちの立場にさらに固執するようになった。一六三六年ヴォエティウスがユトレヒトで就任講演を行ったのと同じ年、アムステルダムにレモンストラントの神学校が設立された。レモンストラントの独立は、単に正統的な改革派陣営側の論争を煽った、レモンストラントの教義学的な教科書の発展をもたらした。特に、シモン・エピスコピウス（一五八三―一六四三）、エティエンヌ・ド・クルセル（一五八六―一六五九）、フィリプス・ファン・リンボルヒ（一六三三―一七一二）の著作、そしてそれらの中で発展した予定論や贖罪論の代替的な見解が、攻撃にさらされるようになった。

エピスコピウスは、「禁止状」（*Akte van stilstand*）への署名を拒否した人々に属し、その結果、「扇動者」として追放された。一六一九年の夏、彼はレモンストラント兄弟会が設立されたアントワープへ向かった。彼には、一六二二年に承認されたレモンストラント信仰告白作成の任務が与えられた。アムステルダムのレモンストラント神学校の開校式で、彼は開校講演を行った。彼の主著『神学綱要』（*Institutiones theologicae*）は、彼の後継者であるド・クルセルとフィリプス・ファン・リンボルヒによって、二部構成で出版された。神学的にエピスコピウスは、アルミニウスと、ド・クルセルやファン・リンボルヒによって発展したようなデカルト主義に影響された、後の合理的な神学との移行期に位置づけられる。アルミニウスのように、彼は予定論を人間の信仰に基づいて教えたが、そこでは神の予知も役割を担っている。自然神学の拒否や贖罪に関する立場を通して、彼はソッツィーニの神学に接近した。しかし、三位一体論やキリストと聖霊の神性のような他の点に関して、彼の志向はソッツィーニ的ではなかった。

フィリプス・ファン・リンボルヒは、英国の哲学者ジョン・ロックに精通しており、彼の教義学（*Theologia christiana*, 一六八六年）の中では、特に認識論と倫理学において、明らかにロックの経験論に影響されていた。ファン・リンボルヒは、全教会の教理の中の共通点を探り、それらを合理的に説明することを求めた。

すでに注目したように、改革派とレモンストラント派のさらなる分極化は、政治的要素によって拍車がかかった。改革派がレモンストラント派に対して政治的な疑いを抱いたのは、彼らの立場があまりにもローマの立場と似ていることを立証したからである。改革派の目には、レモンストラント派が、せいぜいカトリックのスペインや（後の）フランスとの闘争において、紛らわしい要素と映った。これらの非神学的要素とは別に、アルミニウス主義の思想家による合理的デカルト主義の適応は、論争の中でも一定の役割を果たした。要約すると、代替的なレモンストラントの体系の起こりが、改革派の論争の拡大を確かなものとしたと言うことができるが、そこでは、レモンストラントの見解がしばしばソッツィーニ主義の見解と同一線上に置かれた。

すでに引用したフランソワ・トレティーニの『論駁神学綱要』（*Institutio theologiae elencticae*）の自然神学に関する問いの中で、著者は次のように続けている。「レモンストラント派は、明らかに彼らに同意している。クルセルやアドルフ・フェナトール（Adolf de Jager）のような者たちはより公然と、特にフェナトールはドルトレヒトの牧師たちに対する弁証（*Een besonder Tractaet. . .der Predicanten der Stadt Dordrecht*, 一六一二年参照）の中で、明からさまに『真の信仰によってキリストの内に置かれない者は誰も救われない』という主張を否定している。アルミニウス、コルウィヌス、エピスコピウス（彼はまったく直接的にではなく、むしろ間接的に）のような人々はより慎重に、自然の光の正しい用い方によって、恵みの光は獲得され、恵みによって栄光に入れられるということを支持して、異邦人やその他の人々が救いに入れられることを認めている（アルミニウス「ある神学的項目に対するヤコブス・アルミニウスの弁証あるいは擁護」一五、一六、一七、『ヤコブス・アルミニウス著作集』［一九五六年］一・三三二—二九、アルノルドゥス［*Defensio sententiae. . .I. Arminii* [1613] against Tilenus)」（一・一・四、一項）。

九・二・四　デカルト主義

一七世紀中頃の改革派神学にとって、ルネ・デカルトの哲学の隆盛は、攻撃されなければならない新しい戦線となった。この新しい戦いの動機は容易に判別される。第一に、一六三七年に出版された『方法序説』（*Discours de la méthode*）において、デカルトは学問的実践のために新しい方法を導入した。特にユトレヒトにおいて、デカルトとヴォエティウスはこの件に関して激しい論戦を繰り広げ、それはオランダ共和国のすべての神学部へと広がっていった。ヴォエティウスに導かれた改革派スコラ主義者たちは、デカルトの方法論的懐疑の基本原理を受容する中に、その時までにオランダやその他の地の大学で生じたような学問の極限を見た。すでに一六三九年以来の無神論に関する議論の中で、ヴォエティウスはデカルトの体系に対する反対を表明していた。ヴォエティウスにとって、このフランス人哲学者との間にある最も重要な困難は、彼の哲学と神学、理性と啓示の方法論的分離であった。ヴォエティウスによれば、理性は独立した源泉ではなく、むしろ聖書啓示に従属し、それに従順であるべきなのである。デカルトの方法論的懐疑は、この関係を逆転させた。ヴォエティウスによれば、デカルト哲学においてそれは、啓示された御言葉ではなく、むしろ彼の形而上学的思索の中心に位置した認識主体なのであった。

デカルトは、信仰にとって何が確かなものであるかを疑うべきであると教えた。デカルトの方法論的懐疑では、明瞭で確かな知識を得ることが意図された。彼の知識の基準は、私たちが明瞭かつ弁別的に（*clare et distincte*）理解し把握した概念や思想は疑う余地のないほど明白である、というテーゼから出発した。ヴォエティウスは、一六四八年の『神学論争選集』（*Selectarum disputationum theologicarum*）に含まれた一連の無神論に関する二つの議論（一・一一四—一二六）の中で、デカルトの神に関する見解を批判した。ヴォエティウスによれば、神の実在は私たちが持っている神についての思想から演繹することはできず、むしろ創造されたリアリティにおける神の実在の認識可能な結果や働きからのみ演繹できる。また、他の多くの改革派神学者たちが、デカルト主義に反対する立場を選んだ。そのためヤコブス・クールマン（一六三五—一六九五）は、一六九二年に『綿密に解説されたデカルト主義哲学の弊害』（*Het vergift van de cartesiaansche philosophie grondig ontdekt*）と題された広範な著作を執筆した。これは、デカルト主義の牧師バルターザル・ベッケルの著作『悪魔憑きの世界』（*De betooverde wereld*, 一六九一—一六九三年）に向けられたものである。

第二に、ヴォエティウスによれば、デカルトの哲学に暗示されているのは、教会と神学の両方にとって致命的なものである。なぜならこの方法論的懐疑は、この方法自体が罪の状態にある人間を範疇に含んでいるので、それ自体、罪あるものだからである。懐疑の要請は、彼の目には、第一戒に対する不従順の要請であり、実際、聖霊に逆らうことを意味した。真理を見出すために必要な段階としての懐疑は、ヴォエティウスにとって、善を得るために悪を行わなければならないと考えるほどばかげたものであった。

改革派正統主義とデカルト主義の間の対立を公正に理解するためには、三つのことを心に留めなければならない。第一に、この論争を、古くて厳格なアリストテレス的な傾向を持つ正統主義と、新しいデカルトの哲学との衝突と捉えるのは正しくない。これはむしろ、（比較的）新しいものと新しいものとの間の衝突であった。すでに第七章で言及したように、ヤコポ・ザバレラとフランシスコ・スアレスの影響下で、スペインとイタリアの大学（アルカラ、サラマンカ、パドヴァ）は、アリストテレス形而上学の復興と、新しくされたアリストテレス形而上学への関心を経験した。ヴォエティウスや他の改革派神学者たちは、自分たちの学問的・神学的思想を解説するに当たり、これらの著作家たちを用いようとした。それゆえ、改革派正統主義とデカルトの間の対立を、もっぱら古いものと新しいものとの衝突と描くのは、あまりにも単純すぎるのである。

第二に、盛期正統主義の改革派神学を合理主義と特徴づけるのは正しくない。区別は、合理的な論証と、世界観としての合理主義者の哲学との間につけなければならない。前者は、啓示によって構築された文脈の中で、論理的な技法、区分、命題分析を用いた改革派スコラ主義の典型である。改革派スコラ主義者たちは、聖書で想定されることから結論を導き出すことが正当であるという理解を、教会教父たちから受け取った。それは、聖書に見出されない用語の使用が認められるだけでなく、聖書自体の中では導き出されない結論を導き出すことを認めるということでもある。そのような結論の条件は、聖書に何もつけ加えないということである。しかし、いわゆる「良き必然的な結果」という教理は、まさにデカルトの場合がそうであったように、合理主義的な基盤を持つ世界観の範疇の使用とは、随分と異なっている。理性と啓示の関係についての解説で、改革派神学者たちが絶えず啓示の優位性を強調したという事実は、このような単純な戯画に対して、私たちに警告している。

最後に、大多数の伝統的な神学的文献は、デカルトに対する改革派の論客たちを、アリストテレス的合理主義に染まった保守的な聖書厳守主義者として描く傾向があるが、近年の哲学的文献はこの解釈に挑戦している。ある学者たち（セオ・フェアベークやハン・ファン・ルーラー）は、デカルトに関する論争が学問的論争であって、信仰告白的な論争ではなかったと指摘した。それは主に、因果論の解釈に関するものであった。例えばヴォエティウスは、彼の見解によると、創造された実在の個性の喪失や創造された因果関係の否定へと導くデカルト主義的な本質的形相の否定に反対した。さらに、「アリストテレス的」とか「デカルト主義的」という語が、適用するのに非常に扱いづらいことが指摘されてきた。というのも当時のスコラ的な風潮において、立場というのは歴史的に解釈されるのではなく、過去の権威あるテキストを「自分たちの時代の環境とほぼ全く問題なく関連性を持つ同時代の文書」として考える、柔軟な方法によって解釈されたからである（一一・二・四を見よ）。その上、ほとんどの改革派スコラ主義者たちが、オランダ第二宗教改革（*Nadere Reformatie*）を支持することによっても触発されていたことに心を留めるべきである。オランダ第二宗教改革とは、実践的訓練と社会・教会・神学の回復に励んだ運動である。

九・三　改革派神学の中心地

盛期正統主義時代の改革派神学は、全体として一枚岩ではなかった。さまざまな動向や流れが判別される。例えかなりの議論があったとしても、すべてが正統主義（ここでは規範的な意味）の範囲の中にとどまったのである。改革派神学者たちは、留学（*pergrinatio academica*）期間だけでなく、教授としての在職期間においても、異なる学校や国を随分と移動した。このことは、国別や学校別の整然とした区分を不可能にする。それでも大まかに、さまざまな国の周辺やその国内にある種々の流れを特定できるし、それらを特定の神学教育機関と結び付けることも可能である。改革派神学の重要な中心地の記述における一つの試みは、盛期正統主義時代の改革派正統主義の中にある多様性という特徴を提示することである。特にオランダとフランスにおける改革派正統主義の流れ、人物、中心地に関心が向けられる。

九・三・一　オランダ

オランダの盛期正統主義時代には、改革派のスコラ的な神学の中に、多くの潮流を見分けることができる。私たちが以下で論じる諸潮流の特徴は、それらが特定の著作や人物の周辺に集まったということである。その上、組織神学的、説教学的、倫理的レベルにおける違いにもかかわらず、彼らはドルトレヒト信仰規準の範囲内で活動した。

もし当時のオランダにおける主流な方向性について語ることができるなら、それは『ライデン要綱』（*Synopsis purioris theologiae*）の方向性であろう。四人のライデンの教授たちによって一六二五年に初めて出版されたこの文書は、ドルトレヒト信仰規準の神学的過程の始まりと考えられる。序文の中で著者たち（ヨハネス・ポリアンデル、アントニウス・ヴァラエウス・アントニウス・ティシウス、アンドレ・リヴェ）はまた、この『要綱』（*Synopsis*）が六年前に持たれた会議の記念に作られたことを伝えている。この文書は、これら四人の教授たちの監督下で持たれた五二の討論の収集である。ヴォエティウスの『神学論争選集』（*Selectarum disputationum theologicarum*）にあるような、手の込んだ議論はここにはない。むしろそれは、まず何よりも、建設的に体系化された論題の収集である。そこでは、ライデンの教授たちが自分たちの神学的な立場を簡潔に主張する。これらの論題はまた、幅広く展開した討論に沿って、当時の改革派の学問教育の中で広く用いられたジャンルとなった。

『要綱』のバランスのとれた比較的穏健な内容は、この建設的で論題別の特徴に合致している。

ゼップは『要綱』の内容に関して次のような観察をしている。「ここかしこで手厳しい発言がソッツィーニ主義者や再洗礼派に対してなされている」(*Het godgeleerd onderwijs in Nederland*, 1:45)。ファン・イッテルゾンによれば、「レモンストラント主義との力のこもった広範囲にわたる戦い」がこの文書の中に見出されないのは、注目に値する("De 'Synopsis purioris theologiae,'" 249)。

このライデンの小冊子は、すぐに大きな人気を得て、少なくとも四半世紀の間、神学界を支配した。その穏健な立場のゆえに、協調的な影響を及ぼした。『要綱』の人気はまた、それが五回も版を重ねたことにも表れている(一六二五、一六三二、一六四二、一六五二、一六五八年)。一九世紀にもヘルマン・バーフィンク(一八八一年)によって再版された。

さらに三つの潮流を、盛期正統主義時代のオランダに見分けることができる。

(1)「伝統的神学」(*theologia traditiva*)
(2)ヴォエティウスの学派
(3)コクツェーユスの契約神学

これらのうち、「伝統的神学」とヴォエティウスの学派が、『ライデン要綱』(*Synopsis purioris theologiae*)とともに、一七世紀改革派神学の「デルタ」を形成した。これら三つの間にあった相違は、一七世紀の経過を通して、特にコクツェーユスに対する共同戦線へと一致した時に減少した。比較的やや不安定なコクツェーユスの立場も、デカルト主義思想を支持するこのグループの中で、さらなる親和性を持つようになった。

(1)「伝統的神学」(*theologia traditiva*) という語は、ベーズの時代に発展したように、この語を一六世紀カルヴァン主義にルーツを持つ改革派神学内の一つの流れに適用した、一九世紀の歴史神学者クリスティアン・ゼップに由来する。ヴォエティウスの学派との重大な一致にもかかわらず(以下を見よ)、そこには明らかな違いが存在した。この潮流の代表的人物は、サミュエル・マレシウス(一五九九—一六七三)や二人のシュパンヘイム(父フリードリヒ、一六〇〇—一六四九と子フリードリヒ、一六三二—一七〇一)である。特に二人のシュパンヘイムは穏健で知られ、例えばユトレヒトの同僚たちよりも論争において穏健なのは明らかだった。マレシウスのように彼らも、日曜日遵守に関してはより自由な立場を取り、ピューリタンの影響を受けた他の慣例を否定した。ヴォエティウスは政府からの教会の自立を擁護したが、「伝統的神学」は教会的な事柄における政治的影響を認める傾向にあった。子シュパンヘイムは、英国だけでなくヨーロッパ大陸のルター派やハンガリー改革派の間でも見られたような、穏健な監督制の支持者であった。同様に、ジュネーヴ、デヴェンター、フラネカーで働いたニコラウス・フェデリウス(一五九六—一六四二)は、さらに教会的な事柄に関する政治の影響を認めた。「伝統的神学」の論争は、特にフランスで勢力を増したソミュールの神学に対して向けられた。

ピカルディにあるオワーズの裕福なユグノーの家庭出身であるサミュエル・マレシウスは、ソミュールで(ゴマルスの下に)学び、ジュネーヴでベネディクト・トレティーニの下に学んだ。スダンでの牧会と教鞭の後、彼はマストリヒトのワロン教会の牧師となった。一六三六年にはスヘルトーヘンボスの牧師となり、そこの「名門校」[訳注2]の教師となった。一六四三年には、ゴマルスの後継でフローニンヘンの教授に就任した。一六五二年に彼は、『正統ベルギー同盟あるいはベルギー教会信仰告白釈義』(*Foederatum Belgium orthodoxum; sive Confessionis ecclesiarum belgicarum exegesis*）と題されたベルギー信仰告白の注解を書いた。彼はまた、前述の『要綱』（*Synopsis*）とともに、他の学問機関で教義学の教科書として広く使われた重要な神学的著作である『組織神学』（*Systema theologicum*）を出版した。一六五一年にマレシウスは、ソッツィーニ主義者ヨハネス・フォルッケリウスとヨハン・クレルに対して、『退治されたソッツィーニのヒドラ』（*Hydra Socinianismi expugnata*）と題されたソッツィーニ主義への反駁書を執筆した。

ニコラウス・フェデリウス（フェデル、ヴェデル）はドイツのプファルツ出身で、ハイデルベルクで哲学を、ジュネーヴで神学を学んだ。一六二〇年にジュネーヴの神学教授となり、牧師としても働いた。一六三〇年に始まったデヴェンターの「名門校」で神学とヘブライ語を教えた後、一六三九—一六四二年には続けてフラネカーで神学を教えた。彼は、自ら編集したアンティオケのイグナティウスの著作のように、特に初代教会の歴史に関連する著作をいくつか出版した。神学の実践のために、一六二八年にジュネーヴで出版された『神学の合理的特徴、あるいは論争における合理的・哲学的原則の必要と使用について』（*Rationale theologicum seu de necessitate et usu principiorum rationis et philosophiae in controversiis*）は重要である。ここで彼は、宗教それ自体の事柄（*in rebus religionis*）においてではなく、神学における論争的要素において、自分自身が論理的な技法の使用の賛同者であることを示した。一六三二年と一六三四年の間にライデンで出版された四巻本の『アルミニウス主義の秘密について』（*De arcanis arminianismi*）の中で、彼はアルミニウス主義の見解に反論した。アルミニウスの追随者シモン・エピスコピウスは『フェデリウス狂詩曲』（*Vedelius rhapsodus*）（ハルデルウェイク、一六五三年）と題された著作で応じた。フェデリウスは、ヴォエティウス派の仲間たちに反対し、むしろレモンストラントを支持する形で、教会的な事柄に関する政府の役割により大きな影響力を認めた。

キリストへの祈りと堕落前予定説か堕落後予定説かという問いに関して、マレシウスとヴォエティウスの両者は異なる見解を持っていたが、彼らの相違は、主に個人的なものであった。前者（キリストへの祈り）に関してマレシウスは、エイムズやウァラエウスの線に沿って、仲保者であるキリストへの祈りを認めた。これに対してヴォエティウス、マコヴィウス、リヴェは、キリストがご自身の神性によってのみ礼拝されると主張した。一六四九年マレシウスは、『神学の矛盾』(*Theologus paradoxus*)を出版し、彼がヴォエティウスの著作の中に突き止めたと考えた六〇〇の食い違いを盛り込んだ。彼は明白な堕落後予定論者として、ヴォエティウスが予定論の対象に関する見解に不明瞭な区別を導入した、と論じた。その上、彼は、堕落前予定説がドルトレヒト全国総会議で断罪されたという意見の持ち主であった。堕落前予定説の賛同者によれば、神の選びの聖定は構造的に(時間的にではなく、なぜなら神の内には時間の連なりがないので)、創造の聖定に先行する。このように創造と堕落の容認の聖定は、選びの聖定の実行の手段となる。他方、堕落後予定論者たちは、創造の聖定が順序において先行し、選びの決断が人間の堕落を見てなされたと論じた。

マレシウスによれば、ヴォエティウスは選びの対象において、誤って二つの場合の区別を導入した。全体として取り上げれば、その対象は創造される人間(*homo creabilis,* 堕落前予定説の見解)だが、より厳密に理解すれば、その対象は堕落した人間(*homo lapsus,* 堕落後予定説の見解)であった。

マレシウスは、ヴォエティウスのスコラ的な区分の多用を力強く批判し、彼を「スコラ主義者の死海をシロアムの池へと逸脱させた」(*lacum asphaltidem scholasticorum derivare in fontem Siloe*)と非難した。ヴォエティウスとの論争は、特にヨハネス・ファン・デア・ヴェイエンの仲介によって助けられて、両者が互いに和解した一六六九年に終結した。かつての論敵たちは、コクツェーユスやデカルトに対して共同戦線を張る必要によって一つにされた。

(2) ユトレヒトの市当局は一六三四年に「名門校」を設立することをすでに決めていたが、ユトレヒト大学は、一六三六年まで設立されなかった。ユトレヒト州の権力の下で、この学校は一六三六年にアカデミーに変更された。神学・ヘブライ語・「その他の中近東語」の教授ギスベルトゥス・ヴォエティウス（一五八九―一六七六）は、大学開学前の日曜日に、ルカ福音書二章四六節（つまり、イエス一二歳の時の神殿訪問）に基づいて「同じ場所で教授される学問と芸術の伴うアカデミーと学校の有用性に関する説教」（*Sermoen van de nuttigheyd der academien ende scholen, mitsgaders der wetenschappen ende consten die in de selve geleert werden*）と題される長い説教を大聖堂で行った。

この説教の中でヴォエティウスは、次の学問を扱った。法学（*jurisprudentia*）、政治学（*politica*）、倫理学（*ethica*）、経済学（*oeconomica*）、歴史学（*historia*）、年代学（*chronologia*）、修辞学や雄弁術（*rhetorica et oratoria*）、詩学（*poësis*）、医学（*medicina*）、哲学（*philosophia*）。これらには次のすべての科目が属する。物理学（*physica*）、天文学（*astronomia*）、算術（*computus*）、光学（*optica*）、数学（*arithmetica*）、幾何学（*geometria*）、統計学（*statica*）、力学あるいは建築学（*mechanica or architectonia*）、軍用建築学や陣営測量（*architectura militaris et castrametatio*）、宇宙形状学（*cosmographia*）、地理学（*geographia*）、航海術（*nautica*）、地勢学（*topographia*）、水界地理学（*hydrographia*）、音楽（*musica*）、形而上学（*metaphysica*）による論理学あるいは弁証法（*logica* or *dialectica*）、批評学（*critica*）、カルデア語、シリア語、アラビア語とともにヘブライ語（*lingua hebraea cum chaldaica, syriaca, arabica*）、ギリシア語（*lingua graeca*）、そして最後にラテン語（*lingua latina*）。

ヴォエティウスは、この説教を次の言葉でまとめた。「これらは、人生にとって、政治・宗教・教会の維持にとって」必要な、「学校で教えられる学問・芸術・言語である」。ヴォエティウスは神学を、それ以外のすべての学問に位置づけを示した学問と認識した。彼は、一六三四年八月に職務を引き受けた時、「学問に結ばれた敬虔についての演説」（*Oratio de pietate cum scientia conjugenda*）という題で就任演説を行った。

この演説の中でヴォエティウスは、神学者は「天なる哲学、神の律法、霊的な医学、天なる書簡、最古で最も信頼にたる歴史と高貴な雄弁」を目指すべきだと断言した。これらの科目は、「あらゆる研究と生徒の基礎と頂点、概要と習熟、ものさしと鉛直船」となる。この就任演説のタイトルは、アンセルムスの有名な構想「知解を求める信仰」(*fides quaerens intellectum*) の変形として理解されるべきである。アンセルムスのようにヴォエティウスは、信仰や敬虔を学問的な事柄に関係づけることを求めたのであって、その逆ではなかった。

ヴォエティウスは神学を、当時のあらゆる学問領域における教授と研究の一般的な方法に必ず基盤を据える普遍的な学問として捉えた。彼の教えのゆえに、土曜討論——学生、牧師、その他の関連するグループを魅了した——は、きわめて重要であった。彼は、アクィナスの『神学大全』も一貫して取り上げたが、特に『ライデン要綱』の中にある教義学的な題材を扱った。彼の研究と教授の結実は、釈義・教義学・議論・倫理の統合を見出すことができる多くの標準的な著作に結び付けられる。

ギスベルトゥス・ヴォエティウスは、ブラバン州ヒュースデンという小さな町で生まれ、ライデンのアカデミーでゴマルスやアルミニウスの下で学んだ。その後、長年にわたって、フレイメンと自身の出生地であるヒュースデンで牧師として仕えた。南オランダの議会は、彼をドルトレヒト全国総会議の代表者として送り、そこで最年少の代表として働きを担った。一六三四年には、ユトレヒトの「名門校」の神学と東洋言語の教授となった。この学校は、一六三六年にはアカデミーに昇格した。一六三七年、彼はユトレヒトで牧師にもなった。一六七三年一一月二三日に、彼が定期的な説教の職務を引き受けた時、彼はカタリーナ教会(Catharijnekerk)で熱に冒され、卒倒してしまった。彼は死を迎えるまで教授として働き続けたが、この事件はまた、彼の牧師としての働きの終わりを示すものとなった。ヴォエティウスの最も重要な著作は、時機とそれにふさわしい文献に関する神学的カリキュラムの構造を扱った

「神学研究のための実習と文献」（*Exercitia et bibliotheca studiosi theologiae*, 一六四四年）、敬虔に関する実践的な手引き書として特徴づけられる著作「修徳あるいは敬虔の実践」（*TA ASKHTIKA sive Exercitia pietatis*, 一六六四年）、三五八の議論からなり、一方で組織神学的な性質を持ち、他方で実践的・倫理的な性質を持つ五巻本の『神学論争選集』（*Selectarum disputationum theologicarum*, 一六四八―一六六九年）、（教会の概念と権力、教会論的な職務、戒規、寛容の範囲など）改革派の教会政治を広範に扱った『教会政治』（*Politica ecclesiastica*, 一六六三―一六七六年）である。彼の思想に関する簡潔な解説は、一八九一年にアブラハム・カイパーによって再版されたハイデルベルク信仰問答についてのカテキズムの中に見出すことができる（*Catechisatie over de Heidelbergse Catechismus*, 一六五九年）。

ヴォエティウスの総合的な著作は、彼の後継者たちにも特徴的である。恩師と同じように、ヨハネス・ホールンベーク（一六一七―一六六六）、ペトルス・ファン・マストリヒト（一六三一―一七〇六）、ヘルマン・ウィットシウス（一六三六―一七〇八）、レオナード・レイセ（一六三六―一七〇〇）、メルキオール・ライデッカー（一六四二―一七二一）は、釈義と組織神学と実践を全体に統合するよう試みた。特に『理論的・実践的神学』（*Theologia theoretica-practica*, 一六八二―一六八七年）においてペトルス・ファン・マストリヒトは、恩師の基本的な立場と実例に忠実に従った。彼の著作の構造と区分の中でマストリヒトは、⑴講解的あるいは釈義的学問としての神学、⑵理論的あるいは黙想的学問としての神学、⑶論争的学問としての神学、⑷実践的・目的志向的学問としての神学とを明確に関連づけた。

ヨハネス・ホールンベークはハーレムで生まれ、最初にライデンでティシウスとヴァラエウスの下で学んだ後、ユトレヒトでヴォエティウスの監督の下、神学博士号を取得した（一六四三年）。同じ年に彼はユトレヒトの教授職に就任したが、一六五三年にライデンで教えるためユトレヒトを去り、ライデンにおいて四八歳で死去した。彼は傑出した文献学者で、その著作のほとんどは旧約聖書釈義と教会史の分野におけるものであった。信仰告白に関する彼の著作『宗教論争大全』（*Summa controversiarum religionis*, 一六五三年）は、その広範な姿勢においてヴォエティウスの『神学論争選集』（*Selectarum disputationum theologicarum*）を強烈に思い出させるもので、彼の名声を高めた。安息日論争に関してホールンベークは、自身の『神の名と神の日の聖化』（*Heylighinghe van Gods Naam en dagh*, 一六五五年）の中でコクツェーユスの見解に応戦した。彼はまた、『論駁されたソッツィーニ主義』（*Socinianismus refutatus*, 一六五〇―一六六四年）と題されたソッツィーニ主義に対して向けられた三巻本の著作を出版した。

ペトルス・ファン・マストリヒトはケルンで生まれ、デュースブルク、ユトレヒト、ライデン、ハイデルベルク、オックスフォードで学んだ。一六五二年にクサンテンで牧師となり、一六七〇年にデュースブルクで教授となった。一六七七年ユトレヒトでヴォエティウスの後継者となった。彼の神学的論敵の中には、バルターザル・ベッケルのデカルト主義があり、彼は『ベッケル駁論』（*Contra Beckerum*）の中でそれを攻撃した。彼の『理論的・実践的神学』（*Theologia theoretico-practica*）は、一七世紀末期以降の教義学的著作の最良のものである。最初の四巻で序論、三位一体論、神の業、人間の堕落を順番に扱い、次の四巻はキリスト論、聖霊論、教会論、契約についてである。

ヘルマン・ウィットシウスは、ユトレヒトとフローニンヘンで神学を学び、そこでヴォエティウス、ホールンベーク、マレシウスの影響を受けることとなった。グス（一六六六年）やレーワルデン（一六六八年）などの教会で牧会をした後、一六七五年にフラネカーの教授に就任し、そこで『真の神学者の特徴』（*De vero theologo*）という就任講演を行った。一六八〇年に彼はユトレヒトへ行き、そこから一六九八年にライデンへ向かった。彼の主著である教義学的な著作は、『人間と結ばれた神の契約の経綸』（*De oeconomia foederum Dei cum hominibus*, 一六七七年）で、これはまたオランダ語（*Vier boecken van de verscheyden bedeelinge der verbonden Gods met de menschen*, 一六八六年）と英語（*The Economy of the Covenant between God and Man*, 一六九三年）に翻訳された。この著作の中で彼は、コクツェーユスの契約神学の枠組みを用いたが、決定的な諸点においてそれをしりぞけた。このようにして彼は、恵みの契約を業の契約の廃止と考えず、むしろその回復と捉えた。それにもかかわらずウィットシウスは、この著作の中でヴォエティウスの思想とコクツェーユスの思想の統合をもたらそうと試みたのである。この文脈において彼はまた、神学におけるデカルト主義の影響を攻撃した。オランダを離れてウィットシウスの契約神学は、ドイツやスコットランドでも影響力を得た。ウィットシウスによるその他の多くの著作も英語に翻訳された。

ゼーランドに起源を持つメルキオール・ライデッカーは、ユトレヒトでヴォエティウスの下に学び、ライデンでホールンベークやコクツェーユスの下で学んだ。一六七六年に彼は、ユトレヒトで教授職に就いた。彼の神学的な著作は、彼の最も重要な二つの著作である『真理のともしび』(*Fax veritatis*, 一六七七年)と『キリスト教神学概要』(*Synopsis theologiae christianae*, 一六八四年)にはっきりと表されているように、組織神学の分野に焦点が置かれている。これらの著作やその他の著作の中でライデッカーは、ルーヴァン大学の多くのローマ・カトリックの神学者たちの関心を得ることとなったカトリックと改革派を魅了する神学的な概念に取り組んだ。彼のフランソワ・トレティーニの著作に対する親近性は、トレティーニの『論駁神学綱要』(*Institutio theologiae elencticae*)を彼が再版したことに明らかである。

同様のトレティーニに対する親近性は、ヒュースデンの牧師レオナード・レイセ(レイセニウス)にも見出すことができる。一六九五年、彼はトレティーニの概要に関する当代的な注解を集めた広範な著作を、アムステルダムで出版した(*Francisci Turrettini compendium theologiae didactico-elenchticae ex celeb. theologorum nostrorum institutionibus auctum et illustratum*)。

(3) 時の経過とともに、徐々に最初の三人[マレシウスとシュパンヘイム父子]から隔たるようになり、一七世紀後半の大きな不安となったもう一つの潮流は、ヨハネス・コクツェーユス(一六〇三—一六六九)の後継者たちによって代表される。多くの二次資料は、この「契約神学」(*federal* or *covenant theology*)をめぐる論争が、予定論的思考に支配されたスコラ神学に対する、聖書的・救済史的思考の系譜のものであるという印象を与えるのだが、何よりもまず私たちとしては、契約神学者たちもまたスコラ的な方法を用いたということに注目する。「スコラ主義」対「契約神学」という言葉で対比的に捉えるのは、正確な表現ではない。「スコラ的」というのは、特定の方法を用いることに関するものであるが、「救済史的」というのは、特定の神学的潮流の中心にある内容やテーマを指している。

ところで、一七世紀契約神学の「父」であるヨハネス・コクツェーユスが、同様に典型的なスコラ的方法である「討論形式」（*disputatio*）や「議論的探求形式」（*quaestio*）を用いたことも明らかになってきた。また、中世スコラ主義神学の評価や神学における人間理性の役割の点に関して、コクツェーユスはほとんど同時代の正統主義神学者たちと相違がない。例えばヴォエティウスとコクツェーユスの間には、ヴォエティウスのテキストの方が（神の全能に関する箇所において）、コクツェーユスよりも大きな発展が見られるが、両者が神の教理において適用した区別に関しては広範な一致が見られる。

契約神学とスコラ神学の違いはほとんど、教義学における契約（*foedus*）概念の機能に関連していた。換言すれば、コクツェーユスとその他の改革派神学者たちとの間の衝突は、伝統的な教義学の基本的なロキ（*loci*）に関連しているというよりは、彼の旧約と新約の関係に関する救済史的な見解やキリスト教倫理に関するこの見解の成り行きに関連していた。安息日規定や安息日遵守をめぐるヴォエティウスとコクツェーユスの論争が好例である。さらなる結果は、コクツェーユスの義認論に関する見解に対して持ち上がった重要な反論にも見られる。彼は、古い契約（旧約）における罪の過越（*pāresis*）と新しい契約（新約）における罪の赦し（*āphesis*）の違いを主張した。

コクツェーユスは、創世記二章の安息日が聖日と週日の区別に言及しているのではなく、すべての時の聖別に言及していると主張した。そのため、毎週定期的におとずれる休息の一日である安息日は、エデンの園で制定されたのではなく、イスラエルの砂漠の放浪の期間に制定された。このようにコクツェーユスは、この日に働いてはならないという戒めを、業の契約に属した儀式律法と考えた。コクツェーユスの安息日と赦しに関する神学的背景であり、他の改革派神学者たちと対照的な相違の主要点は、彼の「廃棄」の教理であった。この教理は、契約の歴史的発展を前提とした。そこでは、すでにエデンの園でアダムと結ばれた業の契約が贖いの歴史を追うに連れて次第に廃棄され、それに比例して恵みの契約の影響が増大した。この文脈においてコクツェーユスは、贖いの歴史の中に、悪の減少と聖さの増大の弁証法を認めることができることを示す「漸進的に発展する廃棄」について語った。このようにして彼の神学は、きわめて終末論的な方向性を持っている。

コクツェーユス自身は、デカルトの方法的懐疑をしりぞけ、この哲学者はかなり不幸なことに、自分自身を表現したのだと考えた。しかし、彼のかなり多くの後継者たちは、それによって魅了されたのである。その中には、アブラハム・ハイダヌス（一五九七―一六七八）、フランシス・ブルマン（一六二八―一六七九）、ヨハネス・ブラウニウス（一六二八―一七〇八）、クリストフォロス・ウィッティキウス（一六二五―一六八七）といった人物たちが含まれる。デカルト哲学の要素を採用した人々は、「寛容論者」とか「ライデン」コクツェーユス主義者と呼ばれるようになり、実際にオランダのその他の改革派思想の潮流から、コクツェーユス主義者を引き離すこととなるさらなる分離へと導いた。

九・三・二　フランス

一六八五年のルイ一四世によるナントの勅令の廃止は、フランス改革派アカデミーの突然の終わりを意味した。徐々に廃止へと向かった数十年間の中で、改革派スコラ主義は盛期正統主義の形態をとって、特にダニエル・ティレヌス（一五六三―一六三三）やピエール・デュ・ムラン（一五六八―一六五八）が教えたセダンのアカデミーで栄えた。後者は、カトリックと戦っただけでなく、ソミュール学派を激しく攻撃したりもした。

ダニエル・ティレヌスは、ほぼ全ヨーロッパを隈なく旅した後、セダンの教授となった。当初彼はアルミニウスの反対者であったが、コルヴィヌスの著作の影響を通じて、後にレモンストラントの立場に立ち、彼らの恵みの理解を擁護した。今や、レモンストラント（彼は死に至るまでその立場に留まった）となったティレヌスは、一六一九年にその教授職を奪われた。ヴォエティウスは彼に対して『敬虔の力の証明』(*Proeve van de cracht der godtsalicheyt*, 一六二八年）を執筆した。

ティレヌスを攻撃したピエール・デュ・ムランは、一六二一年にセダンで彼の後継者となった。その前（一五九三年）に、デュ・ムランはライデンの論理学教授であり、そこでフーゴー・グロティウスは彼の受講生の一人だった。デュ・ムランはフランス改革派教会を代表するドルトレヒト全国総会議の議員を務めたが、ルイ一三世は彼を出席させなかった。しかし、デュ・ムランの見解はそれでも読み上げられた。デュ・ムランは、重要な神学論争家で、改革派教義学の多産な著述家であった。彼は数え切れないほどの著作を出版し、その多くが英語に翻訳された。

一五八九年にフィリップ・デュ・プレシー・モルネーによって設立され、一六八五年に閉鎖されたソミュール・アカデミーは、一七世紀のフランスでは、最も有名で異論のある改革派の学校であった。一七世紀前半には、多くの分野における新しい発展によって名声を博した。ソミュールは、釈義の分野における貢献以外では、ルイ・カペルの業績を通して、文献学のゆえに知られるようにもなった。

ルイ・カペル（一五八五—一六五八）は、数ある中でも、ヘブライ語旧約聖書の母音記号が後代に起源があること、つまり、それらは紀元六世紀頃にマソラ学者たちによって導入されたと主張した。彼の立場は、改革派陣営のさまざまなところから、特にブックストルフ父子（父ヨハネス・ブックストルフ、一五六四—一六二九、子ヨハネス・ブックストルフ、一五九九—一六六四）から、かなりの反発を引き起こした。この議論は、本文批評に関するものというよりも、むしろ聖書の権威に関するものであった。カペルの主張はウルガタ訳聖書を擁護するために使われたものなので、正統的な改革派陣営は母音記号の真正性を擁護した。

さらにソミュール・アカデミーは、ドルトレヒト全国総会議の教えと調和しがたい予定論とそれに関連する教理について、ソミュールの教授たちが奨励した見解のゆえに際立っていた。実際、ある反対者たちは、彼らが正統主義の枠外にあると主張した。ここで二つの別々の論争に言及することができる。その第一は、ソミュールの名に最も密接に関連しており、関連し続けている。それは、ジョン・キャメロン（一五七九頃—一六二五）とその弟子モシェ・アミロー（一五九六—一六六四）のいわゆる仮説的普遍救済主義の教理である。特にアミローは、カルヴァンへの抗議によって、すでに認知された改革派予定論の厳格さの一部を和らげようとし、多くの者がドルトレヒトとアルミニウスの中庸と捉えた立場を切り開いた。アミローは、二種類の選びを区別することによって神の二つの聖定を教えた。初めに神は、信仰を持つすべての人を救うと定めた。そして神は、第一にすべての人類を救いに選んだ（普遍救済主義）。次に神は、誰も自分自身で信仰に到達することができないことを、ご自身の予知を通して知っておられるので、ある人々に信仰を与えるという第二の聖定をされた（特定主義）。この第二の聖定において、神は信仰のゆえに特定の人々だけを選んだのである。それゆえ実際には、——神の普遍であるにもかかわらず仮説的・条件的聖定であるので——すべての人が救われるわけではないのである。この仮説的普遍救済主義の背後には、もし彼らが信じるならば、神はすべての人を救おうと意図されたというアミローの確信が横たわっている。

アミローは、ソミュールで神学を学び、そこでスコットランド生まれの神学者ジョン・キャメロンから多大な影響を受けた。実質的には、ソミュールの神学はこのキャメロンから始まったのである。アミローは、ソミュールで牧会をした後、一六三三年に、カペルやジョスア・ド・ラ・プラス（後述）とともに教授に就任し、死ぬまでこの地位に留まった。彼は、『予定論小論』（*Brief traité de la prédestination*, 一六三四年）や『キリスト教倫理』（*La morale chrestienne*, 全六巻、一六五二―一六六〇年）など、多くの教義学的・倫理学的著作を出版した。神の恵みに対する普遍的な意志の擁護にもかかわらず、彼は一貫してドルトレヒト全国総会議の教えを保持していると主張した。

しかしアミローの見解は、アルミニウスとドルトレヒトのどちらの見解とも異なっていた。アルミニウスが信仰を選びの基礎と捉えたのに対し、このソミュールの神学者は信仰を選びの結果と見た。ドルトレヒトとの違いは、実際さらに複雑なものであった。アミローは、キリストが仮定的にすべての人のために死んだとしたが、ドルトレヒトの神学者たちはキリストの犠牲はすべての人のために十分であったが、選ばれた人のためだけに有効であると教えた。それゆえドルトレヒトの神学者たちによれば、キリストは選ばれた人のためだけに死んだのである。

アミローによるカルヴァンへの執拗な訴えにもかかわらず、改革派正統主義の多くの神学者たちは、彼の見解をしりぞけた。フランスでは特に、アミローを非難したのはセダンのピエール・デュ・ムラン（既述）であったが、彼が望んでいたように、アルミニウス主義としてしりぞけられた自分の見解を首尾よく持ち続けることをしなかった。スイスでは、スイス一致定式（後述する*Formula consensus Helvetica*）が、特にアミローの予定論の見解を論じたが、オランダでは、ライデンの多くの神学者たちが（その中には、フリードリヒ・シュパンヘイムやアンドレ・リヴェがいた）、アミローの最大の敵対者であった。コクツェーユス主義の神学者たちも、神の条件的聖定の概念を拒否した。アミローに対して提出された最も一般的で重要な反対は、彼が第一の普遍的な神の聖定を、人間的な――その結果、不確定な――要素に依存した条件的なものにしてしまったことである。とりわけ、もし神がすべての人の救いを意志したが、最終的にすべての人が救われたわけではなかったとするならば、神の聖定はその目的を成し遂げるのに失敗したことになる。正統主義者にとって、この結末は神にふさわしいものではない。多くの人々がアミロー主義をアルミニウス主義への回帰だと捉えたのは、特定の選びが神の予知された信仰に基づいているという印象を与えたからである。敵対者たちは、ソミュール学派の神学を多くの異なった要素からなる万能薬になぞらえる。

Doctrina absolutae Electionis quantum potest
Redemptionis Universalis in toto
Foederis gratiae Conditionalitatis una
Cum Liberi Arbitrii quantitate tam exigua ne discernetur.

無条件的選びの教理が可能であるほど、
普遍贖罪の教理が全面的に認識されなくなり、
恵みの契約の条件もまた、
自由意志の小ささとともに認識されなくなる。

さらに、もう一人のソミュールの神学者の教説によって引き起こされた、ドルトレヒトの教理に関連した主要な第三の論争がある。この議論は、ジョスア・ド・ラ・プラス（一五九六頃―一六五五）のアダムの罪の転嫁の本性に関する教説をめぐって起きた。

一六三一年にソミュールの教授となったド・ラ・プラスは、アダムの罪の子孫への転嫁（*imputatio*）に関して逸脱した見解を展開した。ド・ラ・プラスによれば、転嫁は現実罪に基づいており、それはアダムの罪の「間接的」な伝播を含意した。フランスでは、シャラントンの全国会議（一六四四―一六四五）が、議長だったアントワーヌ・ガリソル（一五八七―一六五一）の反対に導かれて、ド・ラ・プラスの見解に関する宣言をした。しかし、ド・ラ・プラスの思想は、フランスの国外にも波乱を巻き起こした。スイス連邦では、この思想がスイス一致定式（*Formula consensus Helvetica*）の中で言及され（以下を見よ）、オランダでは、サミュエル・マレシウスなどによって攻撃された。しかしド・ラ・プラスの思想は、ズトフェンの牧師ヨハネス・フラックによって受け入れられたが、一六九三年のワルヘレン条項においてしりぞけられた。

九・三・三　スイス

改革派スコラ主義が盛期正統主義時代に隆盛であったのはオランダだけではなかった。すでに本章の序で改革派神学の国際的な特徴に注目したが、特にこのことは、幅広い分野の思想や見解を共有するために、改革派神学者たちが、ヨーロッパ全域の同士たちと往復書簡や個人的な接触を広範囲に持つことで実現した。その作業は、文献学、年代学、釈義の分野だけでなく、テキストの編集や出版（例えば教会教父、これについてはヴォエティウスの議論「分類について」[*De patribus*] の中のリストも見よ）においてもなされた。特にスイスは、盛期正統主義の特徴であった総合的な著作を多数生み出した。最も重要なスイスの神学者は、ヨハネス・ヴォレビウス（一五八六―一六二九）、ヨハン・ハインリヒ・ハイデッガー（一六三三―一六九八）、フランソワ・トレティーニ（一六二三―一六八七）であった。後二者は、ソミュールの神学に対して成立したスイス一致定式（*Formula consensus Helveticus*, 一六七五年）の歴史において、重要な役割を果たした。

ヨハネス・ヴォレビウスはバーゼルで教え、きわめて人気の高い改革派神学の手引き書で、いくつも再版を重ね、ドイツ語、オランダ語、英語にも翻訳された『キリスト教神学概要』（*Compendium theologiae christianae*, 一六二六年）を執筆した。*The abridgment of Christian divinitie. . .* という表題で出版された英語版だけでも、少なくとも三版を重ねた（一六五〇年、一六五六年、一六六〇年）。

チューリッヒの教授ヨハン・ハインリヒ・ハイデッガーは、スイス一致定式草稿の主要な著者であった（もちろん、別の人物たち［つまりトレティーニ］がそれをさらに発展させたのだが）。彼は、幅広く数多くの神学者たち（つまりマレシウスやコクツェーユス）と文通した。彼の最も重要な著作『キリスト教神学総論』（*Corpus theologiae christianae*, 一七〇〇年）は、穏健な正統主義という性格のものであった。スイス一致定式の二六箇条は、スイスの教会の一致を守り、ソミュールの神学をしりぞけることを意図されていた。スイスにある改革派アカデミーの全学生は、この告白に署名しなければならず、それは働きに就くための必須条件でもあった。第一条から第三条は、ソミュールのルイ・カペルの本文批評的な方法に対して書かれ、マソラ本文にある母音記号の神的霊感を擁護した。第四条から第六条と第一三条から第二二条はアミローの仮説的普遍救済主義をしりぞけ、第一〇条から第一二条は、アダムの罪が直接的にその子孫に転嫁されないことを教えたもう一人のソミュールの教授ド・ラ・プラスの見解を排斥した。

九・三・四　イングランド

一七世紀後半、非国教派たち——英国国教会の習慣に従うことを拒んだ改革派神学者たち——は、大きな内部衝突を経験した。英国の清教徒革命の間に開かれたウェストミンスター会議（一六四三—一六四八年）の後、長老派は人数が減り、影響力を失った。独立派が長老派を凌いだのである。

イングランドとスコットランドの神学者たちによって作成されたウェストミンスター信仰告白（一六四七年）は、ピューリタンの影響下における改革派神学の統一見解と見ることができる。これは、カルヴァンやブリンガーといった改革者たちの功績を、英国における古いアウグスティヌスの伝統や英国ピューリタンたちの神学に結合させている。「この信仰告白は、一七世紀において、明確に定義された神学用語と注意深く分析された神学的課題に沿って、国際的な改革派の語彙が生み出したプロテスタント・スコラ主義の神学的業績の結晶である」（Donald McKim, ed.,

Encyclopedia of the Reformed Faith, 393）。第一章「聖書について」は、聖書を「最も必要なもの」、すべての神学の規範と呼んでいる。また、聖書から導き出された正当で必然的な結果という教理が擁護されている（一・六）。ウェストミンスター信仰告白において予定の教理は、ドルトレヒト全国総会議で制定された教理と合致した形で告白されている。それは特に、第三章「神の永遠の聖定について」で扱われている。契約の教理もまた、ウェストミンスター信仰告白では重要な位置を占めている。第七章では、業の契約（七・二）と恵みの契約（七・三）の両方に注意が向けられている。またこの章は、旧約における恵みの契約の執行と新約における同契約の執行の違いも扱っている（七・五—六）。

独立派の流れは、神学的には改革派のものであるが、各個教会の完全な自律を主張し、（定式化した）式文の使用を拒む傾向にあった。彼らは、しみもしわもない真の信仰者たちの独立した群れ（congregations）を主張するので、会衆派（Congregationalists）とも呼ばれた。会衆派の中で最も重要な神学者は、ジョン・オーウェン（一六一六—一六八三）である。

ジョン・オーウェンはオックスフォードに近い小さな町スタッドハムで生まれ、そこでトマス・バーローなどの下に学んだ。オーウェンがオックスフォードで学んでいる間、大学の神学的傾向は、アルミニウス主義が支配的であった。牧師として数年間奉職した後、彼は一六四六年に会衆派となり、オリバー・クロムウェルについてアイルランドやスコットランドに何度も遠征した。一六五一年から一六六〇年まで、彼はオックスフォードのクライスト・チャーチの学長であった。一六五二年から一六五七年までは、オックスフォードの副総長でもあったが、クロムウェルに国王の称号を与える計画に反対した際、この地位を失った。クロムウェルの失脚後、オーウェンは英国国教会を去って非国教派に加わった。彼の論争は、特にアルミニウス主義（『アルミニウス主義に関する表明』［*A Display of Arminianism*, 一六四二年］）やソッツィーニ主義（『福音の弁明』［*Vindiciae evangelicae*, 一六五五年］）に対して向けられた。彼は、著書『信仰による義認の教理』（*The Doctrine of Justification by Faith*, 一六七七年）にあるように、信仰による義認の本性について、リチャード・バクスターとの論争に入った。彼はまた、『神学序論大全』（*Theologoumena Pantodapa*, 一六六一年）と題されたプロレゴメナに関する重要な著作を執筆した。その他の重要な著作としては、神の義に関するもの（*De divina justitia diatriba*, 一六五三年）、聖霊に関するもの（*A Discourse on the Holy Spirit*, 一六七四年）、ヘブライ書注解（*Exercitations on the Epistle to the Hebrews*, 一六六八―一六八四年）が挙げられる。

また、オランダに向かい、そこで再洗礼派と接触を持つようになり、バプテストの流れを形成した英国の会衆派もいた。バプテストの神学は、教義学という方法では多くの貢献を果たさなかったが、力強い説教者であり、霊性文学の古典である『天路歴程』（一六七八年）の著者ジョン・バニヤン（一六二八―一六八八）を生み出した。アルミニウス主義は、分離派（非国教派）と国教派のどちらの中にも多大な影響をもたらした。フランスからは、アミローの影響（前記九・三・二を見よ）が英国で認められた。これら二つの潮流はしばしば、救いの秩序（*ordo salutis*）における律法と福音の正しい関係をめぐってイングランドとスコットランドで長い論争となった、いわゆる新律法主義論へと集約された。新律法主義者たちは、回心において律法が備えの働きをすることを強調し、義認の根拠を信仰に置いた。これに対して無律法主義者たち――彼らには敵対者たちから不当な名称が付けられた――は、義認の根拠を（転嫁された）キリストの義に置いた。新律法主義派の重要な代表的人物は、リチャード・バクスター（一六一五―一六九一）である。

独学者であるリチャード・バクスターは、英国国教会の主教として叙階された（一六三八年）後、キッダーミンスターで牧師となった（一六四一年）。ここでの経験が、牧会的な実践神学の書である『改革派牧師論』（*The Reformed Pastor*, 一六五六年）の背景となった。一六六二年の新しい祈祷書の導入に際し、バクスターは英国国教会を去った。彼は、著書『義認の警句』（*Aphorisms of Justification*, 一六四九年）の中で無律法主義者たちを攻撃した。バクスターは、信仰を義認に向かう条件と捉え、救いの秩序（*ordo salutis*）において信仰の前に置く義認の位置づけを無律法主義の基盤と理解した。もしある者が、胡椒の実（ちっぽけでつまらない物）でさえも自分の救いに帰さなければならなかったとしても、彼は義とされたであろうと教えた。無律法主義者たちは彼に反撃し、「猛毒」としてバクスターのコショウの実に言及した。

英国国教会の神学では、大きな強調点が教義学に置かれたのではなく、むしろ、聖書神学、歴史神学、教父学、考古学、実践神学に置かれた。英国――主にオックスフォードとケンブリッジ――の改革派スコラ主義の傑出した代表的人物をこの時代から挙げるとすれば、ウィリアム・トウィス（一五七八―一六四九）、エドワード・レイ（一六〇二―一六七二）、ジョン・プレストン（一五七八―一六二八）である。

ウィリアム・トウィスは、オックスフォード（ニュー・カレッジ）で学んだが、フラネカーの教授職を断った。彼は、他の改革派神学者たちからローマ・カトリック主義やアルミニウス主義と疑われた大主教ロードの友人であった。一六四三年ウェストミンスター会議は、彼自身の異議にもかかわらず、スピーカーとしてトウィスを選んだ。重要でしばしば引用されるトウィスの著作の一つに、一六三二年の『恩恵と神の摂理の力の弁明』（*Vindiciae gratiae, potestatis ac providentiae Dei*）があるが、この中で彼は、恵みと摂理の教理に関してはっきりと改革派の立場を擁護した。残念ながら、ハンス・ボエルスマによって指摘されたように、今日までにトウィスが受けてきた学問的注目は、彼が一七世紀の改革派神学に与えた影響を正確に捉えてはいない（*A Hot Pepper Corn*, 66-68）。

エドワード・レイは、オックスフォードのマグダレン・カレッジで学び、よく用いられた教義学的著作（*A Treatise of Divinity*, 一六四六年）を執筆した。それは、後に『神学体系』（*A System or Body of Divinity*, 一六五四年）に含まれることとなった。

ジョン・プレストンは、ケンブリッジで学び、そこでピューリタニズムを受け入れた。(一六二〇年に始まる)数年間、彼はチャールズ皇太子(後のチャールズ一世)の宮廷説教家であった。一六二九年に彼は、『新しい契約』(*The New Covenant*)と題された契約に関する影響力のある講解を出版した。

九・三・五　スコットランド

一五九二年にジェームス一世の下で行われた国教会の改革の後、スコットランド人たちは、それまで強いられてきた英国国教会のリタージーに対抗して、一六三八年にチャールズ一世の下で互いに契約を結んだ。一六八八年のスチュアート家の追放とオラニエ公ウィリアム三世の名誉革命の後に、一五九二年の状況が回復された。いわゆる任職権(政府による聖職者の任命)は廃止され、ウェストミンスター信仰告白が導入された。スコットランドにおける盛期正統主義時代の最も著名な改革派神学者は、サミュエル・ラザフォード(一六〇〇―一六六一)である。

ラザフォードは、エディンバラで学んだが、彼の強烈な反アルミニウス主義の著作『神の恵みの弁証の実践』(*Exercitationes apologeticae pro divina gratia,* 一六三六年)のゆえに問題が生じ、その結果、彼は免職となり、アバディーンに追放された(一六三六年九月)。一六三八年のスコットランド国民盟約が彼に自由をもたらした。一六三九年にはセント・アンドリューズに任命され、ハルデルウェイク(一六四八年)やユトレヒト(一六五一年)での教授職を断り続けることとなった。ラザフォードは、ウェストミンスター会議のスコットランド代表の一人であり、そこで多大な貢献をなした。彼は、自身の著作の中で、堕落前予定説を擁護し、アルミニウス主義を攻撃した。彼はまた、強固に長老主義政治の原則に賛同したことでも知られていた。彼の契約に関する見解は、『開かれたいのちの契約、あるいは恵みの契約の論考』(*The Covenamt of Life Opened: Or, A Treatise of the Covenant of Grace,* 一六五五年)に見ることができる。王政復古(一六六一年、クロムウェル失墜後の英国国教会の復興)の後、彼は教授職を追われ、大反逆罪で逮捕された。しかし審理が始まる前に彼は死去した。彼の『アルミニウス主義研究』（*Examen arminianismi*）は、ユトレヒトの教授で後にヘルボルンで教えたマティアス・ネテヌスによる序文を付して、一六六八年にユトレヒトで死後出版された。オランダ語にも訳された彼の『書簡集』（一六六四年）は、霊性文学としてよく知られるようになった。

九・四　代表例――フランソワ・トレティーニ

フランソワ・トレティーニの祖父は、イタリアからジュネーヴに避難したプロテスタント亡命者であった。トレティーニの父親はジュネーヴにおいて神学教授であり、そこにあるイタリア人亡命者教会の牧師でもあった。フランソワ・トレティーニは、ジュネーヴ、ライデン、ユトレヒト、パリ、ソミュール、モントーバンで学んだ。一六四九年にジュネーヴのイタリア人亡命者教会の牧師となり、一六五三年にアカデミーの教授となった。一六六一年には、ジュネーヴへの経済援助を得るためにオランダへ送られた。彼のアカデミーでの働きは、彼が死を迎えるわずか数年前に出版された三巻本の『論駁神学綱要』を生み出した。タイトルが示すように、この著作は論争的・論駁的神学の手引きであり、その上、「当時にふさわしい、きわめて見事な方法」で執筆された（E・P・マイヤリンク）。彼は、客観的かつ正確な方法で、論敵（ローマ・カトリック、再洗礼派、ソッツィーニ主義、レモンストラント、無神論者）の立場を表現した。『綱要』は、盛期正統主義時代における改革派スコラ主義の代表的著作と見なすことができる。その影響力は、この時代にとどまらず、はるか一九世紀にまで至り、オランダ、スコットランド、北アメリカでも用いられ続けた。

ヘルマン・バーフィンクは、この書を自身の『改革派教義学』（*Gereformeerde dogmatiek*, 一八九五―一九〇一年。

英訳は *Reformed Dogmatics*（の基盤として用いたし、プリンストン神学校のチャールズ・ホッジも『組織神学』全三巻（*Systematic Theology*, 一八七二―一八七三年）において同じようにした。『論駁神学綱要』は、多くの版を重ね、一八七四年エディンバラでも再版された。一九九二―一九九七年には、ジョージ・M・ガイジャーによる近代英語訳が *Institutes of Elenctic Theology* の題で出版された。

しかし、トレティーニの業績は、『綱要』にとどまらない。彼は、多くの説教を出版したし、彼のスイス一致定式への貢献はすでに指摘した通りである。仲間たちと同じように、トレティーニも、その時代の神学的課題に関して、広範な手紙のやり取りを持ち続けた（例えば ライデンのアンドレ・リヴェ）。彼は、一六八七年九月二八日ジュネーヴで死去した。葬儀演説（*oratio funebris*）でベネディクト・ピクテーは、教会と神学の両面にわたる彼の重要性を回顧した。トレティーニの国際的な交流だけでなく、とりわけ彼の明晰な教義学的著作が（ピクテーが言ったように）、彼をカルヴァン以後一〇〇年の改革派神学における重要人物としたのである。トレティーニの著作はまた、ジュネーヴにおける改革派スコラ主義の斜陽をも表している。次章で明らかになるが、多くの点で彼の息子ジャン・アルフォンス・トレティーニは、全く異なる道を進み、その結果、後期正統主義と呼ばれる時代を導入したのである。

『綱要』におけるトレティーニの神学的アプローチを明らかにするために、第一にこのスコラ的著作の構造について いくつか指摘し、第二に「自由意志」（*liberum arbitrium*）に関する「議論的探求」（*quaestio*）の論法を概観する。

九・四・一　『論駁神学綱要』の構造

この著作の構造をカルヴァンの『綱要』と比較すると、多くのことが直ちに明らかとなる。しかしこれらの違いは、主に内容に関するものではなくジャンルに関するものであり、歴史的・教育的視点から、両者は異なった文脈を前提としている。カルヴァンは『綱要』を「聖書を読むための手引き」として、教会の信徒のために書いたが、トレティーニの著作は、学問的文脈の中に位置づけられなければならない。それは二〇のロキ（*loci*）に分けられ、それらがさらにさまざまな問い（*quaestiones*）に再分割される。問い（*quaestiones*）もまたさらに項目へと細分化される。

一般にトレティーニの解説は、「議論的探求」（*quaestio*）の方法に準じている。彼は質問で始め、これに肯定（*affirmatur*）か否定（*negatur*）をする（そこに区別が導入されることもあるが［*distinguitur*］）。このアプローチは、ヴォエティウスによって『神学的問題の概観』（*Syllabus problematum theologicorum,* 一六四三年）でも適用されたが、学問的な教育を反映している。質問（*quaestiones*）に対する簡略な答えを追うことによって、ひと目でその人の神学の概観を把握することができる。

質問が形作られた後、答えに賛成する論拠が示される前に、*status quaestionis*（文字通りには「質問の状態、所在」）として知られる、質問を明確にする部分が続く。それは質問（*quaestio*）に関係する事柄や関係しない事柄の説明からなる。次に著者が採用した立場に対して最初に挙げられた主張や反論の取り扱いが続く。最後に、すでに得られた根拠が持ち出されて、答えが形成される（*fontes solutionum*）。

「議論的探求」（*quaestio*）という方法は、中世スコラ主義の遺産としてすでに扱われ、第七章では、メゾレベルにおけるスコラ的な方法の特徴であると確認した。これは、特定の神学的問いに答えるために用いられたので、メゾレベルにおけるスコラ的方法なのである。この方法の目的は、まさにミクロレベルにおけるスコラ的な方法がそうであるように、一つの神学的な立場を擁護するものではない。この方法はまた、マクロレベルにおいて起こるような、多くの神学的論題を特定の順序に設定するために使われたのでもない。

九・四・二　トレティーニにおける意志の自由

意志の自由の取り扱いにおいて（『論駁神学綱要』一・一〇・一―三）、トレティーニが設定する最初の「質問」（*quaestio*）は、「自由意志」という用語がキリスト教学校で支持されるべきかどうか、そして魂のどの機関（知性か意志か）に属しているのか、というものである。その答えの中で彼は、ペラギウス主義や半ペラギウス主義といったかつての異端が――アウグスティヌス、プロスペル、ヒラリウス、フルゲンティウスといった教会教父たちによる強固な論駁にもかかわらず――イエズス会、ソッツィーニ主義、レモンストラントの立場において、再びその愚劣な頭をもたげたので、自由意志の問題は確かに改革派の教育機関で扱われるべきであることを指摘する。

> 彼らは、自由意志の偶像を最後のとりでに位置づけた。これは、彼らが熱烈に愛し、そのために自分たちの祭壇や炉をめぐって戦うことも辞さないヘレネ〔訳注3〕である。それゆえ、真実・真正な恩恵の信奉者たちが、これらの致命的な誤りに強硬に反対すべきことと、人間の悲惨さと恩恵の必要性を確立して、破滅の全原因が人間に帰され、救いの全栄光が神にのみ帰されるべきであるということは、きわめて重要なことである（一・一〇・一、一項）。

トレティーニは、「自由意志」（*liberum arbitrium*）という語が、ギリシア語の相当語である *autexousios* とともに、聖書には存在せず、プラトン哲学に由来することを指摘しているが、それでもそれが正しい方法で説明され、適切に使われるならば、彼はそれを教義学から排除しようとはしない。彼の自由意志の定義は次の通りである。すなわち「それによって自発的に望むことを行う理性的な魂の機関、先行する理性の判断」。しかし自由意志の主体は、知性（*intellectus*）それ自体でも、意志（*voluntas*）のみでもなく、むしろこの二つの機関両方である。それは、知性と意志の両方が一つとなった機関である。知性と意志は、互いに必然的に関連し合っていて、本質的かつ実際的（*realiter*）に決して分離されない。ただ外面的に、つまり、知性と意志が一つの対象に向けられる限りにおいて、そのような区別がなされうるだけである。もしそれが知識と判断の事柄であるなら、その機関は知性と呼ばれ、もしそれが物事の愛や憎悪に関するなら、その同じ機関は意志と呼ばれるのである。

九・四・三　神学的傾向の変化

トレティーニが議論の中でこれらの概念を使うようにして、それらを明らかにした後、彼は第二の「質問」（*quaestio*）に進み、そこで、意志の自由がいかなる形態の必然性とも調和できないとする反対者（ここではローマ・カトリックとレモンストラント）の主張を考察する。自由と必然性は互いに真っ向から対立するのだろうか。それとも自由と両立する必然性の形態が存在するのだろうか。この問いに答えるために、トレティーニは多くの区別を必然性の概念に導入し、一つひとつそれらを扱い、自由意志に関する自らの立場とつき合わせていく。これは、盛期正統主義時代の神学者たちが、同時代の人たちからの反対に直面した時に、自分たちの概念装置をさらに展開させた方法の好例である。この問題それ自体が、宗教改革の神学の核心である。トレティーニがこの問題を扱う方法は、彼の偉大な知性を証言するだけでなく、新しい神学的傾向の出現をも明らかにしている。ここでカルヴァンは、アウグスティヌスやペトルス・ロンバルドゥスと関連している。

九・四・四　必然性の六形態

必然性のどの形態が自由と一致するかを確定するために、自由のどの形態が想定されるかを最初に考察しなければならない。カルヴァンのようにトレティーニは、三つの自由の形態を概観するクレルヴォーのベルナルドゥスやペトルス・ロンバルドゥスの区分を継承している。必然からの自由、罪からの自由、悲惨からの自由である。彼は、必然からの自由は人間のまさに本性に属しているので、決して除去されない、と言う。しかし後の二つの自由の形態は、罪への堕落によって失われた。自由の最初の形態で理解された通り、「必然性」によって、物理的必然性（*necessitas physica*）と強制的必然性（*necessitas coactionis*）を理解するという条件で、トレティーニはこの区別を採用する。これらの必然性の形態は、決して、自由の本質と結合されない。

しかしトレティーニは、中世的な区分が彼自身の立場を説明するのに十分ではないと主張する。

しかし、課題全体をより明瞭にするために、私たちは自由と必然性を六つの項目に区分する。確かに意志は、外的媒介に関して、質量的・内的意味に関して、神に関して、実践的知性に関して、提示された対象の善悪に関して、出来事と実在に関して考察されうる。このようにして六つの必然性が現れる。第一は、外的媒介（何も帰すことのできない強制された媒介）から起こる強制の必然性（*necessitas coactionis*）である。第二は、いかなる理性の光も選択もない先天的な欲求において（燃える火に見られる必然性としては供給される可燃性物質であり、えさを食べる馬に見られる必然性としては馬の前に置かれた草である）起こる物理的・肉欲的必然性（*necessitas physica & bruta*）である（一・一〇・二、四項）。

トレティーニによれば、この二種類の必然性は、人類に見出される状態（堕落前、堕落後、回心前、回心後）に関わらず、意志の自由と調和しない。人間は、常に強制から自由であり、物理的必然性から自由なのである。なぜなら、決して取り去られることのない自由意志の二つの属性があるからである。この点においてトレティーニは、論敵と論争を交わさない。

(1)選択（*hē proairesis*）、その結果なされることが、先行する理性の判断によってなされる。(2)自発性（*to hekousion*）、その結果なされることが、強制ではなく、自発的になされる……点。二種類の必然性もこれと抵触する。第一は物理的・肉欲的必然性であり、もう一つは強制の必然性である。前者は選択（*proairesin*）を排除し、後者は自発性（*hekousion*）を排除する。……ベラルミーノやその他の教皇主義者たちは、強制からの自由が自由意志を構成するのに十分であると主張することで私たちをとがめる時、彼らは私たちを非難しているのである（一・一〇・二、五項）。

これら二形態の必然性は自由意志と調和しないが、他の四つの形態は調和する。実際それらは、自由意志を擁護し完成するのである。

第一は、被造物の神への依存の必然性（*necessitas dependentiae creaturae a Deo*）である。この必然性の形態は、自由意志を排除するのではなく、むしろそれを前提としている。さまざまなことがこの必然性によって示唆されている。第一にそれは、理性的被造物が決してそこから自由とされない神の法への倫理的な依存を意味する（*dependentia ethica juris*）。さらに、すべての被造物が至高の支配者であり第一原因である神に完全に依存しているので、神への依存なくしては存在することも何かをすることもできないのである。第三に、すべての被造物は、神の予知や聖定のゆえに、未来に関しても神に依存している（*dependentia futuritionis*）。被造物の自由がその人の行動において顕著な場合でも、これらの行動はこの視点から見てなお必然的である。そうでなければ、神の予知は誤りとなり、神の聖定は変わりやすいものとなる。

自由意志と調和できる第四の必然性の形態は、理性的必然性（*necessitas rationalis*）である。とりわけ、意志は常に理性的方法で行動しなければならず、実践的知性（*intellectus practicus*）の最終的な判断に従わなければならない。

実践的知性の最終的な判断が、この対象が今ここ（考えられるあらゆる環境）で最善であり、意志がこの判断に反するに違いないという判断点にもたらされるなら、それは善としての善に関心を寄せなくなるだろう。意志がしばしば悪を求めるということが排除されるべきではない。それは悪しきこととして悪を求めているのではなく、外見的・有用的・快適な善として求めているのである（一・一〇・二、七項）。

自由意志と調和できる第五の必然性の形態は、道徳的必然性である。

第三に、習性から生起する倫理的必然性に関して。もし意志が習性を欠くなら、意志は「自由」と呼ばれるように、習性によって意志がある行動の状態へと決定づけられたなら、意志は当然「隷属的」と呼ばれる。なお、この隷属は決して、真実かつ本質的な自由の本性を破壊しない。そうでなければ、習性が意志を破壊するということになるだろう（むしろ習性は意志を完成し、実行へと促す）（一・一〇・二、八項）。

トレティーニの論敵たちは、「罪の状態にある意志が奴隷であって、その結果、意志の自由が破壊されている」とトレティーニが主張していると言うが、その時彼らは、この概念を正しく説明していないとトレティーニは主張している。しかしトレティーニは次のように答える。聖書の中で、

(1)「奴隷」は、堕落後の罪の状態において、絶対的・肉体的に理解されるべきではなく、相対的に理解されるべきである。(2)すべての自然的、市民的、外面的な倫理対象に関してだけでなく、特にそれ自体で善である霊的対象に関してもまた、そう理解されるべきである……。罪人は悪によって奴隷とされているので、

罪以外を行うことができないが、それでもなお人間は、最も自由に、最高の自由でもって、罪を犯すことをやめないのである（一・一〇・二、九項）。

自由意志と調和できる必然性の最後の形態は、出来事の必然性あるいは物事の存在の必然性である。これは特に、論理学的な問題に関係している。もし何かが存在するなら、それは必然的に存在しているのであって、存在しないことはありえない。それにもかかわらず、それは自由であり偶発的であるということができるのである。これらの考察の後に、トレティーニは結論を導き出す（*fontes solutionum*）。

意志は自由であるが、それは神によって定められたことを排除せず、常に神への服従の下にある。それは自由が絶対的、自主独立的、無制約的（*adespotos*）ではなく（それは神のみの性質）、制約的、依存的だからである（一・一〇・二、一一項）。

九・四・五　結論

この意志の自由の議論は、トレティーニが彼の時代の問いに取り組んだ方法を明らかにしている。注目すべきことは、彼以前の神学の歴史から幅広い要素を統合し、新しいニュアンスをつけて全体を作り上げる彼の手法である。このようにトレティーニは、中世に発展した意志と知性の概念を用いている。彼はまた、アウグスティヌスが意志の自由において導入した区分（第四章を見よ）に基づいて構築している。しかしこれらの要素がすべて、神の恵みによってのみ自由とされる意志の奴隷に関する改革派の教理の擁護を目的とした議論に向けて秩序づけられている。

参考文献

一般的なもの

Adriaanse, H. J., et al., eds. *In het spoor van Arminius: Schetsen en studies over de Remonstranten in verleden en heden aangeboden aan Prof. dr. G. J. Hoenderdaal t.g.v. zijn 65e verjaardag.* Nieuwkoop: Heuff, 1975.

Armstrong, Brian G. *Calvinism and the Amyraut Heresy: Protestant Scholasticism in Seventeenth-Century France.* Madison: University of Wisconsin Press, 1969.

Bac, J. Martin. *Perfect Will Theology: Divine Agency in Reformed Scholasticism as against Suárez, Episcopius, Descartes, and Spinoza.* Brill's Series in Church History, vol. 42. Leiden: Brill, 2010.

Goudriaan, Aza. *Philosophische Gotteserkenntnis bei Suárez und Descartes in Zusammenhang mit die niederländischen reformierten Theologie und Philosophie des 17. Jahrhunderts.* Brill's Series in Intellectual History, vol. 98. Leiden: Brill, 1999.

__________. *Reformed Orthodoxy and Philosophy, 1625-1750. Gisbertus Voetius, Petrus van Mastricht, and Antonius Driessen.* Brill's Series in Church History, vol. 26. Leiden: Brill, 2006.

Kühler, W. J. *Het socinianisme in Nederland.* Leiden: Sijthof, 1912. Pp. 135-250.

McKim, Donald K., ed. *Encyclopedia of the Reformed Faith.* Edinburgh: St. Andrew Press, 1992. S.v.v. "Reformed Orthodoxy," "Theological Education," "Reformed Theology," "Socinians," and "Moïse Amyraut."

Muller, Richard A. *Post-Reformation Reformed Dogmatics.* Vol. 1, *Prolegomena to Theology.* 2nd ed. Grand Rapids: Baker, 2003.

Sassen, Ferd. *Geschiedenis van de wijsbegeerte in Nederland tot het einde der negentiende eeuw.* Amsterdam: Elsevier, 1959.

Sepp, Christiaan. *Het godgeleerd onderwijs in Nederland, gedurende de 16e en 17e eeuw.* Vol. 2. Leiden: De Breuk en Smits, 1874.

Van den Berg, J. "Het stroomlandschap van de Gereformeerde Kerk in Nederland tussen 1650 en 1750." In *Een richtingestrijd in de Gereformeerde Kerk: Voetianen en Coccejanen 1650-1750*, ed. Willem J. van Asselt, et al. Zoetermeer: Boekencentrum, 1994. Pp. 9-27.

Van den Brink, Gijsbert. *Oriëntatie in de filosofie 1*. 3rd ed. Zoetermeer: Boekencentrum, 2002.

Van Itterzon, Gerrit P. *Het gereformeerd leerboek der 17e eeuw "Synopsis purioris theologiae."* 's-Gravenhage: M. Nijhoff, 1931.

Van Stam, Frans P. *The Controversy over the Theology of Saumur, 1635-1650: Disrupting Debates among Huguenots in Complicated Circumstances*. Amsterdam: APA Holland University Press, 1988.

Visser, Piet, ed. *Bibliographia Sociniana. A Bibliographical Reference Tool for the Study of Dutch Socinianism and Antitrinitarianism*. Compiled by Philip de Knijff and Sibbe Jan Visser. Hilversum: Verloren, 2004.

具体的な人物

Beach, J. Mark. *Christ and the Covenant: Francis Turretin's Federal Theology as a Defense of the Doctrine of Grace*. Göttingen: Vandenhoeck & Ruprecht, 2007.

Beck, Andreas J. *Gisbertus Voetius (1589-1676). Sein Theologieverstándnis und seine Gotteslehre*. Göttingen: Vandenhoeck & Ruprecht, 2007.

Boersma, Hans. *A Hot Pepper Corn: Richard Baxter's Doctrine of Justification in Its Seventeenth-Century Context of Controversy*. Zoetermeer: Boekencentrum, 1993.

Den Boer, William. *God's Twofold Love: The Theology of Jacob Arminius (1559-1609)*. Translated by Albert Gootjes. Göttingen: Vandenhoeck & Ruprecht, 2010.

Duker, A. C. *Gisbertus Voetius*. 3 vols. Leiden: Brill, 1897-1915.

Hofmeyer, Johannes W. *Johannes Hoornbeeck as polemikus*. Kampen: Kok, 1975.

Jensen, Paul T. “Calvin and Turretin: A Comparison of Their Soteriologies.” Ph.D. diss., University of Verginia, 1988.

Keizer, Gerrit. *François Turrettini: Sa vie et ses oeuvres et le consensus*. Kampen: J.-A. Bos, 1900.

Meijering, E. P. *Reformierte Scholastik und Patristische Theologie: Die Bedeutung des Väterbeweises in der ‘Institutio Theologiae Elencticae’ F. Turrettins unter Berücksichtigung der Gotteslehre und Christologie*. Nieuwkoop: De Graaf, 1991.

Moltmann, Jürgen. “Gnadenbund und Gnadenwahl: Die Prädestinarionslehre des Moyse Amyraut.” Th.D. diss., University of Göttingen, 1951.

Nauta, Doede. *Samuel Maresius*. Amsterdam: H. J. Paris, 1935.

Toon, Peter. *God’s Statesman: The Life and Work of John Owen*. Exeter: Paternoster Press, 1971.

Trueman, Carl R. *The Claims of Truth: John Owen’s Trinitarian Theology*. Carlisle: Paternoster Press, 1998.

Van Asselt, Willem J. *The Federal Theology of Johannes Cocceius, 1603-1669*. Leiden: Bril, 2001.

__________. *Johannes Coccejus: Portret van een zeventiende-eeuws theoloog op oude et nieuwe wegen*. Heerenveen: Groen, 1997.

Van Asselt, Willem J. and Eef Dekker, eds. *De scholastieke Voetius*. Zoetermeer: Boekencentrum, 1995.

Van Den Brink, G. A. *Herman Witsius en het antinomianisme: Met tekst en vertaling van de Animadversiones Irenicae*. Alblaserdam: Verloop, 2008.

Van Genderen, Jan. *Herman Witsius: Bijdrage tot de kennis der gereformeerde theologie*. ’s-Gravenhage: Guido de Brès, 1953. (Originally Ph.D. diss., Utrecht University.)

Van Leeuwen, Th. Marius, Keith D. Stanglin, and Marijke Tolsma, eds. *Arminius, Arminianism, and Europe: Jacobus Arminius (1559/60-1609)*. Leiden: Brill, 2009.

Van Oort, Johannes, ed. *De ondekende Voetius: Voordrachten Wetenschappelijk Symposium Utrecht 1989*. Kampen: J. H. Kok, 1989. Pp. 200-241.

Van Ruler, Johan A. *The Crisis of Causality: Voetius and Descartes on God, Nature and Change.* Leiden: Brill, 1995.
Verbeek, Theo. *Descartes and the Dutch: Early Reactions to Cartesian Philosophy 1637-1650.* Carbondale, Ill.: Southern Illinois University Press, 1992.

注

（1）本章で、この著作からの翻訳はすべて、Francis Turretin, *Institutes of Elenctic Theology*, vol. 1, ed. James T. Dennison, Jr., trans. George Musgrave Giger (Phillipsburg, N.J.: Presbyterian and Reformed, 1992) から引用。

〔訳注1〕ダヴィド・ヨリスに関しては、著者から解説をいただいた。以下にそれを訳出する。「ダヴィド・ヨリス（一五〇五―一五五六）は、オランダのステンドグラス職人であり、詩人であった。宗教改革に転じた彼は、ミュンスターの乱（一五三五年）以後、急進的でカリスマ的なアナバプテストの指導者となった。彼は、その著作の中で、自らを新しいエルサレムの第三のダビデ王と宣言した（第二の王は一五三四年にミュンスターで宣言したヤン・ファン・ライデン）。彼とその追随者たちは官憲による迫害の対象と特定された。その結果、数年の内に彼の主張は周到に広がり、偽名のもとにバーゼルでその生涯を閉じることとなった。しかし、彼に対する敬慕の念は普及し、彼の死後も長く存続した」。

〔訳注2〕「名門校」と訳したのは、"*illustre* school" という言葉で、文字どおりには「傑出した学校」とか「有名な学校」という意味である。当時オランダではアムステルダムやデヴェンターに、それ以外ではドイツのヘルボルンやブレーメンにこのような学校が存在した。これは、学問的レベルとしては大学に匹敵すると認められていながら、学位を授与できなかったり、あるいはそれがきわめて制限されていたりした学校を指す。それゆえしばしば、「高等ギムナジウム」（*gymnagium academicum*）などとも呼ばれた。

〔訳注3〕ギリシア神話に登場する女神。

第一〇章
後期正統主義時代（一七〇〇頃―一七九〇頃）におけるスコラ主義

ヴィレム・J・ファン・アッセルト

一〇・一　序

一七世紀最後の一〇年間に、改革派神学は、科学や哲学の世界における新しい発展に直面した。それは、（初期）啓蒙主義の勃興に関連した知的傾向の変化であった。これが、およそ一七〇〇年から一七九〇年辺りにまで及ぶと一般に理解されている後期正統主義時代である。この時代の特徴は、外的・内的両要素から神学のスコラ的形態に対して次第に加わった圧力にあった。一六世紀の終わりから一七世紀全般にかけて改革派神学を特徴づけた大いなる知的能力と霊的活力が、衰え始めたのである。しかし、後期スコラ主義を衰退の時代と見なすべきではない。停滞と呼ぶ方がより正確である。

この停滞の背後にある理由を推測するのは困難である。第一に私たちは、アカデミーにいる神学者たちの、明らかな関心の変化に注目する。スコラ的な方法ではなく、歴史に対する解釈や注目が前面に出てくるようになった。言語学的研究、歴史資料分析、テキスト批評学、それからいわゆる預言神学（以下を見よ）が、この時代の神学的傾向を決定づけた。第二に、教育の分野における急激な変化が、一八世紀終わりのオランダで起こっていた。オランダが一八一〇年七月にフランスに吸収された後、ライデン、ユトレヒト、フローニンヘンだけが、自分たちの大学を維持した。フラネカーやハルデルウェイクの大学は、一八一一年に「州立ギムナジウム」(*athenaea*)に降格された〔訳注1〕。大学では、もはや神学教授が任命されなかった。むしろ任命は、倫理や教会史、自然神学や聖詩歌を教える人文学の教授のためになされた。スコラ的な教えが実際に停止となり、すぐに忘れ去られたことはおどろくに値しない。またオランダやその他の神学部で、次第に増す啓蒙思想の影響力を指摘することもできる。この最後の要素をここでより詳しく考察してみよう。

一〇・二　啓蒙主義

一六五〇年頃、一方では聖書の権威からの自由と、他方では人間理性に対する絶大な信頼によって特徴づけられる一つの運動が、ヨーロッパの知的歴史に突如現れた。ドイツ、イングランド、フランスといった多様さにもかかわらず、啓蒙思想は一つの同じ生活思想や基本原理によって特徴づけられた。それは世界観の基礎である理性(合理主義)である。

理性とは、それが考えられている通り、生まれながらすべての人の内にある普遍的要素である。何世紀にもわたって、あらゆる種類の頽廃が経験されてきたが、自然宗教、道徳性、国家、教育などに辿り着くことで浄化されることもあった。啓蒙思想家たちの楽観主義は、自然の世界秩序が最終的に完成し、人類が地上で自由かつ幸福に生きるようになるまで、理性がますます生を支配するようになるだろうという確信へと導いた。この確信はまた、進歩的な歴史観を前提としている。

啓蒙主義に関するこの一般的な説明によって、ここ数十年の啓蒙主義研究は、一八世紀という時代の知的・宗教的な側面の歴史に関する国家別の特徴にますます注目したと言われなければならない。啓蒙主義は、フランスにのみ起こったのではない。フランス啓蒙主義と並んで、より穏健でキリスト教的な特徴を持った同様の運動が、ヨーロッパの他の国々にも存在した。フランス啓蒙主義は、デニス・ディドロ（一七一三―一七八四）やジャン・ル・ロン・ダランベール（一七一七―一七八三）といった、いわゆる百科全書派の業績によって形成された。彼らは、自分たちが蒙昧主義（啓蒙主義を拒否し、その結果、人間を暗愚の中にとどめておくことを望むすべての立場に与えられた集合名詞）と呼ぶものに、つまり教会の教理やそれに基づく政治観、形而上学に終わりをもたらすため、百科事典の編纂とそれを人々に頒布することに努めた。ドイツの一風変わった啓蒙主義は、とりわけイマヌエル・カント（一七二四―一八〇四）の哲学によって特徴づけられた。カントは次のように記している。「啓蒙主義とは、人間がみずから招いた未熟さからの脱出である。未熟さとは、他の助けなしには自分自身の理解力を用いることができない無力さのことである」。カントによれば、自分の理解力を用いることを学ぶものは誰でも、知識の限界を発見でき、理性の検証に耐えない宗教におけるすべての事柄に対して懐疑の姿勢をとる。

オランダでは、啓蒙主義が独自の特徴を持つ。最近の研究は、プロテスタント啓蒙主義については、オランダの事例で語るべきであると主張してきた。その証拠は、一七世紀後期の持続性のある衝撃の内に、特にオランダ啓蒙主義（以下を見よ）にとっては、デカルト主義やスピノザ主義の衝撃の内に見出される、と言われている。オランダ啓蒙主義に関しては、二つの段階が区別される。一七世紀後期に起こり、特に前記二潮流に明らかにされた第一の段階と、特に一八世紀後半に現れた第二の段階である。この段階はしばしば、国家的啓蒙主義と呼ばれる。また最近の研究は、改革派正統主義、カトリック正統主義、ユダヤ教正統主義と、啓蒙主義との関係をめぐる問題に言及し始めている。続く節は、改革派正統主義に対する啓蒙思想の影響に割かれることとなる。

最近の研究（例えばジョナサン・イスラエル）は、スピノザの中心的役割と、一七五〇年以前にスピノザ主義として知られた、広範で潜在的な国際的哲学運動に、特別な強調点を置いた。この見解においては、デカルト主義ではなくスピノザ主義の急進的啓蒙主義が中心的であり、ヨーロッパ啓蒙思想に関するどんな正しい理解のためにも必要不可欠とされている。ここでスピノザは、近代世俗主義や近代無神論の「イメージキャラクター」として使われている。しかし別の見解によれば、スピノザの宗教思想は、今日学者たち（グレイム・ハンター）によって一般的に認識されている以上に、伝統的なプロテスタント・キリスト教に近く留まった。また、デカルトとスピノザの両神学思想が、啓蒙主義の無神論よりもスコラ的伝統に多くを負っているということが、最近主張されてきている。この見方によれば、デカルトとスピノザは、神的媒介をめぐって改革派のスコラ的なモデルを用いたが、神の意志を強調することにより（デカルト）、あるいは神の知識を強調することによって（スピノザ）それに変更を加えた。ウィリアム・トゥィスやメルキオール・ライデッカーのような一七世紀の改革派神学者たちは、デカルトの極端な主意主義やスピノザの極端な決定論を回避する、より有望な神的媒介のモデルを提示して賞賛されたのである（マールティン・バック）。

一〇・二・一　聖書批評

啓蒙主義が理想とした自然宗教は、啓示ではなく理性が真理の源泉であるという理解に基づいていた。啓示は全面的に排除されたわけではないが、理性の面前で自らを正当化しなければならなかった。知識と倫理的行動は、あらゆる神学的・教会的権威を抜きにして、まず理性に基づいていなければならなかった。

その結果、聖書批評への賛同がますます共鳴し始め、ヨーロッパの改革派神学は、聖書に関する広範な課題を、もう一度、熟考しなければならなかった。啓示の権威が危機に瀕していると考えられ、このこと——そう懸念されていた——が、理神論、懐疑論（賛同の拒否）、さらには無神論といった多様な形態へと導いたのかもしれない。トマス・ホッブス（一五八八—一六七九）、バールーフ・スピノザ（一六三二—一六七七）、ピエール・ベール（一六四七—一七〇六）、リシャール・シモン（一六三八—一七一二）といった多様な人物たちの聖書批評的な著作は、この聖書・教義批評に対して、初期啓蒙主義の中で反動の洪水を引き起こした。

イギリスの哲学者トマス・ホッブスは、特に『リヴァイアサン』（*Leviathan*, 一六五一年）の中で、聖書預言に対する批判を提示し、そこで預言者たちは神によって霊感されていなかったと断定した。彼によれば、預言者たちは、敬虔さの実例にすぎなかったのである。

スピノザは、預言を攻撃したもう一人の人物であった。『神学・政治論』(*Tractatus theologico-politicus*, 一六七〇年)の第二章の初めで、彼は、聖書の預言者たちが、卓越した良き知性ではなく、豊かな想像力を賦与されたと主張した。この章でスピノザは、預言が、預言者たちの気質や想像力を理由としてのみ変化するのではなく、彼ら自身の見解のゆえにも変化することを示し始めた。しかし彼らの想像力は、真理に保証を与えなかったのである。

ローマ・カトリックの司祭リシャール・シモン(『旧約聖書の批判的歴史』[*Histoire critique du Vieux Testament*, 一六七八年])は、モーセに帰された全書物の著者がモーセではないだろうという学説を擁護した。

改革派の牧師の息子ピエール・ベールは、トゥールーズで学び、その後カトリックとなり、しばらくして再び改革派教会へと戻った。一六七五年に彼は、セダンの教授となり、一六八一年にそこを去ってロッテルダムへと向かった。彼は『歴史・批評辞典』(*Dictionnaire historique et critique*)によって絶大な名声を得、その最初の部分は一六九五年に公刊された。この辞書は、古代史と近代史、聖書と古典的神話、芸術・科学・政治学の世界から、男女に関する伝記的記事を、広範な解説を伴って収録している。ダビデに関する記事は、ベールがそこでサムエル記上の歴史的信憑性を疑ったので、特に怒りを引き起こした。理性と啓示の分裂や、思想や行動における合理的な自己決定の概念が、この著作の中で共にはっきりと提示されている。人間自身が、いかなる神学的あるいは教会的権威に訴えることなく、自らの倫理的行動の性質を定めるのである(*morale indépendante*)。

これらの啓蒙思想家たちの猛攻撃に対する弁護のために、オランダ、イングランド、ドイツ、スイスの正統主義神学者たちは、ふたたび信頼できる正当的な弁証的手段(預言的証明)を持ち出した。それによって彼らは、聖書預言の信頼性を擁護し、その結果、キリスト教の啓示の信頼性を擁護した。もし聖書預言の成就が証明されるなら、神の存在や歴史に対する神の支配もまた確証される。この時代の改革派神学の代表的人物たちによれば、デカルトが要求したような、教理や独立した権威や理性の自律した領域を除いて、哲学が要求したようなものは存在しなかった。理性の独立の追求は、必然的に神学に対する哲学の支配をもたらすと懸念された。しかし改革派神学者の大多数は、神学という学問の構築において、スコラ的方法論なしでは不可能であると確信していた。

一〇・二・二　自然神学

それにもかかわらず、新しい哲学的・文化的傾向は、大学における神学の実際において、いくつかの重要な転換を引き起こした。最も顕著な現象は、一七〇〇年以降、改革派スコラ主義がもはや大学において支配的ではなくなったということである。本章の序で私たちは、スコラ的な神学が、オランダ、ドイツ、スイスの大多数のプロテスタントのアカデミーで背景へと追いやられるようになったと指摘した。その代わりに強調点が釈義や歴史に置かれるようになった。言語分析、歴史資料分析、本文批評学、そして、いわゆる預言神学（それは、神の摂理の業としての歴史［教会史］を説明するために、聖書の預言の箇所を使った）が、ますます神学的傾向を決定づけた。

もう一つの要素は、いわゆる「自然神学」(physico-theology) の発展である。この語は、自然に関する新しい実証的な研究から取られたデータに基づく神学の一形態を指す。自然の驚異は、神の存在の証拠として取り上げられる。これは、それ自体が新しい概念ではないが、一八世紀後半に新たな注目を集めた。クリスティアン・ホイヘンス、ヤン・スワマーダム、アントニー・ファン・ルーウェンフックのような学者たちは、望遠鏡や顕微鏡を用いることによって、自然の注目すべき側面やこれまで知られてこなかった側面を発見した。この新しい研究の成果が、勃興してきた無神論に対して、神の存在を証明するために、自然主義神学者たちによって用いられたのである。最小の昆虫から天の星々に至るまで、自然のあらゆる面が、広大な全体の中に自らの場を持つ。神の意図が何であるかを、自らの目で見ることができ、自らの頭で理解することができる。自然神学は、神を見出すために、自然を第一の最も重要な部分と捉えたのである。

プルメルエントの医師で市長のベルナルド・ニューウェンティは、一七一五年に『無神論者と未信者を説得するための、世界観察の正しい用法』(*Het regt gebruik der wereldbeschouwingen, ter overtuiging van ongodisten en ongelovigen*)と題された影響力のある著作を出版した。副題が示すように、この著作は、無神論者と未信者を説得するための弁証論として意図されており、弁証学の歴史に新たな時代を切り開いた。序文の中で彼は、「一般に形而上学的と呼ばれ」、「理性に依拠する」神の存在証明は、「人間が世界の中に見るものに対する慎重で実験的な観察」によって、実証的なものに余地を残している、と書いた。

このような著作を出版したのは、ニューウェンティが最初ではなかった。フランスでは、フランソワ・フィヌロン(一六五一—一七一五)が、『自然の驚異による神存在の証明』(*La démonstration de l'existence de Dieu par les merveilles de la nature*, 一七一二年)を執筆した。イギリス人ジョン・レイは、早くも一六九一年にロンドンで『創造の御業に現された神の知恵』(*The Wisdom of God Manifested in the Works of Creation*)を出版したし、同僚のウィリアム・ダーハムは、一七一五年に『自然神学』(*Physico-theology*)を出版した。ドイツでは、ハレで教えた哲学者クリスティアン・ヴォルフ(一六七九—一七五四)が、この流れの賛同者に数えられる。一七三一年には、ニューウェンティの著作のドイツ語訳が、高い賞賛を得たヴォルフの序文を付して公刊された。

啓蒙思想の影響下にある、自然に由来する神に関する知識に与えられた卓越した位置づけはまた、人間理性の高い評価をもたらせた。理性は自然神学の領域に属したので、この神学的方法に比較的独立した位置づけを与えるのは、小さな一歩に過ぎなかった。このことはまた、理性を、啓示に沿ったあるいは啓示に先立つ、もう一つ別の神学の源泉と見なすことを可能にした。これは、啓示を神学の原理や源泉(*fides quaerens intellectum*「知解を求める信仰」)と考えた中世や改革派のスコラ主義者たちの確固たる原理の逆転を暗示した。

一〇・二・三　非キリスト者に関する位置づけ

「改革派正統主義」対「啓蒙思考」という状況は、一七六七年にパリで公刊され、同年、英語でBalisariusとして出版された、ジャン・フランソワ・ド・マルモンテルの政治小説『ベリサリオス』(*Bélisaire*) に対する反応の中にはっきりと描かれている。『ベリサリオス』は、啓示を必要としない一般的な人間性を訴えている。なぜなら人間とは、自ら善を行うことができる状態にあると考えられているからである。著者によれば、徳を求めたソクラテスのような異教徒は、天の至福から除外されないのであった。ロッテルダムの牧師ペトルス・ホフステッド（一七一六―一八〇三）はこれに憤慨し、人間の救済はキリストを通してのみ可能であると抗議した。こちらもロッテルダムの牧師だったレモンストラントの同僚コルネリウス・ノーズマンは、『守られたソクラテスの名誉』(*Socrates' eere gehandhaafd*) で応戦した。その中で彼は、高潔な人間はすべて、信仰に関係なく、天の栄光を共有するだろうという主張を擁護した。これは、レモンストラントがペラギウス主義や理神論的自然主義と非難され、改革派が異端の魔女狩りとされた、「ソクラテスの戦い」として知られる小冊子論争の始まりであった。しかしオランダ共和国は、国教会の教理に対する軽侮に対し、重い処罰を科して禁止することによって、一七七三年この「戦い」に終止符を打った。

『ベリサリオス』は、皇帝ユスティニアヌス（五二七―五六五年）が自分の指揮官の一人で、敵に捕らえられて盲目にされたベリサリオスを秘密訪問したことに関する政治小説である。この訪問の際に指揮官は、皇帝に宗教に関する自分の見解を明らかにする。神は、私たちが承認しなければならない二つの手引きを人間に与えた。信仰の光と自然理性である。啓示だけが良心を補完する。「天の御座から私たちに語りかける声は、心の底から私たちに語りかける声と同じ声である」。良心は、神が善であり、私たちが神と隣人とを愛さなければならないことを私たちに理解させる。この理由のゆえに、支配者は他者を迫害するために信仰を悪用してはならないのであり、剣なしでも真理が勝利を得るのである。もし私たちが彼らをそのままにしておくなら、教義学的な論争は自ずと消滅するだろう。

一〇・二・四　信仰の基本的条項

啓蒙主義の影響下にある神学的な領域におけるもう一つの展開は、正統主義の内部で、信仰に関する基本的条項と非基本的条項の区別、あるいは本質的真理と非本質的真理の区別がますます用いられたことである。初めに、改革派神学者たちは、救われるために最低限信じなければならないのはどの信仰の真理なのかを示すために、ローマ・カトリックとの議論の中でこの区別を主張した。もちろんカトリックは、教会と教会の伝統のみが基本的な条項を決定できることを、聖書の明晰性の欠如が示唆していると主張した。信仰の基本的条項に関する問いは、さまざまなプロテスタントの教会や信仰告白が並存しているために、一七世紀の終わりに再燃した。ここにおいてこの問題は、啓示における本質的要素と非本質的要素について語ることができるのか、あるいはそれがどの程度可能かというものとなった。

レモンストラントやソッツィーニ主義は、基本的条項の数を、聖書に従って救いに必要なものに制限した。一部のルター派の神学者たちは当初、別の立場を支持した。この立場には、使徒信条と古代教会の会議の決定を基本的条項としたゲオルク・カリクストゥス（一五八六―一六五六）が含まれる。ルター派と改革派神学者の大多数は、救いの教理に関係したこれらの聖書に啓示された条項を基本的なものと認めた。これらは、聖書から論理的に導き出せる教理を含んでいた。一八世紀初頭、基本的条項は、啓蒙化された改革派神学者たちによるルター派との一致の試みを考慮して、もう一度きわめて重要なものとなった。ジャン・アルフォンス・トレティーニ（一六七一―一七三七）は、予定の教理と主の晩餐におけるキリストの現臨が基本的条項ではないと断定して、分裂の根拠にはならないと主張した。できる限り基本的条項の数を制限することで、これらの「啓蒙化された」正統主義の神学者たちは、ルター派と改革派の信仰告白間にある歴史上の相違を最小限にしようと試みた。この基本的条項は、ルター派との対話の基盤として機能したのである。

一〇・三　改革派神学の中心地

続いて私たちは、この時代にオランダその他で活躍した多くの神学者たちに注目することによって、前記の幅広い系譜に描き出された発展を簡潔に説明しよう。本章は、後期正統主義の代表的な人物の一人を詳しく見て閉じることとする。

一〇・三・一　オランダ

一七世紀の間、オランダ改革派神学の表層は、特にヴォエティウスのスコラ的な正統主義によって決定づけられた。続く世紀では、この流れがコクツェーユスの神学によって覆われるようになった。いわゆるグリーン・コクツェーユス主義（エンクホイゼンの牧師ヘンリクス・フローネヴェーゲンにちなむ。*groen* = green）は、特に文献学と預言神学の研究に傾倒した。フラネカーでは、中東言語（アラム語、アラビア語など）の研究が、今までにないほど盛んであった。このことは、フラネカーほどではないが、ライデンやユトレヒトにも当てはまる。後者の機関は、カンペヒウス・フィトリンハ（一六五九—一七二二）やヘルマン・フェネマ（一六九七—一七八七）といった重要な学者たちを誇りとした。

カンペヒウス・フィトリンハは、二一歳ですでに中東言語の教授であり、そののち神学（一六八二年）と教会史（一六九七年）の分野を加えた。彼は、レーワルデンの牧師として彼を教えたヘルマン・ウィットシウスに強く影響を受けた。彼は批判的なコクツェーユス主義者で、業の契約を含むコクツェーユスのいくつかの見解に釈義的な修正を導入した。彼は、オランダ語にも翻訳されたイザヤ書の注解（一七一四—一七二〇）で特に評判となった。彼の著作にはまた、新約聖書や、もともと一七一六年にラテン語で出版された『霊的生活の概要』（*Schets van het geestelijk leven*）といった実践的な著作もある。

フィトリンハの教え子ヘルマン（父）・フェネマは、五一年間（一七二四―一七七五）フラネカーの教授だった。彼はまた旧約釈義や教会史に専念した。彼は、神学の中で、聖書以上に理性にきわめて高い地位を与えた。彼は、「啓蒙主義の精神の中で活動し、自分自身を「合理的な聖書学者」（raisonable bibliaan）とさえ呼んだ。彼は、「啓示と理性が互いを平和に受け入れ合う」神学を求めた。

それ以外の、ライデンのタコ・ハヨ・ファン・デン・ホネルト（一六六六―一七四〇）やその息子のヨハン（一六九三―一七五八）といった多くの神学者たちとともに、フィトリンハやフェネマは、大いにオランダの神学的傾向を決定づけた。彼らは、ドルトレヒト正統主義のまさに境界周辺に位置したプロテスタント啓蒙主義の代表的人物とされる。彼らは、聖書の正統的な見解と、聖書批評という新しい見識を改革派プロテスタント主義に結び付けようとした啓蒙化された聖書批評との境界で、バランスを保った。彼らの寛容の擁護は、フローニンヘンの教授アントニウス・ドリーセン（一六八二―一七四八）やワウブルへの牧師アレキサンドル・コムリ（一七〇六―一七七四）といった正統主義の改革派神学者たちとの衝突へと行き着いた。

アントニウス・ドリーセンは、アイスデン、マーストリヒト、ユトレヒトでの牧会の後、一七一七年フローニンヘンのアカデミーで教授となり、牧師となった。彼は、この時代のいわゆる論争神学の典型的な代表的人物であった。彼は、ファン・デン・ホネルトやフェネマの見解を、徹底して拒否した。彼の最も重要な著作の一つは、『良心の光と教理』（*Lumen et doctrina conscientiae*, 一七二八年）で、その中で彼は、クリスティアン・ヴォルフやライプニッツの哲学を攻撃した。

アレキサンドル・コムリはドリーセンの教え子で、彼と非常に親しくしていた。彼は、スコットランド（パース）で生まれ、二〇歳になる直前にオランダに移り、貿易商の地位を得た。フローニンヘンとライデン（一七三三年）で学んだ後、一七三四年『道徳性と徳の本質の基礎』(*De moralitatis fundamento et natura virtutis*)と題された論文で、哲学の分野における博士号を取得した。一七三五年から一七七三年に引退するまで、彼はワウブルへで牧師を務めた。著作の中で彼は、啓蒙主義や寛容の精神に対する姿勢を明らかにした。

コムリは、一七五五年カウデーケルクの牧師ニコラウス・ホルティウス(一六九三―一七七三)とともに、『寛容論の研究』(*Examen van het ontwerp van tolerantie*)を出版した。この著作の起源は、ズヴォレの牧師アントニウス・ファン・デア・オスに対する異端尋問にある。この人物は、とりわけ、自分自身の信仰によって神の前に義認を獲得すると教えた。この中で彼は、信仰が人間の業績であると考えられなければならないという印象を与えた。ライデンの教授ヨハン・ファン・デン・ホネルトやヤン・ヤコプ・シュルテンスが、この場合には寛容が示されるべきであると忠告した時、コムリとホルティウスは、この忠告が、ドルトレヒトの教理とレモンストラントの見解を統合させるという啓蒙化された神学者たちの探求を曖昧にしただけの寛容論である、と暴くのがふさわしいと考えた。

オルソドクスス(正統的な人)、パンタネコメヌス(すべてのことを許容する人)、アディアフォルス(中立的な人)、エウロディウス(幅広い道を歩む人)らの間で交わされた一〇の対話の中で、コムリとホルティウスは、彼らがライデンの寛容論者の立場について、表面的で一貫性のない立場であると考え、彼らが数え切れないほどスコラ的な区分や分析を用いたことを攻撃した。この対話は、教会的権力による拒絶を避けるために、一七五三―一七五九年の間に九つの部分に分けて、匿名で出版された。しかし、コムリとホルティウスが著者であることが明らかにされた時、上級機関が干渉した。その結果、この二人は第一〇の対話のあとの自分たちの検証を中断させなければならなかった。

ライデン大学では、ベルナディヌス・デ・ムーア（一七〇九―一七八〇）がスコラ的な形態で改革派神学を教えた。彼は、ライデンで、とりわけヨハネス・ウェッセリウスの下で学び、特にヨハネス・ア・マルク（一六五六―一七三一）に師事した。彼は、それまでにオランダで出版された最も包括的な教義学テキストを代表するマルクの教義学概説（*Compendium theologiae christianae didactico-elencticum,* 一六八六年）の注解を執筆した。この七巻本（一七六一―一七七八）の中でデ・ムーアは、自分のユトレヒトやライデンの前任者たちによって書かれた改革派教義学から資料を分類して、全体を一つにまとめた。これは記念碑的著作であるが、彼の反対者たちからは改革派神学の墓石と表現された。第五巻の終わりに盛り込まれたのは、デ・ムーアがア・マルクからのものであると主張した、一七一九年五月二九日からライデンで行われたドルトレヒト全国総会議の記念式典に関連するものである。

ヨハネス・ウェッセリウスはエムデンで生まれ、ある期間、この市のラテン語学校の校長であった。彼はライデンでも同じ職務を担った。フローニンヘンで神学を学んだ後、しばらくロッテルダムとその他のいくつかの教会で牧師として奉職した。一七一一年にロッテルダムの神学教授に就任し、一七一二年にライデン・アカデミーへと移った。彼の組織神学的著作は、『学問的論文集』（*Dissertationes academicae,* 一七三四年）に集められた。

ヨハネス・ア・マルクは、ユトレヒトとライデンで学んだ。一年間ミドラムで牧師として働いた後、一六七六年にフラネカーの神学教授となった。一六八二年にはフローニンヘンで同じ職務に就き、一六八九年からはライデンで奉職した。この時までの彼の最も有名な著作は、前述した『神学概論』（*Compendium theologiae*）であり、『キリスト教神学の精髄』（*Het merg der Christene Godgeleerdheid,* 一七〇五年）としてオランダ語に翻訳された。しかしア・マルクの著作（*corpus*）の大部分は、雅歌、イザヤ書、ホセア書、黙示録を含む、旧・新約聖書の注解である。

ベルナディヌス・デ・ムーアに関しては、ライデンで学んだ後、インヘン、ワーテルラントのブルク、ザーンダム、エンクホイゼンの各教会で牧会した。一七一四年彼はフラネカーで教授に就任したが、就任演説をする前に、直前に死去したかつての恩師ウェッセリウスのライデンの教授職に就いた。彼の主著は、前述したア・マルクの注解であるが、彼は実践神学にも関心を寄せた。彼の『使徒的教えの短い概要と堅固な信頼性』(*Het kort begrip en de zekere vastigheid der Apostolische Leere*, 一七五六年)の序文はこの課題に割かれている。

一〇・三・二　ドイツ

啓蒙主義に賛同する哲学の領域における転換は、オランダ以上にドイツで起きた。この転換は、ハレの教授ヨハン・クリスティアン・ヴォルフ(一六七九―一七五四)の哲学を通じて導入された。彼は、自分自身をスコラ的な論証と同一線上に置こうと努めたので、ルター派や改革派神学者たちの間で支持を得た哲学を展開した。しかし彼の見解は、一八世紀の思想の発展において、明らかな転換を示している。ヴォルフにとって、理性からの知識と啓示からの知識は、互いに補完し合う二つの別々の実体を形成する。あるものは理性のみを通して知ることができ(数学や科学)、あるものは理性と啓示の両方を通して知ることができる(世界の創造者であり統治者である神に関する知識、道徳性、不死性)。しかし、神の三位一体に関する知識やキリストの人格と御業に関する知識のためには、理性に反しないが理性を超越する啓示に向かう必要がある。彼の最も重要な著作は、『神、世界、人間の魂、その他すべてのことに関する理性的思考』(*Vernünftige Gedancken von Gott, der Welt und der Seele des Menschen auch allen Dingen überhaupt den Liebhabern der Wahrheit mitgetheilt*, 一七二〇年)である。ヴォルフの思想を応用した有名な神学者には、マールブルクで教えたダニエル・ヴィッテンバッハ(一七〇六―一七七九)やヴィッテンバッハの教え子ザムエル・エンデマン(一七二七―一七八九)がいた。

改革派神学者ダニエル・ヴィッテンバッハは、マールブルクでヴォルフの下に学び、それからライデン、パリへと行き、一七四六年にベルンで神学教授となった。一〇年後、彼はマールブルクで同じ地位を得た。彼は『教義神学の検証　I―III』(*Tentamen theologiae dogmaticae*, 一七四七―一七四九年)や『教義と倫理の神学概要』(*Compendium theologiae dogmaticae et moralis*, 一七五四年)を含む、いくつかの教義学的著作を執筆した。そこで彼は、自然神学と啓示神学というヴォルフの区分に、自らの教義学の基礎を置いた。

ザムエル・エンデマンは、マールブルクでヴィッテンバッハの下に学んだ。一七五三年から一七八二年までハーナウの教会で改革派の牧師、教育監査官、監督官として奉職した後、彼はマールブルクに移り、そこで死ぬまで神学教授と監督官として働いた。主著『投影論』(*Sciagraphia*)の中で彼は、多少ヴォルフから距離をとり、摂理における奇蹟や神の協働(*concursus*)を擁護した。エンデマンによれば、理性は、ローマ・カトリックやセクトに対する論争において大きな働きをなすものであるが、信仰の規範としては全く機能すべきではない。その他の重要な著作には、『教義神学綱要』(*Institutiones theologiae dogmaticae*, 全二巻、一七七七―一七七八年)や『教義神学概要』(*Compendium theologiae dogmaticae*, 一七八〇年)が挙げられる。

一〇・三・三　イングランド

一七世紀の終わりと一八世紀の初めにおいて、英国の教義神学は、啓蒙主義理神論によって持ち上がった聖書の預言、奇跡、啓示に関する問題に苦しむこととなった。清教徒革命と英国を数え切れない分裂・分派に分けたおびただしく多様な宗教的信念によって、すべての人に共通したことだけが宗教の本質であると多くの人が確信するようになった。理神論が広がり、神は創造における自然法を通してのみ知られると主張した。しかし英国理神論は、ジョセフ・バトラー(一六九二―一七五二)という人物に有力な反対者を見出した。彼は、近代的な洞察に没頭しようとすると同時に、否定的な影響に対しては信仰を守ろうとする流れである、いわゆる広教会派自由主義者(Latitudinarianism)を代表した。

シャーベリーのハーバート（一六四八死去）は当初、英国理神論の系譜にあった。彼は宗教の本質を、神の存在、神への礼拝、徳、悔い改め、応報、の五つの真理に集約した。ジョン・ロック（一六三二―一七〇四）は啓示を理性に従属させたが、ジョン・トーランド（一六七〇―一七二二）は『秘義なきキリスト教』（*Christianity Not Mysterious*, 一六九六年）の中で、キリスト教からすべての奇跡を取り除き、奇跡を誇張された自然の業と説明した。彼は、『ナザレ人やユダヤ人、異邦人、そしてイスラム教徒のキリスト教』（*Nazarenus or Jewish, Gentile and Mahometan Christianity*, 一七一八年）の中で、聖書、キリスト教の歴史、正典の成立を批判した。

マシュー・ティンダル（一六六〇―一七三三）は、『創造とともに古いキリスト教、あるいは自然の宗教の再版である福音』（*Christianity as Old as Creation or the Gospel a Republication of the Religion of Nature*, 一七三〇年）の中で、自然法、悔い改め、赦しといったキリスト教の本質は、他のすべての宗教の内に見出されると論じた。「目に見えない異教徒」がしばしば純粋な道徳性を持つ反面、キリスト者は啓示の宗教を通していかなる点においてもそれより良くはならなかった。

ジョセフ・バトラーは、長老主義に育ったが、オックスフォードに在学中、英国国教会へと転会した。彼は、ロンドンのセント・ポール・カテドラルの首席司祭（一七四〇年）やダーラムの主教（一七五〇年）を含む、多くの異なる立場で働いた。彼は、『自然宗教と啓示宗教の類比』（*The Analogy of Religion, Natural and Revealed*, 一七三六年）の中で、ティンダルの理神論を攻撃し、自らを啓示宗教の弁証者と設定した。彼は、「自然哲学」を啓示宗教に役立つものとすることを望んでいた。

一八世紀改革派スコラ主義の最も重要な代表的人物の一人は、バプテストのジョン・ギル（一六九七―一七七一）であった。彼は独学者であったが、一七四八年に「理神論者と無神論者の冒瀆的な攻撃に対する聖書の真の意味の誠実で学識ある擁護」のゆえに、アバディーン大学から名誉博士号を受けた。彼は、聖書全巻の注解から離れて、『実践神学の総体』（*A Complete Body of Practical Divinity*, 一七六九―一七七〇年）を執筆した。多くの著作を通じて、彼は「多産博士」（Doctor Voluminous）のニックネームを得た。バプテスト内における彼の改革派的な見解の影響は、一八世紀の特定バプテストが、アルミニウスやソッツィーニ主義の影響から免れ続けたことを彼に帰するようになった点に見られる。ハイパー・カルヴィニストや無律法主義者たちがギルに抱いた大きな尊敬のゆえに、彼はしばしば、これら二つの運動の父と考えられた（当時これらの運動はしばしば一緒くたに言及された）。

当時バプテストは、普遍贖罪を教えた一般バプテストと特定贖罪を教えた特定バプテストに分けられた。ギルは後者に属していた。ハイパー・カルヴィニズムや無律法主義が、その構成員のほとんどを特定バプテストの中から得ていた。しかしギルが彼らの霊的な父であると実際に考えられるべきかは、問い直されるところであろう。ハイパー・カルヴィニズムは、悔い改めない人が信じる義務を負っているという思想を拒否するのに対し、無律法主義は、道徳律法が悔い改めた人にとっての生きる指針であることを否定した（九・三・四も見よ）。ハイパー・カルヴィニズムの起源はむしろ、恵みの提示に関するあらゆる概念や、説教におけるキリストへの招きや悔い改めない人に対する悔い改めて信じよという命令をすべて攻撃した、ジョセフ・ハッシ（一六五九―一七二六）の著作にある。無律法主義は、キリストと選ばれた者との間には永遠の交わりがあり、その結果、選ばれた者はすでに律法の啓示以前にキリストの内にあり、それゆえ律法を必要としないという考えに基づいている。無律法主義の有名な代表的人物は、ウィリアム・ハンティントン（一七四五―一八一三）である。両運動は、こちらも特定バプテストであるアンドリュー・フラー（一七五四―一八一五）のうちに、強力な反対者を見出した。改革派陣営の中で、ハイパー・カルヴィニストや無律法主義者たちの見解や彼らの否定的態度は、一八世紀イングランドの神学的著作の内容を大いに決定づけた。

一〇・三・四　スコットランド

改革派神学は、比較的スコットランドにおいて、より力強く広範に発展した。一八世紀に目立つようになったスコットランドの神学者の中には、トマス・ボストン（一六七六―一七三二）や、著作がオランダ語にも翻訳されたラルフ・アースキン（一六八五—一七五二）とエビニーザー・アースキン（一六八〇—一七五四）の兄弟がいる。またこの時代には、ロンドンの書籍商であり理髪師であった独立派のエドワード・フィッシャーの著作の再版によって、一七一七年に勃発したマロー論争があった。『近代神学の精髄』（*The Marrow of Modern Divinity*）は一六四五年に出版されたが、一七〇〇年にシンプリンにあるボストンの牧会する教会の一人の信徒の家で、ボストンの手によって「発見」され、一七一七年彼自身によって再版された。この著作の再版によって、一七世紀のイングランド（第九章を見よ）に起源を持つ無律法主義と新律法主義の間の闘争が、いまやスコットランドに移植されたのである。この著作は、セント・アンドリューズ大学の神学者たちによって攻撃され、トマス・ボストンやラルフとエビニーザーのアースキン兄弟を含む一二人の牧師（「マローの人々」）による『主張と嘆願』（*A Representation and Petition*, 一七二一年）において擁護された。一七二〇年に行われたスコットランド教会の大会で、『精髄』の多くの教えが誤りであるとして断罪された。任職権（主教による牧師の任職）をめぐる戦いとともに、このことは一七三三年の分裂へと導いた。そこでアースキン兄弟やその賛同者たちは、スコットランド国教会を去って、分離教会を設立したのである。

『精髄』は、無律法主義、律法主義、改革派福音主義と、改宗者（回心したばかりでまだ信仰の弱い者）との対話形式で書かれた。その記述は、ルター、カルヴァン、ベーズ、リチャード・シッブス、トマス・グッドウィンを含む宗教改革と初期ピューリタンの神学者たちからの、おびただしい数の引用という形で展開された。恵みの教理の多様な側面が、契約の教理（業の契約、恵みの契約）から扱われ、スコラ的な分類という助けによって展開した。

トマス・ボストンは、一六七六年三月一七日スコットランドのドゥンスという小さな町で生まれた。エディンバラでの学びを修了した二年後、シンプリンの村へ行く召命を受けた。その後、エトリックで牧師となった。彼は『近代神学の精髄』の再版によるだけでなく、『人間本性の四段階』（*The Fourfold State of Human Nature*, 一七二〇年）や、『恵みの契約に関する一見解』（*A View of the Covenant of Grace*）というタイトルで一七三四年に出版された恵みの契約に関する著作でも知られるようになった。彼の契約に関する見解に関して、彼は、大陸の契約神学、特にヘルマン・ウィットシウスのそれに強い影響を受けた。

スコットランドの牧師・神学者であり、それぞれスターリングとダンファームリンの教会で仕えたエビニーザーとラルフ・アースキンは、ボストンに従い、道徳的生活に関する見解によって新律法主義と新進の理神論に反撃した。彼らは、「福音の開かれた提示」を説教し、福音の約束という扉はきわめて広くすべての人々に開かれるべきであると主張した。一九〇四年ヘルマン・バーフィンクは、アースキン兄弟の説教選集を出版した。

一八世紀のオランダは、なお「マローの人々」の神学に関心を示した。一七五七年に『精髄』のオランダ語訳が、アレキサンドル・コムリの手によって『福音の精髄』(*Merg des Evangeliums*)というタイトルの下、アムステルダムで出版された。彼の「マローの人々」に対する親近感は、例えば、律法主義への拒絶やリチャード・バクスターの見解に対する拒絶に表れている。ウィットシウスもまた、新律法主義と無律法主義の間の論争に巻き込まれた。彼は、『平和的批判』(*Animadversiones irenicae*, 一六九六年)で、二つのグループが互いに和解するよう試みた。この著作は、『英国で巻き起こった論争に関する宥和的または平和的批判――無律法主義者と新律法主義者という不当な名の下に』(*Conciliatory or Irenical Animadversions on the Controversies Agitated in Britain: Under the Unhappy Names of Antinomians and Neonomians*, 一八〇七年)として英訳された。それ以前にオランダ語訳は、すでに以下のタイトルで出版されていた。『無律法主義(律法反対論者)と新律法主義(新しい律法拘泥主義者)という悲惨な名の下にある相違についての平和的批判』(*Vredelievende aanmerkingen over de verschillen die onder de rampzalige namen van antinomianen (wetsbestrijders) en neonomianen (nieuwwettische) in Britannien toen zweefden*, 一七五四年)。ウィットシウスは次のようにまとめた。「結論として、だから、最も聖なる律法はまだその地位と用法を保持している、という福音の救いの恵みを説教せよ」。

一〇・三・五　スイス

後期正統主義神学における発展は、一七世紀末期から一八世紀初頭にかけてジュネーヴで起こった転換にはっきりと描かれている。ここに私たちは正統主義者フランソワ・トレティーニから、啓蒙化された正統主義者で彼のいとこに当たるベネディクト・ピクテー（一六五五―一七二四）へと至る系譜を見る。そしてこの発展は最終的に前述のジャン・アルフォンス・トレティーニ（フランソワ・トレティーニの息子）や彼の同僚であるヌーシャテルのジャン・フレデリック・オステルヴァルド（一六六三―一七四七）、そしてバーゼルのザムエル・ヴェーレンフェルス（一六五七―一七四〇）のような啓蒙主義に強く影響された神学者たちにおいて、頂点に達した。子トレティーニ、オステルヴァルド、ヴェーレンフェルスは、啓蒙思想との結合を求めた「スイスの神学三羽ガラス」を形成した。彼らは、予定論の教理を拒絶し、一七〇六年には、拘束性のある告白文書、スイス一致定式（*Formula consensus ecclesiarum Helveticarum reformatorum*, 一六七五年）を廃止した。四、五〇年後（一七二五年）、彼らはドルトレヒト信仰規準や一五六六年にハインリヒ・ブリンガーによって執筆された第二スイス信条も同じようにした。オステルヴァルドやヴェーレンフェルスとともに、子トレティーニは穏健な合理主義や広く道徳的なキリスト教の賛同者であった。

ジャン・アルフォンス・トレティーニは、ジュネーヴとライデンで学んだ。一六九三年からジュネーヴで牧師として働いた後、一六九七年にそこのアカデミーの教会史教授に就任した。彼の最も重要な神学的著作は、『プロテスタントの中に一致と相互寛容の道が敷かれるための基本的条項の簡潔で協調的な解説』（*Brevis & pacifica de articulis fundamentalibus disquisitio, qua ad protestantium concordiam mutamque tolerantiam via sternitur*, 一七一九年）や自然神学と啓示神学を扱った『神学の思考と論述』（*Cogitationes et dissertationes theologicae*, 一七三七年）である。

ジャン・フレデリック・オステルヴァルドは、ヌーシャテルにある改革派教会の牧師で、教会における教義学的な自由の熱烈な賛同者であった。彼は予定論や人間の全的堕落の教理を否定した。一七〇二年に出版した教理問答（要約版は一七三七年）の中で彼は、生きた敬虔と霊魂の改革を訴えた。後者は特に、『不道徳に対する論考』（*Traité contre l'impurité*, 一七〇七年）の中で前面に出てきた。彼はまた、礼拝での使用のために、讃美歌や新しい聖書の翻訳を導入した。

バーゼルにおける、ギリシア語、修辞学、教義学、論争学の教授ザムエル・ヴェーレンフェルスは、『神の言葉の三重の証言に関する研究』（*Disputatio de triplici teste de verbo Dei*, 一七一八年）の中で、聖書の逐語霊感を否定した。一七三九年の『キリスト教神学概論』（*Compendium theologiae christianae*）は、スイス国外にも絶大な影響力を持ち、啓蒙思想に影響された改革派神学の典型的な教科書と目される。

一〇・三・六　北アメリカ

ここまで、アメリカにおける改革派神学の発展に特別な関心を寄せてこなかった。しかしここで私たちは、主としてその多くをヘルマン・バーフィンク『改革派教義学』第一巻にある概観に基づいて言及する。バーフィンクは、改革派神学がこの時代にアメリカで帯びたきわめて特徴的な形態を指摘する。英国やヨーロッパ大陸のあらゆる教派の教会が、アメリカとカナダに移植された。監督派教会が最も古く、ヴァージニア入植にさかのぼる（一六〇七年）。オランダ改革派教会は、ハドソン川やマンハッタン島の発見（一六〇九年）から存在した。特にイングランドに由来しニューイングランドに受容を見出したピューリタン・カルヴィニズムと、スコットランドから、南部、中部、西部諸州へと入って行った長老派カルヴィニズムとに区別される。両カルヴィニズムは、その基盤を一六四七年のウェストミンスター信仰告白に見出すが、両者はともに新学派と旧学派を包含した。

ピューリタニズムの新学派の父は、堅固な形而上学とすぐれたリヴァイバリストの敬虔を合わせ持つジョナサン・エドワーズ（一七〇三―一七五八）である。彼はアルミニウス主義と戦い、その文脈の中で、ジョン・ロックの哲学に影響された意志の自由に関する見解を発展させた。彼の追随者は、しばしば新神学（New Theology Men）とか新派（New Lights）と呼ばれ、神の主権や選びと普遍贖罪の統合を試みた。ここでサミュエル・ホプキンス（一七二一―一八〇三）の思想が重要であることを示そう。ピューリタンのニューイングランド神学の「旧学派」の代表的人物には、ベネット・タイラー（一七八三―一八五八）や古カルヴァン主義を擁護したレナード・ウッズ（一七七四―一八五四）が挙げられる。

同様の発展は、長老教会の神学の中にも辿ることができる。ここでも旧学派の神学者と新学派の神学者の対立が起こり、フィラデルフィアとニューヨークの長老派総会間の教会分裂が起こった（一七四一―一七五八）。旧学派は特に、一八一二年に設立されたプリンストン神学校を支持した。最も重要なプリンストンの神学者は、チャールズ・ホッジ（一七九七―一八七八）やアーチボールド・アレグザンダー（一七七二―一八五一）である。ホッジの『組織神学』（*Systematic Theology*, 一八七三年）は、ウェストミンスター信仰告白やスイス一致定式（*Formula consensus helvetica*, 一六七五年）（前記参照）に規定され、特に『論駁神学綱要』（*Institutio theologiae elencticae*）の中でフランソワ・トレティーニによって成し遂げられた一七世紀改革派神学に基づく、いわゆるプリンストン神学の代表的著作である。後代の有名なプリンストン神学者には、B・B・ウォーフィールド、ゲルハルダス・ヴォス、ロバート・ディック・ウィルソンなどが挙げられる。長老派神学の新派（New Lights）は、原罪、贖罪、霊感、終末論の見解において、旧学派から離脱した。その代表的人物は、J・リチャーズ（一七六七―一八四三）、アルバート・バーンズ（一七九八―一八七〇）、トマス・ハーヴィー・スキナー（一七九一―一八七一）である。長老派教会における分裂は、特に一八三六年にニューヨークに設立されたユニオン神学校からの影響を通して、一八七〇年に解消された。

一〇・四　代表例――ベネディクト・ピクテー

ジュネーヴの神学者ベネディクト・ピクテー（一六五五―一七二四）の見解は、スコラ主義から啓蒙正統主義への過渡期に位置する典型と目される。彼は、敬虔に関する多くの著作と並んで、キリスト教倫理や教義学の分野においても出版したが、その中で最も重要な著作は、八つの部分からなる『キリスト教神学』（*Theologia christiana*, 一六九六年）や『キリスト教倫理』（*La morale chrétienne*, 一六九二年）である。前者は、フランス語の新しい増補版が『キリスト教神学』（*La théologie chrétienne*, 全三巻、一七二一年）というタイトルで出版された。ピクテーの影響力は、スイスの国境やフランス語圏全体をも越えて非常に拡大した。『キリスト教倫理』と『キリスト教神学』は、どちらもオランダ語に翻訳され、後者にはライデンのヨハネス・ウェッセリウスによる序文が付された。そこでウェッセリウスは、「聖なる神学の講義の中で、ピクテー氏によるラテン語のキリスト教教理の手引き」を、すでに大変有益に用いたと書いた（*De Christelycke God-Geleerdheid en kennis der zaligheid, of verklaring der waarheden, die God aan de menschen in de Heilige Schrift heeft geopenbaart*, 一七二八年への序文）。『キリスト教神学』の英訳簡略版も、ピクテーの死後約一世紀経って出版された（*Christian Theology*, 一八三四年）。

ピクテーの父アンドレアス・ピクテーは、フランソワ・トレティーニの妹バーバラ・トレティーニと結婚した（トレティーニに関するさらなる情報は前章を見よ）。ジュネーヴの叔父の下で学んだ後、ピクテーは「学問遍歴」（*peregrinatio academica*）のためにフランス、オランダ、イングランドへと渡った。彼は、オランダ滞在中しばらくライデンで過ごし、子フリードリヒ・シュパンヘイムとともに学んだ。一六八〇年に彼はジュネーヴで牧師となった。ライデンのシュパンヘイムの後継者となることを断った後、彼は一六八七年にジュネーヴ・アカデミーでフランソワ・トレティーニの後継者となった。彼は、異なるプロテスタント思想の諸潮流を統一するために労した協調的な神学者であった。彼はまた、後にフランス改革派教会で採用された、いくつかの賛美歌を作った詩人として、その業績が知られるようになった。ナントの勅令の廃止（一六八五年）後、彼は、多くのフランス人亡命者たちに牧会的な文援を提供した。

一〇・四・一　神学的傾向の変化

一七〇〇年前後の神学的傾向の変化が、ピクテーの『キリスト教神学』（*La théologie chrétienne*, 改訂版、一七二一年）の序論（prolegomena）にはっきりと現れている。ここで彼は、聖書テキストに照準を合わせた神学、それをスコラ的な専門用語に担わせることのない神学の提示を求めたことを、特に強調した。

「著者による序文」の中でピクテーは、自分の方法論の概観を提示している。彼は、「自分にとって最も自然だと思える」順序に従うことを望んでいる。

1　一人の神が存在するか、そしてその神はどのように自らを啓示したかを直接、考察する。
2　次に、私たちが聖書と呼んでいるものが、まさに神の作品であることを証明する議論を加え、そこに含まれている書物の短い概略を提示する。
3　聖書が完全であるか、あるいは伝統に訴える必要があるか、聖書は理解するのに十分に明瞭か、それは読まれるべきか……を考察する。
4　さらに、聖書が神の本性と完全性、神の位格、三位一体と神の聖定について、私たちに何を語っているかを考察する。

それからピクテーは、創造、摂理、堕落を扱う。彼は次の発言をもって続ける。「私たちは堕落から神の聖定へと上昇する。この方は、すべての人間が自分たちの罪のゆえにふさわしい永遠の破滅の内にあるべきだとは意志しなかった。ここで私は、神がある者を救いに定め、ある者を堕落のままにした選びの聖定を扱う」。このあとピクテーは、「御子を遣わした神の聖定」、キリストの受肉、キリストの三職、謙卑と高挙というキリストの状態、「人間との恵みの契約の締結」を扱う。召命、義認、聖化、栄化を扱った後、ピクテーは、教会とサクラメントの教理でその著作を閉じる。

神の存在に関する箇所でピクテーが、異教の哲学者の思想に訴えることについて、何のとがめも抱いていないのは特筆に値する。彼は実際、神殿建築にあたり外国の労働力を使ったソロモン王の例や、エジプト人の金で幕屋を飾ったモーセに言及している。彼はさらに、真理というのはこれらの異教的な装飾品を必要としない、むしろそれはどのくらい理性が聖書に合致するかを例証することを意図したものである、と加えている。ピクテーは、理性と啓示が対立するはずがないと確信していたので、未信者を特別啓示に備えさせるために神が異教の哲学を用いたと理解した。神に関する自然の知識と異教の哲学者たちを用いることを強調したにもかかわらず、彼は——ジャン・アルフォンス・トレティーニがしたように——、異教徒たちがキリストに関する知識なしでも救われるとは考えなかった。彼は、何よりもまず、本質的にキリストに関する知識を提示しない、神に関する自然の知識の限界を踏まえていた。

ピクテーは、神学を明らかにしたというよりは曖昧にした中世のスコラ主義者や中世思想に対して、きわめて否定的な見解を持っていた。彼は、聖書の証言がきわめて複雑な問い（*quaestiones*）に満ちるようになった彼らの「粗野な言葉」にいらだちを覚えていた。ピクテーは、「九年という時間は、スコトゥスによるロンバルドゥスへの序文だけでも、正しく理解するのに十分ではなかった」と発言している。スコラ主義の拒否に関して、彼は自分自身をカルヴァンや初期の改革者たちの系譜に立つものと見ている。彼は、論争を排し、単純かつ明快に真理を明らかにした体系を切望した。

一〇・四・二　理性の使用

ピクテーは理性を「信仰者が聖書の中の信仰の対象を精査するのに用いる手段」と定義した。それは信仰にとっての基準や規範ではないが、それでも「きわめて有用なもの」である。それは、啓示を認めようとしない人々に対して、また、誤った解釈によって啓示を曲解する人々に対して、真理を擁護するのに役立つ。理性はまた、「神秘が相互に持っている理由や共通点、理性の使用や常識という一般原則の適用によることなしには発見されない、それらの原理原則やその他同様の事柄を精査することとともに、結論を導き出すこと」のためにも役立つ。理性は、「自然、世界の歴史、文学、古代の習慣からとられた観察によって天の奥義を説明する」。理性は結論を導き出し、それに基づいて真理を確立する。しかしピクテーによれば、理性は聖書の意味の決定要因であると結論づけてはならない。聖書が優位性を持つのである。

理性を持つということは、霊魂の目を持つということである。なぜなら、理性は霊魂の目だからである。私たちが目を持たずには何も測ることができないというのは真実であるが、私たちの目が私たちの基準であるというのは真実ではない。同様に私たちは、理性なしには宗教における何ものをも受け取ることはできないのだが、理性が宗教の基準であるというのは真実ではない……。また、理性と信仰は異なる秩序(一方は自然であり他方は超自然である)に属しているが、それらは互いに対立しているのではない。これらの二つの光は、相互に破壊し合うのではない。なぜなら、この両者の作者である神は、自らを否定することができないからである。すべての人間に共通する純粋で不可侵な理性の光と矛盾し、あらゆる場所とあらゆる世代の集合的で継続的な経験が承認するすべてのことが、宗教において認められるべきではないと、私たちは確信する(一・二四・七)。

これらの発言から、ピクテーが多かれ少なかれ二つの異なる潮流の中間的な立場を取ったと結論づけることができる。それは一方で伯父フランソワ・トレティーニの正統主義の立場であり、他方で従兄弟ジャン・アルフォンス・トレティーニの啓蒙正統主義の立場である。彼は、理性の従属的な役割の強調を前者と共有し、キリスト教神学においては、理性を通して正当化されえないいかなるものも受け入れることができないという事実の強調を後者と共有した。

一〇・四・三　啓示

理性の重要な役割は、ピクテーの神の教理の議論の中にある序論（prolegomena）の後にも表面化している。彼は、神の教理を神の存在証明で始め、その中でとりわけキケロに訴えている。さらに彼は、あらゆる種類の異教神話に触れるが、それらは彼にとって、神に関する自然の知識が存在することを示している。これらの神話はまた、この知識が十分ではなく、神に関する超自然の知識を通して補完されなければならないことを示している。異教神話の頽廃は、神に関する真の知識が神の啓示に依拠していること、そして啓示が必要であることを示している。たとえ神に関する超自然の知識と自然の知識との間に大きな相違があったとしても、なお両者は互いに作用し合う「友」である。

ピクテーは続けて、この啓示が聖書の中に見出されることを合理的な議論で示す。第一段階は、どの属性が神に霊感された働きに属しているかを明らかにすることである。これに基づいて、どれが神的起源のものであり、何が人間の業であるかを区別できる。その上で、これらの特徴が聖書の中に見出されるかどうかを確定しなければならない。

ピクテーは、神的な書物に見出されるべき一四の特徴を列挙する。第六、第七、第八は次の通りである。

六、私たちの霊魂の動揺を穏やかにできるすべて、それを慰め、その恐れを追い払うことのできるすべて、そしてそれを聖めることのできるすべてを、私たちに教える書物。七、良心の光に大いに一致する書物。八、人間が創出できず、理性に反しないが理性を超えていて、自然宗教の最も確実な原則によってでも私たちが理解できる、その他の真理とも一致する奥義を私たちがその中に見出す書物（一・一二）。

ピクテーは、同様の論述を神の聖定の議論の中でも使う。彼は、神の聖定を聖書に訴えることなく、神の存在、全知、自存性から引き出す。彼は「一般的な神の聖定」に関する章を次の観察で閉じる。「異教徒たちは、多くの証明で示されるように、この真理を認識した（四・一）」。しかし、神の不変の聖定は人間の自由を排除しない。ピクテーは、神の聖定が認識され、同時に人間の自由が保たれることを主張するのが困難であることを認めている。

しかし、これら二つの事柄は確かである。一、神が実行あるいは許可すると聖定しなかったことは、何も起こらないということ、なぜなら、もしある人が、神が永遠からすべてのことを知っておられ、すべてのことを実行できるということを疑わない限り、この真理は否定できないからである……。二、私たちが自由に行動し、これが私たちにとって十分であるということは、実に確かである（四・三）。

ローマ・カトリックとプロテスタントの両神学者たちによる「神の聖定と人間の自由を調和する」試みを列挙した後（例えば、トマス・カエタヌス、ディエゴ・アルバレス、フランシスコ・スアレス、ガブリエル・バスケス、アルミニウス主義者たち、ウィリアム・トウィス、ウィリアム・パーキンス、モシェ・アミロー）、ピクテーは、次のように発言することによって、自らの議論をまとめている。「みずからの無知を誇りとし、これら二つのこと――神の聖定と人間の自由――を、両者がどのように調和するかについて心に留めることなく信じる人々の中に私は自分自身を置く。これが最も安全な解決であり、私たちがならうものである。なぜならこれ以外のあらゆる見解は大きな困難を残すからである」（四・三）。聖定の教理が、啓蒙主義の瀬戸際にあるこの神学者の神学体系の中に、なおも場を占めているということは特筆すべきである。この光の中で、啓蒙化された正統主義の代表的人物としてピクテーに言及することは的確であろう。とりわけ彼の自然神学への訴えは、勃興してきた理神論や無神論に対する擁護として、きわめて弁証的な動機を持っていた。

一〇・四・四　基本的条項

全体的な概観として私たちは、一八世紀初頭、基本的条項と非基本的条項との区別が、ルター派との統一を実現するために、啓蒙化された（改革派）正統主義の試みにおいて重要な役割を果たしたことを確認した。ピクテーもまた、このような統一の熱心な賛同者であった。彼は、『中立に対する議論』（*Traité contre l'indifférence*）の中で、「その知識を欠いてもなお救われうる真理と、神に仕え、救いを得ることを可能にするためには把握しなければならない必要不可欠な真理の、二つの種類の真理がある」と主張した。『キリスト教神学』（*La théologie chrétienne*）の中で書いたように、ピクテーにとって、基本的条項の設定のために最も重要な基準は、(1)それが不明瞭でないかたちで聖書に啓示されなければならないということ、(2)もっぱら救いに関係する知識を含むこと、(3)使徒たちの教えを伝達しなければならないということ、である。ピクテーによれば、特に三位一体、受肉、キリストの神性のような信仰の奥義は、基本的条項に属している。彼は、使徒信条の一二箇条が基本的であるという見解を斥けた。

二一、また、使徒信条に含まれるすべてが基本的である、と考えるべきではない。たとえイエス・キリストが苦しみを受けたピラトの名前を知らなかったとしても、あるいは陰府降りを理解しなかったとしても、救われないわけではないからである。二二、すべての基本的条項が使徒信条に含まれているとも考えてはならない。そこには信仰の基準である神の言葉について何も語られていないし、私たちの悲惨、罪、善き業などについても、何も言及されていないからである。二三、すべての基本的条項が、教育を受けていようが受けていまいが、すべてのキリスト者によって信じられ、知られなければならないが、神がさらなる理解を与えた人々は、他の人々以上によく教育されなければならない（一・三二）。

このようにしてピクテーは、特に改革派信仰告白とルター派信仰告白の間を和らげようとした。それゆえ多くの異なる点において、彼は調停的人物と呼ばれるのである。ピクテーは、正統主義から啓蒙主義への移行を表している。

参考文献

後期（改革派）正統主義

Bavinck, Herman. *Reformed Dogmatics.* Vol. 1, *Prolegomena.* Edited by John Bolt. Translated by John Vriend. Grand Rapids: Baker, 2003-2008. Vol. 1, pp. 176-204.

Gerrish, Brian A. *Tradition and the Modern World: Reformed Theology in the Nineteenth Century.* Chicago: University of Chicago Press, 1978.

Graham, W. Fred, ed. *Later Calvinism: International Perspectives.* Sixteenth Century Essays and Studies 22. Kirksville, MO.: Sixteenth Century Journal Publishers, 1994.

Muller, Richard A. "Orthodoxy, Reformed." In *Encyclopedia of the Reformed Faith,* ed. Donald K. McKim. Edinburgh: St. Andrew Press, 1992. Pp. 265-269.

———. *Post-Reformation Reformed Dogmatics.* Vol. 1, *Prolegomena to Theology.* 2nd ed. Grand Rapids: Baker, 2003. Pp. 81-84, 132-146.

________. *Post-Reformation Reformed Dogmatics*. Vol. 2, *Holy Scripture, the Cognitive Foundation of Theology*. 2nd ed. Grand Rapids: Baker, 2003. Pp. 126-148, 224-294.

歴史批判的神学との関係

Reventlow, Henning G. *The Authority of the Bible and the Rise of the Modern World*. Translated by John Bowden. Philadelphia: Fortress Press, 1985.

Scholder, Klaus. *The Birth of Modern Critical Theology: Origins and Problems of Biblical Criticism in the Seventeenth Century*. Translated by John Bowden. London: SCM Press, 1990.

啓蒙主義の入念な議論は以下の文献に見出される

Bac, J. Martin. *Perfect Will Theology: Divine Agency in Reformed Scholasticism as against Suárez, Episcopius, Descartes, and Spinoza*. Brill's Series in Church History, vol. 42. Leiden: Brill, 2010.

Gay, Peter. *The Enlightenment: An Interpretation. The Rise of Modern Paganism*. 2 vols. New York: Knopf, 1966-1969.

Hazard, Paul. *La crise de la conscience européenne (1680-1715)*. Paris: Boivin, 1935.

________. *European Thought in the Eighteenth Century, from Montesquieu to Lessing*. Translated by J. Lewis May. New Haven: Yale University Press, 1954.

Hooykaas, Reijer. *Religion and the Rise of Modern Science*. Edinburgh: Scottish Academic Press, 1972.

Hunter, Graeme. *Radical Protestantism in Spinoza's Thought*. Aldershot: Ashgate, 2005.

Israel, Jonathan I. *Radical Enlightenment: Philosophy and the Making of Modernity 1650-1750*. Oxford: University Press, 2001.

Maurer, Wilhelm. *Aufklärung, Idealismus und Restoration I: Die Ausgang der Aufklärung*. Giessen: A. Töpelmann, 1930.

Porter, Roy, and Mikulás Teich, eds. *The Enlightenment in National Context.* Cambridge: Cambridge University Press, 1981.

Van der Wall, Ernestine. *Socrates in de hemel? Een achttiende-eeuwse polemiek over deugd, verdraagzaamheid en de vaderlandse kerk.* Hilversum: Verloren, 2000.

オランダと啓蒙主義

Buisman, Jan Willem. *Tussen Vroomheid en Verlichting. Een cultuurhistorisch en-sociologisch onderzoek naar enkele aspecten van de Verlichting in Nederland (1755-1810).* 2 vols. Zwolle: Waanders, 1992.

Van Bunge, Wiep, et al., eds. *The Dictionary of Seventeenth and Eighteenth-Century Dutch Philosophers.* 2 vols. Bristol: Thoemess Press, 2003.

Van Eijnatten, Joris. *Liberty and Concord in the United Provinces: Religious Toleration and the Public in the Eighteenth-Century Netherlands.* Leiden: Brill, 2003.

Wielema, Michiel R. "De Nederlandse Verlichting: Overzicht van de recente literatuur." *Geschiedenis van de wijsbegeerte in Nederland* 5 (1994): 15-25.

Zwager, Hajo H. *Nederland en de Verlichting.* Bussum: Fibula-Van Dishoeck, 1972.

預言神学

Van Asselt, Willem J. *Johannes Coccejus: Portret van een zeventiende-eeuws theoloog op oude et nieuwe wegen.* Heerenveen: Groen, 1997.

__________. "De neus van de bruid: De 'profetische' en 'zinnebeeldige' godgeleerdheid van Henricus Groenewegen en Johannes d'Outrein." In *profetie en godspraak in de geschiedenis van het christendom: studies over de historische ontwikkeling van een opvallend verschijnsel,* edited by Frits G. M. Broeyerand and Eugène M. V. M. Honée. Zoetermeer: Boekencentrum, 1997. Pp. 163-184.

Van der Wall, Ernestine G. E. "Profetie en providentie: De coccejanen en de vroege verlichting." In *Kerk en Verlichting. Voordrachten gehouden tijdens het Windesheim symposium 18 nov. 1989,* edited by Petty Bange. Zwolle: Stichting Windesheim 600+, 1990. Pp. 29-37.

自然神学

Bots, Jan. *Tussen Descartes en Darwin: Geloof en natuurwetenschap in de achtiende eeuw in Nederland.* Assen: Van Gorcum, 1972.

Vermij, Rienk H. *The Calvinist Copernicans. The Reception of the New Astronomy in the Dutch Republic, 1575-1750.* Amsterdam: Koninklijke Nederlandse Akademie van Wetenschappen, 2002.

__________. *Secularisering en natuurwetenschap in de zeventiende en achtiende eeuw: Bernard Nieuwentijt.* Amsterdam: Rodopi, 1991.

アルミニウス神学

Holifield, E. Brooks. *Theology in America: Christian Thought from the Age of the Puritans to the Civil War.* New Haven: Yale, 2003.

Noll, Mark, ed. *The Princeton Theology, 1812-1921: Scripture, Science, and Theological Method from Archibald Alexander to Benjamin Breckinridge Warfield.* Grand Rapids: Baker, 2001.

後期正統主義の人物

De Bruine, Johannes C. *Herman Venema, een Nederlandse theoloog in de tijd der Verlichting.* Franeker: Wever, 1973. (Originally Ph.D. diss., University of Groningen).

Haykin, Michael A. G., ed. *The Life and Thought of John Gill (1697-1771): A Tercentennial Appreciation.* Studies in the History of Christian Thought 77. Leiden: Brill, 1997.

Honig, Anthonie G. *Alexander Comrie*. Leiden: H. Honig, 1892. (Originally Ph.D. diss., Free University of Amsterdam.)

Klauber, Martin I. "Reformed Orthodoxy in Transition: Bénédict Pictet (1655-1724) and Enlightened Orthodoxy in Post-Reformation Geneva." In *Later Calvinism: International Perspectives,* edited by W. Fred Graham. Sixteenth Century Essays and Studies 22. Kirksville, MO.: Sixteenth Century Journal Publishers, 1994. Pp. 93-113.

Klauber, Martin I., and Glenn Sunshine. "Jean Alphonse Turrettini and Biblical Accommodation: Calvinist or Socinian?" *Calvin Theological Journal* 25 (1990): 7-27.

Van den Brink, G. A. *Herman Witsius en het antinomianisme. Met tekst en vertaling van de Animadversiones Irenicae*. Alblasserdam: Verloop, 2008.

注

〔訳注1〕著者によれば、*Athenaeum* は、一七世紀の「名門校」(*illustre* school) のようなものであったが、こちらは州によって設立された点で、それとは異なっている。オランダ語では、*Rijksathenaeum* と言い、著者自身は、State-Gymnasium という訳語で説明しているので、これを邦訳では用いることとした。ちなみに、一八一一年ナポレオンが、オランダの諸大学を再編し、一八一五年にフラネッカー大学は州立ギムナジウムになり、一八四八年まで存続した(建物のいくつかは現存するが、現在は精神病院として使用されている)。同様に、ハルデルウェイクは、一八一五年から一八一八年まで州立ギムナジウムであった。そして一八一八年その幕を下ろした。

第一一章

「後代のあらゆるプロテスタント神学の橋がよりかかる橋台」

――スコラ主義と今日

ヴィレム・J・ファン・アッセルト

一一・一 序

この最終章は、これまでの章で言及した最も重要な方法論的ポイントのいくつかをおさらいすることによって、神学の歴史を学ぶ人の研究に役立つことが意図されている。次に、さらなる多くの視点（その内のいくつかはすでに紹介されたが、その重要性はさらに展開される）が論じられる。その目的は、それらの重要性を、改革派スコラ主義を学ぶ人たちに、特に彼らがその学びに邁進するように強調することである。最後に、歴史神学と組織神学の間にある溝に橋渡しをする試みがなされ、一六世紀から一八世紀にかけて存在した改革派スコラ主義が今日においても重要であり続けているのか、それとも――たとえ興味深くても――過去の一つの現象にすぎないのか、と問う試みがなされる。

これまでの章で何度も言及されてきたように、「改革派正統主義」という用語は、宗教改革に続く、体系化と文書化の時代を指している。一六世紀後半に始まり、広く一八世紀へと及んだこの運動は、二〇〇年間、改革派神学に支配的な形態であった。歴史的にこの神学は、一六世紀改革派信仰告白によって創り出された枠内の正しい教えを文書化し、体系化することを試みたために、正統的あるいは信仰告白的なものであると見なされている。それは、新しいプロテスタントのアカデミーや大学で、いわゆるスコラ的な方法の助けを得て教えられた。これに関しては、四つのことが重要である。

第一に、すべての正統的な改革派神学がスコラ的であったわけではないので、一六―一七世紀に使われていたように、「正統主義」と「スコラ主義」という用語は同一視されないということを指摘してきた。それはまた、信仰告白や信仰問答（カテキズム）、聖書注解、説教、デボーショナルな著作の形態をとった。したがって本書では、スコラ主義という語が主として特定の教授方法を指して使われたのに対し、正統主義は教授内容に対する特定の態度を指して使われた。前者の用語は常に、中世だけではなく、ルネサンスや宗教改革の学問的な取り組みを意味するものとして認識された。後・宗教改革期の改革派神学者たちは、釈義や説教、そしてカテキズムの執筆に従事し続けたが、彼らは確かにそれらの著作に新たなジャンルを加えた。それが学問的な神学（*theologia scholastica*）である。そうする中で彼らは、注解書の執筆や説教、カテキズムにおいて採用された方法とは異なる専門的な手段を用いたのである。

第二に、一般にプロテスタント・スコラ主義を、特に改革派スコラ主義を、それ自体の内に啓蒙主義の萌芽を抱えていたとする見方や、理性と啓示という二つの資料の神学として特徴づけることが、歴史的に不正確であると考えた。宗教改革の反スコラ主義や、特にカルヴァンの神学の反スコラ主義が、伝統に対する後世のでっち上げであることを強調したのである。さらに、ルネサンス、人文主義、宗教改革が、反スコラ的であったに決まっていると主張することが不正確であると主張した。

第三に、学問的な歴史神学者たちが、特にカルヴァンやその他の改革派の思想家たちをバルト的な格子を通して見ることで、あまりにも頻繁に近代神学のカテゴリーを初期近代神学者に押し付けてきたと指摘した。これに対して、スコラ主義に対するあらゆる種類の偏見に影響されない歴史的アプローチを発展させようと試みた。歴史神学における問題は、何よりもまず、歴史的解決を要求する。これは、より歴史的な学識に基づく方法、すなわち連続性や変化を扱うことにおいてかなり繊細で複雑な方法が、発展されるべきであることを意味する。完全な客観性に到達することはほとんど不可能であるが、歴史神学者の不断の目標・基準であり続けるべきである。本書の著者たちの主な主張は、改革派スコラ主義者たちが、カルヴァンを模倣しようとして失敗したと非難されるよりも、彼ら自身の用語を吟味され、彼ら自身の神学的文脈の背景に即して考察されることである。すでに明らかにされたように、旧学派は歴史的（あるいは叙述的）であるよりも、神学的（そして規範的）であった。

最後に、どんな場合においても、支持することのできない二つの立場があると主張してきた。(1)後・宗教改革期改革派神学をカルヴァンとの断絶と考える極端な非連続性や単純化のパラダイム、(2)カルヴァンと正統主義を同一と見なしたり、正統主義がカルヴァンの神学からだけではなく、――カルヴァン自身のように――教父や中世の資料からも同様に着想を引き出したという事実を無視することによって、複雑な歴史的現象を公正に判断し損なったりする、過度に単純化した連続性のモデル、である。方法論的に言えば、このことは、連続性と非連続性の用語が細心の注意を払って使われるべきであることを示唆している。連続性は、静的な再現と同じではなく、非連続性は連続性の存在を暗示している。宗教改革に続く二世紀間の発展は、時代の要請に合致するために神学をする代替的な方法の探求によって特徴づけられた、生きた伝統の一部であり、一片であるが、それは同時に過去との連続性を守るためでもあった。改革派神学の伝統は、きわめて動的なプロセスなのである。

一一・二　改革派スコラ主義研究のための視座

結論として、今日改革派スコラ主義を学ぶ人にとって核心的な重要性を持つ、さらに五つの事柄に焦点を当てて紹介してみたい。

一一・二・一　改革派正統主義と自己定義

後・宗教改革期改革派神学における中世の伝統の受容と使用の問題は、複雑な課題である。この歴史を学ぶ時、単純な用語では表現できない一つのパターンが、どのように複雑に起きているかに直面する。スコラ的な方法を採用する際の改革派スコラ主義者たちの動機と意図を説明するために、すでにいくつかの外的あるいは文脈的要素に言及した（第八章を見よ）。

これらの内で最も重要なのは、自己定義の探求である。宗教改革以後、およそ一五六五―一七〇〇年に至る時代に、プロテスタンティズムは、きわめて洗練されたローマ・カトリック神学からの攻撃に対して、その初期段階の神学を擁護する必要に直面した。トリエント公会議（一五四五―一五六三）は、宗教改革の見解を、断続的で鋭い批判、スコラ的な方法を用いて浴びせられた攻撃にさらした。このように、ローマ・カトリックの論客との戦いのために、同じスコラ的方法がプロテスタントによって用いられなければならなかったのである。この論争の過程で、ますます詳細化される改革派の神学的な立場の精巧さが現れるようになった。このように数世紀にわたって高いレベルの洗練精巧に発展したスコラ的な方法に頼ることによって、改革派は、自分たちの思想を形成した正確さにおいて、すぐれた神学体系を構築したのである。

しかし、この前・宗教改革スコラ主義への表面的な後退は、神学に対する中世的なアプローチへの単なる逆戻りではない。それは、改革派思想の公同的な根拠を再び主張することへと発展するために、西洋のキリスト教的伝統の諸要素を批判的に再び用いることへと向かう前進である。さらに、決して中世の終焉で崩壊したのではないスコラ主義は、ルネサンスの新しくされたアリストテレス主義への適応を可能とした一連の修正を受けた。一五―一六世紀以来の論理学、修辞学、形而上学における発展という見方において、改革派スコラ主義は、それだけで西洋カトリック神学の本質的な形態と見られるべきである。この背景に照らして、宗教改革の神学との比較における改革派スコラ主義に明らかとなったような方法論的変化の重要性の問いも、一つの答えを見出すかもしれない。多くの二次文献が、方法論における変化は必然的に内容における変化を暗示していると主張する。しかし、方法論における変化は、正確には、同じ内容を新しい文脈において形成するために要求されたものである、とも主張されるのである。

改革派スコラ主義者たちは、例えば神の伝達不可能な属性（神の単一性、永遠性、無限性など）の教理や三位一体に見られる通り、定着したカトリック思想の多くを肯定的に用いた。それゆえ、改革派正統主義の教会や教理の制度化や文書化は、教父思想、中世思想、宗教改革思想の合流、時代の要請に応えることを企図した統合に行き着いた。それゆえ本書の著者たちは、一六―一七世紀のプロテスタント（改革派）正統主義の最大の業績の一つが、過去の世紀から来るキリスト教思想の伝統との継続的な議論にとどまったことであった、と主張する。つまり、改革派スコラ主義とは、時代の要請に応えることを企図した独自の特徴を持つ（プロテスタントの）公同（カトリック）神学の一形態なのである。

一一・二・二　形而上学の発展

本書はまた、改革派神学者たちによる中世スコラ主義やルネサンス・スコラ主義の専門用語の広範にわたる再利用が、神学的構築に正確さを与えるのに非常に有益であったと主張した。その正確さというのは、形式上は同じ聖書原理でなされた逸脱した神学と、改革派神学者たちとを戦わせたアルミニウス主義やソッツィーニ主義の賛同者たちから、自分たちを区別するために必要とされたものである。この文脈においては、聖書の権威に直接訴えることでこれらの立場と戦うのでは十分ではない。このことは、改革派スコラ主義者たちが、整然と首尾一貫した方法で自分たちの神学を擁護し表明するために、自らの神学の形而上学的な含意を議論する必要を強固にした。

このプロセスの好例は、改革派スコラ主義者たちが「必然性」の体系を神学に導入した――一九―二〇世紀の「セントラル・ドグマ」の歴史家たちに言及することはしない（第二章を見よ）――というアルミニウス主義者たちの執拗な申し立てに対する、改革派側の回答によって提供される。一七世紀改革派教会におけるこの論争の神学的重要性のゆえに、私たちはこの議論のいくつかの詳細を徹底的に考察する。この問題は第九章で紹介されたが、そこでは改革派が、決定論的な予定論の体系からすべての神学が導き出されると教えていたということを、彼らがきっぱりと否定したことを明らかにした。彼らは、多様な必然性の形態を区別した中世の先駆者たちによって展開されたいくつかの区分を用いることによって、それをしたのである（九・四・四を見よ）。

これまでもはっきりとは論じられてこなかったが、決定論に対するアルミニウス主義の非難と戦うために用いられた最も重要な区分は、「結果するものの必然性」（*necessitas consequentis*）と「結果の必然性」（*necessitas consequentiae*）という中世のスコラ的な区分であった。「結果するものの必然性」とは、「もし、そして、その場合に限り……、それならば……」といった主張における「それならば」の背後にある命題の必然性である。「結果の必然性」は、結果それ自体、つまり含意的必然性（implicative necessity）である。含意的必然性においては、前提や結果が必然である必要はない。含意的関係（implicative relation）の必然性だけが考慮される。例えば、次の二つの命題を例に挙げてみよう。(1)もし私がマリアンと結婚したら、マリアンは私の妻である。そして(2)（私が彼女と結婚したなら）マリアンが私の妻であるというのは必然である。命題一において、私がマリアンと結婚するというのは偶発的である。というのは、私がそうしなければならなかったわけではないからである。前提と結果の間の含意的関係性（implication）だけが必然である。私はマリアンと結婚したが、彼女は私の妻ではないという事態はありえない。命題二においては、条件的な前提の結果が必然であると主張されている。

改革派スコラ主義者たちが、「結果の必然性」と「結果するものの必然性」というこの区別を用いた時、彼らは命題一が命題二を含んでいないと指摘したのである。それゆえ彼らは、必然性の含意的関係において、前提と結果の両方が偶然的でありうるのであって、その結果、どちらも絶対的な必然性ではないと主張した。改革派スコラ主義者たちによれば、「結果するものの必然性」は絶対的必然性に対応し、「結果の必然性」は仮定的必然性に対応する。これらの異なる必然性の形態を区別することによって彼らは、神の聖定というものが創造された秩序の偶然的性質を破壊すると主張した、アルミニウス主義の非難と戦おうとしたのであった。つまり、改革派は、必然性と偶然性が、真っ向から対立するのではなく両立できると主張したのである。

改革派スコラ主義者たちにとって、この必然性と偶然性の区別において最も重要なのは、それがさまざまな対象に由来する神の「外なる」(*ad extra*) 意志に依存するということである。もし神の意志の決定が「外なる」(*ad extra*) 偶然的な対象に向けられるなら、神の意志もまた偶然的なのである。換言すれば、神は、偶然的であるすべてのことを、偶然的に意志するということである。それゆえ、創造された現実は、神の自由の偶然的な現れであり、神の本性から必然的に生じたのではない。もしそうなら、すべてのことが基本的に神の本性と一致するはずであり、現実の世界が永遠の世界であり、唯一可能な世界であるはずである。

改革派の見解では、ローマ・カトリックの対抗宗教改革やアルミニウス主義神学は、改革派スコラ主義者たちがそこには真の偶然性の余地がないと確信した「知識に基づく神学」(knowledge-based theology) に行き着く「中間知」(middle knowledge) を彼らが採用することによって、この「意志に基づく神学」(will-based theology) を修正した。改革派にとって、中間知の概念の主要な問題は、それが神の意志に構造的に先行する、神の知識の概念を説明するために使われたことにあった。彼らによれば、このことは、神の知識の対象の必然性を示唆し、その結果、創造された秩序の絶対的必然性に神が支配されることを示唆することにもなる。さらに改革派スコラ主義者たちは、因果的な用語を用いることが、神と現実の間の決定論的な関係を示唆するのではないと説明した。自然的な原因の結果だけが、必然的な結果であり、自由な原因(神や人間)の結果は、偶然的で自由である。一つの自由な原因は、異なる時間に多様な行動をとることができるだけではなく、構造的にあるいは一つの同じ瞬間にも多様な行動をとることができるのである。

これらの例から、ローマ・カトリックやアルミニウス主義という敵対者たちの見解が、一七世紀の改革派神学者たちに、自分たちの立場の形而上学的な前提や意味を正確に表現することによって、神の活動に関する見解を定義させることとなったことが十分に明らかとなる。形而上学の発展は、自己定義のプロセスにおいて、自然の副産物であった。

一一・二・三　改革派伝統の広がり

本書に提示された新しいアプローチのもう一つの重要な成果は、カルヴァンの位置づけの相対化と、それと同時に改革派神学自体の中にある多様な系統の発見に関するものである。改革派神学は、決して画一的な構造でも、ましてや一枚岩でもない。すでに指摘した通り、後のあらゆる発展にとって決定的とみなされる一個人の神学者の影響に集中するのが、旧学派の研究の典型だった。これは、歴史神学的にも組織神学的にも、深刻な誤りである。カルヴァンは、後の改革派神学の発展がそれによって測られる、唯一の基準ではない。カルヴァン一人の光による改革派スコラ主義の評価では、改革派神学の多様性や多面的な性質を公正に扱うことはできないし、同様に神学的なテーマが伝えられる経路の複雑さに関連する一般的な問題を、正しく判断することもできない。

前の数章（特に第八―一〇章）の説明でも、改革派思想の中に一つの系統ではなく、いくつかの系統があることを明らかにした。改革派正統主義内にある発展の多様な系統や、その国際的な諸側面にはっきりと現れる、一六―一七世紀の改革派神学者の全体について語ることができる。フランソワ・トレティーニやヨハン・ハインリヒ・ハイデッガーといったスイス改革派神学の流れは、ソミュール学派によって例証されるフランスのアプローチとは異なっていた。ブレーメンや中欧のヘルボルン・アカデミーといった北ドイツ改革派の系統は、ウィリアム・エイムズの伝統にあるフラネカーの神学者たちの系統とは異なっていた。ライデンのコクツェーユスあるいは契約神学的なアプローチは、ユトレヒトのヴォエティウスの思考とは同じではない。同様に、あらゆる多様性をともなう英国の改革派神学の多様性（ジョン・オーウェン、リチャード・バクスター）と大陸における改革派の教えのいくつかのタイプは、それぞれ自分たちの強調点を持っている。方法論的にこのことは、もはやジュネーヴを神聖視したり、スコラ的ではないカルヴァンと、あたかも画一的な運動であるかのようにして後のスコラ的カルヴァン主義者たちを対比したりすることはできない、ということを意味している。

したがって、「カルヴァン主義者」や「カルヴァン主義」よりは「改革派」という用語を支持する、後・宗教改革の時代と伝統の神学者たちに言及するのが、歴史神学者にとってはより適切なように思う。釈義的・教理的連続性の問題に焦点を当てて、本書で擁護されたアプローチは、後・宗教改革期の改革派の伝統の複雑さと広範な多様性を考慮に入れている。その意図は、カルヴァンによって担われた影響力のある役割を否定することにではなく、それにもかかわらず、カルヴァンが、自分の神学がなしたのと同じくらい、後の改革派の伝統に多大な影響を及ぼした思想を持つ影響力のある多くの神学者たちの内の一人である、ということを認識することにある。

一一・二・四　テキストとコンテキスト――意味論研究、～主義、権威の使用

多様な背景や文脈から起こる、改革派の伝統それ自体の内にある相違や多様性は、それ自体の方法論的な問題を引き起こす。これから述べるのは、文脈を見失うことのないよう、改革派スコラ主義を学ぶ人に明らかとなる三つの領域である。

第一は、改革派スコラ主義のアイデンティティを特定するために、議論にもたらされなければならない、「意味論研究」という新しい研究領域である。この目的のために、まず多くの道具が必要とされる。研究される必要のある事柄や道具の種類は、教父や中世の資料（例えば、トマス・アクィナス、リミニのグレゴリウス、ガンのヘンリクス、ピエール・ド・アイイ、シュトラスブルクのトマス）という当時の選集、文献目録、オークション・カタ

ログ、スタディ・ガイド、一六、一七、一八世紀の神学カリキュラムの記録である。また、小冊子、書簡、議事録、デボーショナルな著作、その他の資料が調べられなければならない。これらの種類の資料は、改革派神学者たちが参与した神学的・哲学的な影響の、さまざまな系統との関連を提示してくれる。これらの資料は、どんな資料が入手可能であったか、どのような文献が読まれていたのか、また改革派神学者たちが生きて活躍した言語学的・概念的世界を形成するのにどのように役立ったのかについて、私たちに情報を提供してくれる。これに基づいて、意味論研究それ自体がなされる。その焦点は主に、スコラ的伝統それ自体の文脈における概念的手段の起源、意味、用法にある。改革派スコラ主義者たちは神学において、初期のラテン教父にさかのぼるラテン語との連続性の中で、自分たちの教理を形成した。そのためラテン語の文法や統語論の知識は、改革派スコラ主義者たちの意図に対する洞察を得るためには、必要不可欠の条件である。それは、彼らがなぜ一定の方法で自分たちのテキストを構成したのか、なぜ彼らは一定の語彙を展開したのか、なぜある議論が選出され強調されたのかについて、新たに考えることを私たちに可能にする。

概念とその文脈が、相互影響のネットワークを形成する。それゆえ学者たちは、スコラ的なテキストを単純に、つまり、使われた概念の歴史に関する知識を抜きにして扱うことはできないし、これらのテキストや文脈的な要素への関心を抜きに孤立したものとして扱うこともできない。これらの概念や、一七世紀改革派の著作家たちによって受容され、あるいは疑問視された特定の文脈を学ぶことによってのみ、彼らの意図を識別することが可能となる。そうして初めて、なぜスコラ主義者たちが、これらの概念を自分たちの神学的な営みの中に導入したかを理解し始めることができるのである。これらの予備的な質問を問い、扱うことは、なぜ一つのスコラ的なテキストが特徴的な固有性と様式を持つのかという理由を広い意味で理解するのに役立つ。

この再調査を通して、いくつかの点で古い研究の問題を明らかにする洞察が発展する。「スコラ主義」「アリストテレス主義」「トマス主義」「スコトゥス主義」のような用語は、もはや純粋に静的なものを指していると見ることはできない。これらの「〜主義」という不適切な言及は、歴史的観点から見て不正確である。なぜならそれらは、ルネサンス、宗教改革、後・宗教改革の時代の中に、文脈的に限定されたアリストテレスの論理学の使用や、トマス主義やスコトゥス主義の使用を軽視したからである。これらはすべて、長い歴史を持つ歴史的な現象である。この理由のゆえに、形式的な側面と内容に関係する側面とを区別するのに注意深くあるべきだということが、改革派神学者たちによるアリストテレスの受容に関して指摘された。例えば、アリストテレスの論理学は、中世の伝統から、むしろ非アリストテレス的な形でのみ継承されたが、アリストテレスの神の概念や世界の永遠性の概念は、中世人同様、改革派の後継者たちによっても鋭く非難された。方法論的にこのことは、スコラ主義を学ぶ人たちが、一六―一七世紀の著作家たち自身の学問的著作の中で出会う、アリストテレス主義、論理学、スコラ主義の意味に、出発点を持つべきであることを示唆している。例えば、もしアリストテレス主義が一七世紀改革派神学のアイデンティティの表現として使われているなら、私たちは、アリストテレス主義自体がすでにきわめて問題のある概念であることに気づくべきである。専門用語は、特定されない方法で使われるよりも、むしろそのような方法は避けられるべきである。

注目される必要のある文脈に関連する最後の要素は、権威あるテキストの位置づけである。スコラ主義者たちの意図を発見し、彼らが権威（聖書、アリストテレス、アウグスティヌス、アクィナス、スコトゥス）を持ち出す作業の中で行っていることを理解するために、引用されたテキストが無批判に持ち出されていると彼らが主張しなかったことに注目すべきである。彼らは単に、自分たちの論述を飾ろうとしているのではない。むしろ、改革派スコラ主義者たちは、それが真理のゆえに本質的に重要であると考える時に、テキストを引用したのである。デ・レイク（一・三・二を見よ）に従って私たちは、改革派スコラ主義者たちが、聖書や伝統に関する資料を、近代的な歴史感覚で読んだのではなく、真理の権威として読んだことを指摘した。引用された過去のテキストは、歴史的に機能しているのではなく（前近代にはなかった概念）、著者自身の思想の枠組みに従って解釈されている。一七世紀の学者たちは、自分たちが取り組んでいるテキストの歴史的な文脈を再構築することにほとんど関心を示さなかった。クエンティン・スキナーが主張したように、「反対に彼らは、それらが自分たちの環境と全面的にほとんど問題なく関連する、同時代の文書であるかのようにアプローチする」(*Reason and Rhetoric in the Philosophy of Hobbes*, 40)。

一一・二・五 「思想史」対「社会史」か

一九八〇年代のドイツの歴史学界では、信仰告白化というテーゼに、後・宗教改革時代の社会と政治における宗教の役割に、これまでにない注目が向けられた。ハインツ・シリンクのような社会史家は、プロテスタントという宗教が次第に基準や様式を日常生活や社会生活に課し始めた、一六世紀後半という時代に起きた、社会的・政治的プロセスを表現するために、「信仰告白化」という語を用いた。ルター派と改革派の両共同体が、明瞭で広範な教理的定式によって自分たちを定義したこの信仰告白化は、神学的な自己定義の探求の必然的な結果であることを表していた。しかしこのテーゼは多くの点で、この時代の宗教思想に関するバランスのとれた評価とはならなかった。今日、多くの歴史神学者たちは、有力な社会学的モデルが神学的教理によって表現された現実を曖昧なものとし、最も根本的な方法で神学の歴史に関する私たちの理解を歪めたということに納得している。確かに社会史家は、社会的・経済的・政治的文脈の抽象概念が、学問的な側面を含むプロテスタント(改革派)正統主義の起源と発展に対して、十分に正当な判断ができずにいるという洞察を信用しなければならない。同時に、歴史神学者たち――本書の著者たちを含む――の間には、教理というものが、社会的・経済的・政治的な二次的現象に還元されるという犠牲を払って研究されることはあり得ないという懸念が増大しつつある。神学的な思想が、後・宗教改革期にはきわめて重要なものとなり、改革派共同体が自分たちの神学的アイデンティティの探求において自己定義した方法を、確かに形作っていた。この文脈において、特に改革派の大学やその先駆となる中世の大学の歴史は、それ自体で重要なものであることを示し、歴史神学者にとっての新しい研究領域を切り開いている。いくつかの点において、一五〇〇年以前の三世紀と一五〇〇年以降の三世紀間のヨーロッパの「キリスト教」大学の歴史には、重要な連続性があるように思う。

方法論的にこのことは、本書の著者たちが、歴史神学を学ぶ人と社会史を学ぶ人との間の実りある対話を望んでいることを意味している。過去の神学的な立場は、孤立したかたちで生み出されたのではなく、宗教的な見解も神学的な概念も、神学的な外套の下に隠された政治的・社会的な力関係の付帯現象に還元されることはない。それゆえ、改革派スコラ主義への新しいアプローチの賛同者たちは、歴史神学と社会史の対話を求めている。それは、歴史を無視することへと至る純粋に神学的なアプローチと、神学的な内容を無視することへと至る純粋に歴史的なアプローチの両方を回避するものである。二つの学問領域の間になおも残る壁は、宗教思想の社会的文脈を認識することと、社会的発展を形成する過程にある宗教思想の役割を認識することの両方によって、取り壊される必要がある。本著者たちは、歴史が思考のみによって動かされるとは信じていないが、物質的な要素や言語化以前の習慣への極端な関心が、複雑な歴史のプロセスにおける思想や論説の力と関連性を曖昧にしたと信じている。歴史的な変化は、地質学的な変化のようなものではなく、考えたり行動したりする主体によってもたらされる。「思想は足を持つのである」。

一一・三　スコラ主義と今日の神学

この研究の終わりに、私たちは最初に持ち上がった問いに立ち返る。それはすべての内で最も実存的な問いである。なぜ、歴史的な関心に動かされることのない現代の神学者は、これらのすでに死んでしまった人々の著作に悩まされなければならないのだろうか。ある人は、歴史的な視点から見た古典的正統主義は、キリスト教思想史における偉大な出来事の一つと答えるかもしれない。マルティン・ケーラーにならってパウル・ティリッヒは、『一九―二〇世紀プロテスタント神学に関する視点』（一九六七年）の中で、プロテスタント正統主義は、「後代のあらゆるプロテスタント神学の橋がよりかかる橋台」であると書いた。これを無視することは、今日の多くの神学的な論述の曖昧性と皮相性をもたらす。神学する際に私たちは、無から始めることはできない。むしろ、改革派のアイデンティティを構築した父祖たちを含む、キリスト教思想のすべての世紀と継続的な議論をし続けるべきなのである。

改革派スコラ主義たち［の著作］を読む時、神学的な問題や論点を解決する試みに、それは孤立したものではなく、むしろ世界における神の介入に意味をもたらす包括的な枠組みを提供する試みに、何度も何度も直面する。そのプロセスの中で、彼らは哲学的な要素を用いた。これらの要素は、彼らの神学的思考の一部であって、その逆ではない。私たちが学ぶ神学者たちは、エティエンヌ・ジルソンが「キリスト教哲学」（かつて現代神学の中で、さまざまな方法で議論となった概念）として描いたものに、完全に合致するようにみえる。しかし、改革派神学と、哲学的あるいは形而上学的概念のすべての組み合わせがうまくいくわけではないことに注目すべきである。というのは、全体的な試みの優先性が、聖書的な思想にあり続けるからである。アザ・グードリアンによれば、印象的な著作を書くにあたって、すべての改革派スコラ主義者たちが持つ主要な意図とは、学問的な文脈において、特にその救済論的な意味において、聖書の理解を保証することにあった。「聖書的なキリスト教は、キリスト教が説明される哲学的・概念的手段の助けをもって、生き延びる」（*Reformed Orthodoxy and Philosophy*, 331）。

最後に、有名な議論的探求（*quaestio*）という技術の助けで批判的に問うことによって、概念やテキストの意味をめぐる明晰さに到達するための改革派スコラ主義者たちの努力は、四、五〇〇年前と同様に、私たちの時代における義務でもある。私たちは、神の御前における私たちの信仰の現実の中に生きており、この生活の中で私たちは、私たちの出発点を聖書に持つのである。しかしこの啓示の中で私たちは、意見の相違とともに、私たちの疑いや問いにも直面する。私たちは、それがキリスト教信仰の伝統にもよっていると知らされる、自分たちの先入観や暗示、広範な枠組みの中にある一貫性という言葉で、私たちの思想を分析することを求めるのである。これこそがまさに、改革派スコラ主義者たちがしようとしたものである。彼らの重要性は、模倣の中に最もよく表現されているのではない。しかし私たちが彼らから学ぶことができるのは、自分たち自身を批判的に考察するということである。それは、カール・バルト――改革派神学の辛辣な批判者（前記二・五を見よ）――が「スコラ主義への恐れは、偽預言者のしるしである。真の預言者は自分のメッセージをこの試みにも差し出す準備ができているだろう」と書いた、歴史の皮肉にもみえる。

参考文献

一般

Burnett, Amy Nelson. "The Educational Roots of Reformed Scholasticism: Dialectic and Scriptural Exegesis in the Sixteenth Century." *Dutch Review of Church History* 84 (2004): 299-317.

Muller, Richard A. *After Calvin: Studies in the Development of a Theological Tradition.* Oxford: Oxford Unirsity Press, 2003. See especially pp. 25-46; 63-102.

———. "Reformation, Orthodoxy, 'Christian Aristotelianism' and the Eclecticism of Early Modern Philosophy." *Nederlands Archief voor Kerkgeschiedenis/Dutch Review of Church History* 81 (2001): 306-325.

———. *The Unaccommodated Calvin: Studies in the Foundation of a Theological Tradition.* Oxford: Oxford University Press, 2000.

Rummel, Erika. *The Humanist-Schlastic Debate in the Renaissance and Reformation.* Cambridge: Harvard University Press, 1998.

Sinnema, Donald W. "Aristotle and Early Reformed Orthodoxy: Moments of Accommodation and Antithesis." In *Christianity and the Classics: The Acceptance of a Heritage,* edited by W. E. Helleman. Lanham, Md.: University Press of America, 1990.

Skinner, Quentin. *Reason and Rhetoric in the Philosophy of Hobbes.* Cambridge: Cambridge University Press, 1996.

Steinmetz, David C. *Calvin in Context.* Oxford: Oxford University Press, 1995.

Trueman, Carl R. "Calvin and Calvinism." In *John Calvin,* edited by Donald McKim. Cambridge: Cambridge University Press, 2004. Pp. 225-244.

Trueman, Carl R., and R. Scott Clark, eds. *Protestant Scholasticism: Essays in Reassessment.* Carlisle: Paternoster Press, 1999.

Van Asselt, Willem J. *The Federal Theology of Johannes Cocceius (1603-1669).* Studies in the History of Christian Tradition, vol. 100. Leiden: E. J. Brill, 2001. See especially pp. 94-105.

Van Asselt, Willem J., and Eef Dekker, eds. Introduction to *Reformation and Scholasticism: An Ecumenical Enterprise.* Grand Rapids: Baker, 2001. Pp. 11-43.

Van den Brom, Luco J. "Scholasticism and Contemporary Systematic Theology." In *Reformation and Scholasticism: An Ecumenical Enterprise,* edited by Willem J. van Asselt and Eef Dekker. Grand Rapids: Baker, 2001. Pp. 277-293.

改革派スコラ主義の概念の発展

Beck, Andreas J. *Gisbertus Voetius (1589-1676). Sein Theologieverständnis und seine Gotteslehre.* Göttingen: Vandenhoeck & Ruprecht, 2007.

Den Boer, William. *God's Twofold Love: The Theology of Jacob Arminius (1559-1609).* Translated by Albert Gootjes. Göttingen: Vandenhoeck & Ruprecht, 2010.

Goudriaan, Aza. *Reformed Orthodoxy and Philosophy, 1625-1750: Gisbertus Voetius, Petrus van Mastricht, and*

Anthonius Driessen. Leiden: Brill, 2006.

Muller, Richard A. *Post-Reformation Reformed Dogmatics: The Rise and the Development of Reformed Orthodoxy, ca. 1520 to ca. 1725*. 2nd rev. ed. 4 vols. Grand Rapids: Baker, 2003.

Rehnman, Sebastian. *Divine Discourse: The Theological Methodology of John Owen*. Grand Rapids: Baker, 2002.

Van Asselt, Willem J. "*Bonae consequentiae*: Johannes Maccovius (1588-1644) on the Use of Reason in Explaining Scripture and Defending Christian Doctrine." In *Vera Doctrina. Zur Begriffsgeschichte der Lehre von Augustinus bis Descartes / L'idëe de doctrine d'Augustin à Descartes*, edited by Philippe Büttgen, et al. Wiesbaden: Harrassowitz Verlag, 2009. Pp. 283-296.

__________. "The Theologian's Tool Kit: Johannes Maccovius (1588-1644) and the Development of Reformed Theological Distinctions." *Westminster Theological Journal* 68 (2006): 23-40.

Van Asselt, Willem J., J. Martin Bac, and Roelf T. te Velde, eds. *Reformed Thought on Freedom: The Concept of Free Choice in the History of Early-Modern Reformed Theology*. Grand Rapids: Baker, 2010.

Van Asselt, Willem J., Michael D. Bell, Gert van den Brink, and Rein Ferwerda. *Scholastic Discourse: Johannes Maccovius (1588-1644) on Theological and Philosophical Distinctions and Rules*. Alblasserdam: Uitgeverij Verloop, 2009.

Vos, Antonie. *The Philosophy of John Duns Scotus*. Edinburgh: Edinburgh University Press, 2006.

信仰告白化論

Schilling, Heinz. "Confessional Europe: Bureaucrats, La Bonne Police, Civilizations." Chap. 21 in *Handbook of European History 1400-1600: Late Middle Ages, Renaissance and Reformation*, edited by Thomas A. Brady Jr., Heiko A. Oberman, and James D. Tracy. Vol. 2, *Visions, Programs, Outcomes*. Leiden: Brill, 1994-1995.

Schmidt, Heinrich Richard. "Sozialdisziplinierung? Ein Plädoyer für das Ende des Etatismus in der Konfessionalisierungsforschung." *Historische Zeitschrift* 265 (1997): 639-682.（この論文は、信仰告白化に関する文書の総

体に対して重要な批判的書評を提示している。）

付録一
読書ガイド

（改革派）スコラ主義の著作に取り組んでみたいという人は、多くの困難に直面する。どのように著作のコピーを入手するのか。どのようにテキストの意味をつかむのか。そのようなテキストをどのように分析するのか。この付録は、これらの質問に答えるのを助けるガイドとして、機能することが意図されている。

どのようにふさわしいトピックを選ぶか

選択する多くのトピックがあり、ある人は、ふさわしいトピックを絞るために詳細な考察をうまく提示する。さまざまなアプローチが可能である。一つのアプローチは、「徹底的分析」（*in-depth analysis*）、つまり、一人の特定の著者が一つの特定のトピックに関して言わなければならなかったことを考察することである。そのトピックは一つのテーマ（*locus*）でもあるし、二つ以上のテーマ（*loci*）間の関係でもある。このような徹底的分析の一例は、エーフ・デッカーの *Rijker dan Midas: Vrijheid, genade en predestinatie in de theologie van Jacobus Arminius* である。

もう一つの可能性は「断面図」（*cross section*）をとることである。ここでの目的は、どのように同時代の異なる神学者たちが、一つの特定のトピックについて考えたかを考察することにある。第三の選択肢は、時間の流れを越えて一つの教理における影響の発展を追跡するために、その「軌跡」を辿ることである。このような

「軌跡」の研究の一例は、リチャード・A・ムラーの*Christ and the Decree: Christology and Predestination in Reformed Theology from Calvin to Perkins* である。この本は二つの部分からなる。第一部は宗教改革時代を扱い、第二部は初期正統主義時代を網羅している。このようにして、各部が「断面図」モデルの一例なのである。

ふさわしいトピックを探す際に、心に留めておかなければならないことが二つある。第一は、教理が時間の流れを越えて発展したという事実である。例えば、宗教改革の時代には「救いの契約」（*pactum salutis*）は知られていなかった。第二に、用語や概念は、時間の経過を経て新しい内容を受け取ることがあるということを覚えておかなくてはならない。メルキオール・ライデッカーの一般恩恵に関する見解を研究するにあたって、アブラハム・カイパー以後、「一般恩恵」という用語が、遺棄された人々にも与えられる、救いをもたらさない恵みを指しているということを、心に留めることは重要である。ライデッカーの時代にはまだ、この用語は、現在より一般的に「普遍贖罪」として知られているものを指していた。

「ヴォエティウスの神学における理性の役割」といったように、一旦、一つのトピックが選ばれたなら、その研究の導入として二次資料に当たるのは良い考えである。選ばれたトピックは、すでに一つの、あるいはそれ以上の研究のテーマであったかもしれない。もしそのような場合、新しい研究は、そのような新しい研究を正当化する新しい詳述を発掘しなければならない。「ヴォエティウスの神学における理性の役割」に関するような別の例では、その主題が、ヴォエティウスに関する包括的な研究の文脈においてのみ、扱われてきたかもしれない。そのような場合、徹底的分析のかたちでなされる新しい研究は、余分なものとはならない。同じことは、先行研究がそのテーマの一部のみを扱っていた場合にも言える。そのような入門的な読解のさらなる目的は、一般的に読者と、その読者の文脈（時間、場所、論争、彼の思想への影響、他者に与えた影響など）に対する洞察を得ることである。有益な事典は次のようなものである。

- *Biografisch lexicon voor de geschiedenis van het Nederlandse Protestantisme*, 6 vols.（Kampen: Kok, 1982-2009）. この辞書は、オランダ・プロテスタントの人物について貴重な情報を提供している。
- *New Catholic Encyclopedia*, 2nd ed., 15 vols.（Detroit: Catholic University of America, 2003）. これはローマ・カトリック神学のための良い事典である。
- *The New Schaff-Herzog Encyclopedia of Religious Knowledge, Embracing Biblical, Historical, Doctrinal, and Practical Theology, and Biblical, Theological, and Ecclesiastical Biography from the Earliest Times to the Present Day*, ed. Samuel Macauley Jackson and Lefferts Augustine Loetscher, 13 vols.（Grand Rapids: Baker, 1949-1950）. ヨハン・ヤコブ・ヘルツォクによって創設され、アルベルト・ハウクによって編集された *Realencyklopädie* の第三版に基づくこの百科事典は、やや時代遅れかもしれないが、今なお最も重要な英語の資料の一つを代表している。
- *Theologische Realenzyklopädie*, ed. Gerhard Krause and Gerhard Mueller, 36 vols.（Berlin: De Gruyter, 1977-2004）. これはきわめて学問的な質を持った必要不可欠の資料である。
- *Dictionnaire de théologie catholique, contenant l'exposé des doctrines et de la théologie catholique*, ed. A. Vacant, E. Mangenot, and E. Armann（Paris: Letouzey et Ané, 1923-1950）. この事典は、ローマ・カトリック神学における教理の発展に関する網羅的な論文を含んでいる。
- *Bibliothéque de la Compagnie de Jésus*, ed. C. Sommervogel, rev. ed., 11 vols.（Bruxelles: Oscar Schepens, 1890-1932.）

有益な事典のより網羅的なリストと解説に関して、読者は James E. Bradley and Richard A. Muller, *Church History: An Introduction to Research, Reference Works, and Methods*（Grand Rapids: Eerdmans, 1995）に当た

るべきである。同様に、以下の文献は、教会史家や歴史神学者たちによっても使われるツール、手法、専門的な倫理に関する実際的な助言を含んでいる。Robert C. Williams, *The Historian's Toolbox: A Student's Guide to the Theory and Craft of History*, 2nd ed. (New York: M. E. Sharpe, 2007).

どのように著作のコピーを入手するか

二次資料が重要ではあるけれども、一次資料の読解は、もちろん絶対に必要不可欠である。しかし、どのようにヴォエティウスの論争集のような著作を入手できるのだろうか。改革派スコラ主義のラテン語著作は、一般の書店では見つけられない。中古店や古書店でも、それらは稀少で、きわめて例外的にあったとしても、それは非常に高価である。もしこのような著作を所有したいと思っていて、その上、十分な資金があるならば、神学書を専門に扱っている古籍商に問い合わせるのが最善の方法である。しかし、自分の書斎のすき間を埋めることにそれほど関心を寄せていない人や、それを支払うだけの資金がない大多数の人にとって、最善の道は大学図書館を訪れることである。以下に挙げるのは、アメリカの中で、正統主義時代の古い神学書を含む、特に専門性の高いコレクションを持つ重要な図書館である。アルファベット順に、国内のさまざまな場所から取り上げられている。

- カルヴァン・カレッジとカルヴァン神学校（ミシガン州グランド・ラピッズ）
- ケンタッキー・センターカレッジ（ケンタッキー州ダンヴィル）
- デューク大学とデューク神学校（ノースカロライナ州ダラム）
- エデン神学校（ミズーリ州ウェブスター・グローブズ）
- ハーバード大学とハーバード神学校（マサチューセッツ州ケンブリッジ）

・プリンストン大学とプリンストン神学校（ニュージャージー州プリンストン）
・ラトガーズ大学（ニュージャージー州ニューブランズウィック、ニューアーク、キャムデン）
・スタンフォード大学（カリフォルニア州スタンフォード）
・ユニオン神学校（ニューヨーク州ニューヨーク）
・シカゴ大学（イリノイ州シカゴ）
・アーバナ・シャンペーンにあるイリノイ大学（イリノイ州アーバナ、シャンペーン）
・アイオワ大学（アイオワ州アイオワシティ）
・ウィスコンシン・マディソン大学（ウィスコンシン州マディソン）
・ウェストミンスター神学校（ペンシルベニア州フィラデルフィア）
・イェール大学（コネチカット州ニューヘイブン）

これらの図書館の蔵書は、インターネット上で検索ができるデジタル・カタログに入力されている。一度に複数の図書館のコレクションの中から、著作を探し出すために、「ワールド・キャット」（WorldCat）に当たるとよい。これは、前記の図書館のカタログを、前記以外のアメリカの図書館や、ますます増えているアメリカ以外の国の図書館も合わせて、便利な一つのカタログに統一したリソースである。学生ならば、自分が所属している教育機関からの申し込みを通して、ワールド・キャットにアクセスすることができる。学生でなければ、より制限されるが、ワールド・キャットの無料版が利用可能である。ごくたまに例外があるが、ワールド・キャットの検索で、少なくとも探していた著作のコピーを一つは見つけるだろう。

文献が突き止められたなら、改革派正統主義を学ぶ人は、次のことをよく心に留めておいてほしい。一六―一八世紀の文献は、その稀少性と破損しやすい性質、あるいはその両方のゆえに、貸し出したり、コピーをとることがまずできないだろう。ほとんどの図書館では、一八〇〇年以前の文献は、特別閲覧室の中でのみ目を通すことができる。このような規制は、最も近くにある文献が車で何時間もかかるような北アメリカの学生たちにとっては、特に妨げとなる。ここ一〇年も経たない期間を見ても、多くの興味深い研究が、一般の研究者にはほとんど不可能とされてきた。しかし、デジタル写真によって、長い間きわめて困難でお金がかかるとされてきた研究が、突然、すっかり可能となった。私たちの経験では、フラッシュを使わず、図書館会員の利用を妨げなければ、どんな本もデジタルカメラを使って写真を撮ってよいほど、閲覧室の図書館員はとても寛大になった。もちろん、そのためにはその本の状態が、問題となることは言うまでもない。もし図書館を訪れることがきちんと計画されたら、複数の本を一回の旅で写真に収めることができる。それでも、ホームページに当たって、各図書館のデジタル写真に関する規定をチェックしたり、あるいは電子メールや電話で閲覧室に連絡したりするとよい。本を写真に収めたら、そのすべてを多くの異なるソフトウェア・アプリケーションで一つのPDF（Portable Document Format）ファイルにまとめることができる。同様に、マイクロフィルムやマイクロフィッシュ上の一六―一八世紀の著作も、もはやその場で閲覧する必要はない。ますます多くの図書館が、利用者にPDFファイルで画像をスキャンさせてくれるマイクロフィルム読み取り機を導入している。著作の電子コピーを手にしたら、時間の制約などなく、家でゆっくりとその中身を分析することができる。

同様の技術は、最近、学問に大変革を起こした多くのオンライン・デジタル化プロジェクトに応用されている。以前は、その場で閲覧したり写真に収めたりしなければならなかった本――本書のために選ばれたテキストであるヴォエティウスの信仰の事柄における理性の役割についての議論を含む――が、いまや家にいながらコンピュータ上で閲覧できるようになっている。それぞれのデジタル化プロジェクトが、独自の焦点や利用者規定、目的を持っている。あるプロジェクトは購読料を基本とし、別のプロジェクトは図書館との協定に基づいて、スキャンされた本が一般のアクセスのために利用可能となっている。あるプロジェクトは、ユーザーに画像を見ることだけを許しているが、別のプロジェクトはダウンロードも認めている。場合によっては、一度にダウンロードできる頁数の制限があったり、一日に許されるダウンロードの数に制限があったりなかったりするが、それ以外はすべての文献のダウンロードができる。しばしば、そういった画像は、テキスト認識ソフトでスキャンされていて、検索可能である。改革派スコラ主義研究にとって、以下のオープン・アクセス・デジタル・プロジェクトは、最も役に立つ資料であることを保証している。

- Google Books　多くの問題が今なお解決される必要がある（たとえば、不正確にスキャンされた頁、基準化されていないデータ登録、検索機能の欠陥）が、それでもGoogle Booksプロジェクトは、歴史神学者にとって宝庫にほかならない。この宝の山の資料は、日に日に増える一方である。学習者は、世界中の図書館からスキャンされた何百万という著作に、前記の欠陥を補う独創的で一貫性のある検索を使って、アクセスすることができる。一人の著者の閲覧可能な全著作を探し出すために、ある人はよく、同じ名前のさまざまな形を使って著者検索を実行するだけでなく（例えば、Turretin, Turretini, Turrettiniなど）、本のタイトル見出しをもとに、特定の著作を検索するだろう。しばしばこれによって、著者検索では現れなかった著作を発見する。テキストもまたインターネット上で検索可能である。
- Internet Archive　世界中の多くの図書館の間で達した協定によって、Internet Archiveも大量の資料を入手した。Google Booksに関して上述したほとんどのことが、ここでも同様に当てはまる。
- Munich Digitisation Centre　こちらは、ドイツに本拠地を置く大規模なデジタル化プロジェクトである。その現在の目的の一つは、バイエルン州立図書館（Bayerische Staatsbibliothek）に保存されている、ドイツ語圏で出版された一六世紀の著作のすべての版を、最低でも一部ずつ完全にデジタル化することにある。
- Gallica　このデジタル化プロジェクトは、主にフランス国立図書館（Bibliothèque nationale de France）に本拠を置き、フランスを代表する改革派正統主義のかなりの数の著作を閲覧可能にしている。

• 最近、宗教改革と後・宗教改革の神学に関連するオンラインのデジタル・ライブラリーが創設された。H・ミーター・センター（H. Meeter Center for Calvin Studies in Calvin College and Calvin Theological Seminary, Grand Rapids, Michigan）のウェブサイトからアクセスできるこの後・宗教改革デジタルライブラリー（Post-Reformation Digital Library）は、前記に挙げたような多くのデジタル化プロジェクトから閲覧可能な、一五世紀後半から一八世紀に至るまでの何千という数の神学書や哲学書にアクセスするために創設されている。新しい資料が日々、閲覧可能となっているので、このデジタル・ライブラリーは、改革派正統主義を学ぶ者にとってますます有益な資料となることまちがいない。当該の一次資料にここでアクセスできるかどうかをチェックすることによって、かなりの時間を節約できる。

これらの無料の情報源とは別に、以下の購読を基本とする情報源もまた、正統主義時代の膨大な神学的・哲学的著作を提供している。

• Digital Library of Classic Protestant Texts（Ad Fontes）　非常に多くの分量から、その内容は、前記に挙げた情報源をしのいでいたが、このコレクションは、改革派正統主義研究にとっても、豊富な資料を閲覧可能にしている。前記の無料で閲覧可能な情報源にまさる長所として、全テキストの検索を含む、非常に洗練された検索機能を誇りとしている。ついには、以下の二つの情報源に含まれていない、ヨーロッパ大陸のプロテスタント著述家たちの著作へのアクセスを提供している。

• ＥＥＢＯ（Early English Books Online）　ＥＥＢＯは、イングランド、アイルランド、スコットランド、ウェールズ、英国領北アメリカで印刷されたすべての著作のデジタル画像と、一四七三―一七〇〇年にその他の場所で印刷された英語の著作を含んでいる。

• ECCO（Eighteenth Century Collections Online）　主には、一八世紀に英国（United Kingdom）で出版された著作だが、それ以外の言語と場所で出版された著作も含み、英語のショート・タイトル・カタログに基づく、全テキスト検索可能なデータベースである。

どのようにテキストの意味を把握するか

一次資料レベルの研究は、原語でなされるべきである。スコラ的な著作の場合、それはラテン語である。一部の著作は、翻訳されている——しばしば著者自身によって——が、用語のためだけにでも、資料はラテン語で読むことを薦める。テキストの意味を把握するために、翻訳がなされるべきである。ここで良いラテン語の文法書だけでなく、辞書も備えることが必要となる。私たちは、特に以下のものを推薦する。

• Charlton T. Lewis and Charles Short, *A Latin Dictionary*（Oxford: Clarendon Press, 1958）. これは、単に「ルイス&ショート」としても知られる標準的なラテン語辞書である。
• P. G. W. Glare, *Oxford Latin Dictionary*（Oxford: Clarendon Press, 1968/1982）.
• Alexander Souter, *A Glossary of Later Latin to 600 A.D.*（Oxford: Clarendon Press, 1949）.
• J. F. Niermeyer, et al., *Mediae Latinitatis Lexicon Minus: A Medieval Latin-French/English Dictionary*（Leiden: E. J. Brill, 1976）.

前記の辞書は、中世ラテン語の特徴を知るために重要である。

以下のアルテンシュタイクの辞書は、中世後期や宗教改革の神学の用語を理解するために必要不可欠である。

- Johannes Altenstaig, *Vocabularius Theologiae*, Hagenau, 1517.
- ______, *Lexicon Theologicum*, Köln, 1619. Reprint: Hildesheim, 1973.

次の辞書は主に、改革派正統主義の著作を研究する観点で書かれた。

- Richard A. Muller, *Dictionary of Latin and Greek Theological Terms: Drawn Principally from Protestant Scholastic Theology* (Grand Rapids: Baker, 1985).

テキストを翻訳した後、あるいはその最中に、テキストの構造の洞察を得られるように、アウトラインを作成することも役に立つ。一般的な原則があるわけではないが、次の指標が基本的に当てはまる。

- ほとんどの著作は、ローマ数字でパラグラフに分けられる。各パラグラフで言われていることを考えてみよ。そこから、それぞれのパラグラフ間の関係を考察するために、パラグラフごとに構成上のアウトラインを作成することができる。
- 一般的に次のことが見出される。序論で主題が区分され、分析でその主題が取り扱われる。
- 著者自身の立場を提示しているか、あるいは著者が後で論駁する見解を扱っているかを認識できることがきわめて重要である。

• 多くのスコラ的なテキストにおいて、特に論争（そのいくつかの要素）において、議論的探求（*quaestio*）の方法が特徴的である。第一に質問（*quaestio*）が設定され、著者が論駁しようとする主張や立場のリストがそれに続く。その後、著者自身の立場である肯定的な主張があり、続いてすでに言及された主張や見解の反論がそれに続く。議論的探求（*quaestio*）の方法論の用例は、第五章に見られる。

スコラ的なテキストをどのように研究するか

今現在、ここで実行中の類の研究に依拠することになる、内容に関する分析から離れて（その結果、その分析はここではほとんど言及されない）、専門的な分析、あるいは注釈（*annotation*）が有益だろう。このような分析は、紙面にラテン語テキスト（翻訳とともに）が必ずある「徹底的分析」（*in-depth analysis*）をしている場合にのみ必要である（あるいは最終的な成果がどうであっても）。テキストを注釈する際、短い解説が、題されたそれぞれの主題に付けられるべきである（日付、言及された著作［出版年を付記］、不案内な人物の伝記的詳説）。もし言及され、あるいは引用された著作がテキストの中で明らかでないなら、注釈者はその情報を、可能な限りいつでも提供すべきである。またラテン語の地名は、訳されるべきである。このプロセスで役立つ多くの文献を以下に紹介する。

ラテン語の地名

• Johann G. T. Graesse, et al., *Orbis Latinus: Lexikon lateinischer geographischer Namen des Mittelalters und der Neuzeit* (Braunschweig: Klinkhardt and Biermann, 1972).

無名の著作や偽名の著作

- Emil O. Weller, *Lexicon pseudonymorum: Wörterbuch der Pseudonymen aller Zeiten und Völker: oder Verzeichnis jener Autoren, die sich falscher Namen bedienten* (Hildesheim: G. Olms, 1963).
- A. De Kempenaar and Jan Izaak van Doorninck, *Vermomde Nederlandsche en Vlaamsche schrijvers* (Leiden: Sijthoff, 1928). オランダとフランダースの無名・偽名の著作の辞書。

人物

- Christian J. Jöcher, *Allgemeines Gelehrten-Lexikon. . .*, 11 vols. (Leipzig, 1750-1897; reprints available).
  最近の伝記的辞典ではしばしば欠落している一七―一八世紀の人物に関する重要な資料。

注釈されたテキストに基づいて、しばしば、ほかの人が作成した注釈から大きな益を得ることができる。索引は、タイトルや人名を探すのに役立つ。この文脈で、盛期正統主義研究のために非常に良い資料がある。

- Gisbertus Voetius, *De Praktijk der Godzaligheid*, trans. and ed. Cornelis A. de Niet, 2 vols. (Utrecht: De Banier, 1996).

スコラ的なテキストの注釈にとって、もう一つ重要な資料は、インターネットである。例えば、ワールド・キャットのような集合カタログが、当該テキストで言及された著作をつきとめるのに用いられる。著者名を検索することによって、探していた著作のコピーを探すだけでなく、多くの場合、その著者の別の名前（正式名とラテン名）や生没年をもつきとめることができる。多くのカタログは、フォーマット（フォリオ／四折判：4o／八折判：

8o／四六判：12o）に関する情報も含み、スコラ主義者たちによって使われた特定の版をつきとめるのにも役立つ。著者名検索もまた、特定の人物や思想の系譜に関する二次資料を探すのに用いられる。

ヴォエティウスの議論

続いては、この読書ガイドで展開されたプロセスの一例である。付録二は、信仰の事柄における理性の用法に関するヴォエティウスの議論の翻訳である。これは、一六三六年二月一七日にハーグから来た彼の生徒ルーカス・コーテレリウスの管理の下で保護された。年代的にこの議論は最初のものではないが、ヴォエティウスはここで論じられている事柄が、一六四七年の終わりか、一六四八年の初めに出版された自著『神学論争選集』(*Selectarum disputationum theologicarum*) の第一巻の最初に位置づけるほど、重要なものであると考えた。彼にとってこれは明らかに、神学の前提となる基本的な解説であった。続くスコラ的神学（一六四〇年）、聖書の権威（一六三六年）、使徒信条（一六三六年）、教会教父の使用（一六四〇年）に関する議論とともに、この議論はいわゆるプロレゴメナに属するものである。

これらの議論はすべてヴォエティウスがユトレヒトの教授であった最初の年に由来する。先述の議論のトピックはみな、この最初の議論の中で、基本的な形態をとって登場することは注目に値する。聖書の権威や教会教父の用法が登場するだけでなく、ヴォエティウスはここで信仰箇条の解説と擁護のためにスコラ的な方法の重要性にも言及する。このことのゆえに、私たちはこの議論をより重要なものとして選択するのである。これは、信仰と理性の関係に関する改革派正統主義の立場の代表的な例を提示するだけでなく、ヴォエティウスや彼と同時代の正統主義神学者たちの神学が置かれた文脈をも明らかにする。

翻訳に際しては、できるだけ原文に近いテキストを保つよう心がけた。ラテン語の用語は、特にそれがスコラ主義の専門用語の一部を形成する時には、必ず括弧内に挿入されている。原文との比較をしやすいように、『神学論争選集』のもともとの頁番号を角括弧に太字で記しておいた。注には、ヴォエティウスが言及する人物に関する二次資料の参考文献や短い紹介を提示している。本のタイトルは翻訳されているが、人名はもともとのかたちか、ラテン名で記されている。

この注解された翻訳は付録二に収録されるが、本付録は、読書ガイドの機能を果たし、読者にヴォエティウスの思想の系譜を辿ったり、それを分析する手助けを提供したりするために、この議論の構造的アウトラインを提示して結びとする。

構造的アウトライン

この議論の中でヴォエティウスは、信仰の事柄における理性の役割に関して、二つの立場を攻撃している。第一にソッツィーニ主義の立場に対峙し、第二に当時の多くのローマ・カトリックの人々の主張を考察している。このプロセスを経て、彼はまた自分自身の立場を形成することができるのである。

パートI

問題の同定

ソッツィーニ主義の立場　宗教と信仰にとっての規範としての理性

ヴォエティウスの立場　理性は信仰の原理ではない。ヴォエティウスは、六つの前提の形成（*praecognita & hypotheses*）における、概念の明確化で始める。彼は、正当的な意味の理性と非正当的な意味の理性の区別で始める。

（1）非正当的あるいは比喩的な意味における理性

(1)自然の知識の光、これは次のように分類できる
・外的な光　自然の書物
・内的な光、これは次のように分類できる
　。先天的　一般的な知識、あるいは常識（*communis sensus*）
　。後天的　学知（*scientia*）、あるいは知識を集め、概念を形成し、判断を下し、結論を引き出す習性（*habitus*）

(II)正当的な意味における理性
(1)理想的、客観的、抽象的
(2)具体的、主観的、特定の状態
・堕落前（神のかたち）
・堕落（腐敗）
・恵み（自由）
・栄光（完成）

この議論の中で、ヴォエティウスは主として、具体的、主観的意味における理性、つまり「堕落によって全面的に腐敗し、あるいは恵みによって自由とされたがまだ完成されてはいない」理性に関心を寄せている。

(III)信仰の原理
(1)外的あるいは客観的原理（*ex quo*）　神の言葉
(2)内的あるいは形式的原理（*per quod*）　御霊による照明
信仰のすべての真理は、外的原理に由来する。

(IV)信仰の対象

(1)形式　救済的信仰の箇条

(2)自然神学（例えば、神の存在、神の義、宇宙の統治など）と共通する信仰の前提ではない。

(V)理性は、信仰を受け取る主体である。

(VI)超自然的真理（三位一体など）は理性を超越している。神学の合理的性格は、啓示された聖書の真理に由来する結論を関心事としている。ここでヴォエティウスは、教会教父（例えば、アウグスティヌス）や中世のスコラ神学者（例えば、トマス・アクィナス）に訴えている。

論題

理性は、それによって（*principium quo*）、それに基づいて（*principium ex quo*）、あるいはなぜ（*cur*）私たちが信じるのかということの原理ではない。

議論

(1)未再生の人の理性の盲目性、
(2)神学は神秘を含んでいる（なぜではなく、事柄のみ）、
(3)神の存在と属性は、完全かつ適切に知られることはできないが、「否定の道」（*via negativa*）、「因果の道」（*via causalitatis*）、「光の道」（*via eminentiae*）に沿ってのみ可能である、
(4)再生した人の知識は、部分的であり不完全である、
(5)信仰の確実性の原因は、神の言葉の内にある、
(6)理性は信仰に先行せず、より科学的でもより確実でもない、
(7)キリストと使徒たちは、土台である神の言葉に訴えている、
(8)もし理性が信仰の原理であるなら、次のような不条理な結論が存在する。

(a)すべての宗教が自然的なものとなる。
(b)理性が再生を必要としなくなる。
(c)よりすぐれた合理的な洞察が、さらなる信仰を示唆することになる。
(9)個人に向けられた議論　ソッツィーニの自然神学の否定は、出発点としての理性の否定を示唆している。

パートⅡ

問題の同定

プロテスタントが、論理的議論、結論の導出、論証なしで、聖書の明瞭な言葉（*expressis verbis*）のみで教皇主義者たちの見解に対峙できると措定する、この時代のカトリック（特にイエズス会のグンテルスやヴェロン）に対する議論。

この立場に対する導入的所見
(1)改革派が、「聖書のみ」（*sola Scriptura*）の原則によって、論証のどんな形態も否定していると、誤って推測されている。
(2)証明の重荷が、独占的に改革派に課せられている。
(3)反対者自身が、教会教父や教会会議に由来する議論を用いている。

論題

論証的神学は、論証のいかなる形態もなしでは不可能である。「公理」（*axiomata*）や「原理」（*principia*）の補助によって、聖書に由来する結論の導出が認められる。

議論

(1)肯定神学はつねに論証的である、

(2)聖書記者自身が、論証的な用語を用いている、
(3)キリストと使徒たちが議論を用いている(例えば、復活に関する)、
(4)教理(*dogmata*)は、文字通りには聖書に含まれていない、
(5)教理(*dogmata*)は、潜在的・実質的には聖書に存在する、
(6)論理的結論(三段論法)の原則なしでは、どんな撞着の議論や評価も不可能である、
(7)無神論、ユダヤ教、異教、異端に対する反駁は、論証なしでは不可能である、
(8)多くの教会教父の証言が、神学における理性のこの役割を認めている、
(9)議論を用いることの否定は、不条理な結論を生み出す、

- 聖書からの教えなど(Ⅱテモ三・一六)が不可能となる、
- 旧約聖書のキリスト証言が有効でなくなる、
- すべての会議の決定が、もはや用いられなくなる、
- すべての中世神学が譲歩される。

結論

ヴェロンの方法に固執するローマ・カトリックの人たちは、自分たちの立場における不一致をそこで明らかにしている。

付録二

信仰の事柄における理性の役割

ギスベルトゥス・ヴォエティウス
応答者　ルーカス・コウテレリウス
（ハーグ　一六三六年二月一七日）

信仰の事柄における理性の役割に関しては二つの論争がある——一つはソッツィーニとその支持者たちとの論争で、もう一つはある近代の教皇主義者たちとの論争である。次の論題で短くそれらを説明しよう。

1　すべてのものが聖書に起因するとソッツィーニ主義者たちが主張するとき、彼らは（この分派に関わる懐疑主義者やピュロニストたちがするように[1]）しばしば不安定にみえるが、これら同様の事柄を彼らは吹聴したのである（Ostorodt, *Institution*, chapter 6; *Racovian Catechism*, pp. 37, 55, 56[2]; Smalcius, in the preface to his work *Against Franzius*[3]）。「理性によってのみ、信仰箇条の可能性と不可能性について判定が下される。知性にとって不可能と見えることとは信じられず、理性が至高の宗教である」。三位一体論、キリストの人格と職務などに異議を唱える彼らの方法論は、聖書だけでなく、とりわけ理性が宗教と何が信じられるべきかの規準である。特に彼らが、信仰に関するあらゆる真理をより単純で、優先的でよりよく知られる事柄から、引き出すことを求める時にそうなのである。実際に彼らは、すべての観念や普遍的な概念が、神やその被造物、神と人間の事柄と行動を指示し、一義的に、そして同じ仕方でそれらに適用されるべきこと、このことは聖書以前に、聖書から離れて、聖書を超えていることを前提としている。この点で、『非カトリックの信仰規準に関する教皇ウァレリウス・マグヌスの書物の検証』を含む、一六三三年にオランダに広まった著作の匿名の著者は少しも異なることはない。(4) この著作の中で、討論の判定をめぐる教皇主義者と私たちの立場への拒否に続いて、自然理性が信仰の判断や規準として確立されている。

2 私たちの前提（*praecognita*）と仮説は次のとおりである。

(I)人間理性によって私たちは、まず第一（*primo & proprie*）に、人間の内にある理性的な霊魂（*anima*）の能力を理解する。それによって、人は、知的な事柄を理解し判断することができる。このためには、霊魂に関する物理学者たちの著作を見よ。第二に、人間理性は、換喩や隠喩によって（*metaphoram metonymicam*）、自然の知識の光を示すこともできる。後者（自然の知識の光）には二種類がある。一つは、外側からあるいは外的に与えられ、私たちの内に植え付けられる。なぜならそれは、神の倫理的な摂理を通して外的に人間に提示されて人に及ぶからであり、それは自然の書物と、自然の知識や論理に有効となる、この宇宙の中にある手段、助け、機会にほかならないからである［2］。これらは、超自然的啓示から離れて起きるものである。もう一つは、生得的あるいは内的なものである。なぜなら、それは私たちの内に植え付けられ、導入されるからである。さらに後者には二種類ある。それは、生まれた時からすべての人々に刻印され、一つの原理（*ad modum principii*）あるいは諸原理の一習性（*habitus*）として機能し、私たちが無神論に関する議論（*On atheism*）(5) で扱った「常識」（*communis sensus*）とか「共通概念」（*communes notiones*）と呼ばれるものである。あるいはもう一つは、習得され、生後に神の一般的な助けによって人間に新しく加えられ、学問（*ad modum scientiae*）あるいは結果の習性（*habitus*）として機能する。それによって知性（*mens*）が配置され、修正され、実際的な知識を獲得し概念を形成して諸原理から神と神的事柄に関する適切な結論を引き出すのである。この内的あるいは生得的な光に関しては、ローマ書二章一四―一五節、詩編一九編一、八節、ローマ書一章一九―二〇節を見よ。

(II)適切な意味において、すなわち人間理性は、次の状況で考察できる。

(1)理想的あるいは客観的・抽象的に、または具体的あるいは主観的で特殊な状況において、つまり神のかたちが賦与された堕落以前において。腐敗した堕落において。不完全ではあるが自由である恵みにおいて。栄光の光で鮮やかに輝く完全な理性として。ここで私たちは、堕落を通して全的に腐敗し、あるいは恵みによって自由とされたが完全ではない理性を概して主観的に取り上げてみよう。またここかしこで、理性を客観的・抽象的にも取り上げてみよう。つまり、その本質において、すべての習性や傾向性、あるいは理性に情報を提供し、規定し、変更を加えるいかなる偶然的な形相とは対照的で、区別されるものとして。理性は主体（つまり人間）の本質的原理からもたらされず、あるいは生じないもので、それゆえどんなときにも各個人に属する人間に特有のもの――言い換えれば、神が人間を造られた時に神から与えられたもの、そして神の業、あるいは神の良き創造である。そして私たちはここかしこで、再生の恵みの外側にある一般的な神の助けを通じて、自然の手段のみ、あるいはそれ以外の方法によって導入されてきた習性（*habitus*）や傾向と合わせて、理性を取り上げてみよう。

(III)信仰の原理には二種類がある。何かに基づく原理あるいは外的原理と、何かによるあるいは何かを通しての原理あるいは内的原理である。前者はまた客観的原理、後者は形式的原理と呼ぶことができる。前者は神の言葉であり、後者は聖霊の照明あるいは心の内に注入される超自然的な光である。ここでの私たちの関心である信仰の外的原理は、信仰それ自体が（αὐτόπιστον）第一義的で信頼に足るものでなければならず、信仰に関するすべての真理、箇条、結論がそこに由来し、そこにおいて解決される。これらの第一原理に関しては、『論理学後書』第一巻の第二、六、一〇章に関する哲学者たちの注解[6]と、トマスの第一部、問一、第二、六、八項を見よ[7]。

(IV)この著作の中で私たちは、神的な信仰の対象を想定されたものとしてではなく、定式化したものとして理解する。つまり、厳密かつ適切に言えば、想定されたものでも、自然神学と健全な哲学に共通するものではない。真に救済的信仰箇条として、それらは、神の存在、神の義、神が宇宙の支配者であること、魂の不死などといった事柄である。

(V)私たちは、人間理性のようなものが実際に存在すること、そしてそれが正しくは信仰を受け入れる主体、および信仰と実際の認識を引き出す手段や原理と彼らが言うものを前提としている［3］。なぜなら、理性のみが、人間と動物に共通するそのほかの低次の能力ではなく、信仰する能力をもっているからである。その理性はいわば、唯一誤りのない聖書の規範から［信仰の］結論を引き出す原理（*principium quod*）であり、それゆえ単純な理解、組み合わせ、分割、広範な論証といった手段によって、超自然的あるいは聖霊によって啓示された事柄の理解に到達するのである。

(VI)さらに私たちは、信仰の超自然的な真理が、人間理性それ自体を超越していることを前提としている。なぜなら理性は、上からの光によって高められ、教えられなければ、それらを認識しないからである。しかし、信仰の真理は、それ自体で理性と調和しないのではなく、堕落と私たちの心にこびりつく腐敗した傾向という出来事によっている。

その結果、私たちの信仰と神学は、完全に理性的であると呼ばれうる。それは、キリスト教の基本的な前提を否定する人々に対して、必然的に論証によってその真理を先験的に証明することにおいてではなく、神的な方法で啓示された事柄のうちのあるもの（*aliquod*）を受け入れる人々に対して、聖書の権威と聖書から引き出される論証による結論を証明することにおいてである。つまり、少なくともそのあるものを何も受け入れない人々の論証、つまりトマスが『神学大全』[8]第一部第一問第八項で正しく区別しているように、それによって私たちの信仰を矛盾や不合理と非難する論証を論破することにおいてである。これに加えてそれ（理性）は、直接的に誤った神学を攻撃することによって、結果的かつ間接的に真の神学を擁護する。つまり障害や偏見を取り除くことによって、真理への道を開くのである。同じような信仰の弁護は次の人々のうちに見られる。アテナゴラス、殉教者ユスティノス、アレクサンドリアのクレメンス、オリゲネス、テルトゥリアヌス、アルノビウス、ラクタンティウス、アウグスティヌス、テオドレトス、アレクサンドリアのキュリロスなど[9]、もし思慮分別と洞察力によってさらに信頼できる引用を取り上げるなら、中世の著作家トマスの『異端駁論』[10]とそのほかのスコラ主義者たち、同様にサヴォナローラの『十字架の勝利』[11]、スブンデのレイモンドの『自然神学』[12]、枢機卿クザーヌス[13]、カルトジオ会のディオニシウス[14]、イスラム教徒に向けて執筆したそのほかの人々、最後に最近では、ルイス・ビベス[15]、アゴスティーノ・ステウコ[16]、シャロン[17]、「議論的探求」（*quaestiones*）を扱うスコラ主義者たちや、ロンバルドゥスやトマスの注解者たち、しかし特にデュ・プレシーの『キリスト教の真理について』[18]。このリストに私たちは、ほかのところですでに引用したソッツィーニ主義の反駁者たちを加えることができるだろう。

3　これらの前提に言及した私たちはいま、次のように言う。人間理性が、それによって、それを通して、あるいはさらにそれに基づいてないしはなぜ私たちが信じるのかということの原理、あるいはその指示のもとに私たちが判断をする、私たちが信じなければならない事柄の根拠、法、規範ではありえないと。それゆえ、自然の光あるいは人間理性が、先験的でよく知られている事柄に基づいて理解していないものは何でも、それが正確な定義としてか、論証としてか、あるいはその両方として役立つかどうかは、三位一体、原罪、神かつ人であるキリストとその贖罪といった信仰の事柄において、誤りであると考えられるべきではない［4］。反対に、私たちの信仰は、信じられなければならない事柄に関わる時、聖書に対して開かれており、それが信仰の行動に関わる時、聖霊の照明に開かれている。これは次の理由で証明される。

(Ⅰ)未再生の人の理性（*ratio*）は、神の律法のもとに来るとき曇らされており（エフェ四・一七―一八、ロマ一・二一―二三）、福音のもとに来るとき完全に曇らされ、全面的に暗闇である（Ⅰコリ一・二三、二・二五、ヨハ一・五、一・九、エフェ五・八）ため。

(Ⅱ)私たちの神学には多くの奥義（*mysteria*）があり、特に福音全体が奥義と呼ばれているため（Ⅰテモ三・一六、マタ一三・一一）。しかし霊的でない人は、神の啓示なしには、それら（奥義）の何も認識しない。それが存在することも、なぜ存在するかについてもである。けれども再生した人もまた、たとえその人が、第一で最も重要な信仰の事柄についてほかの人にまさっていたとしても、正確な定義に基づいて、「何」、「どのように」、「なぜ」ということを認識せず、むしろ聖霊の超自然的な啓示によってそれが存在することを認識するだけである（マタ一九・一七、ほかにも一三、一一、二五、二七節）。

(Ⅲ)神性の本性と属性は、人間の知性によって、あるがままに、それゆえ完全な方法では、直接かつ適切に理解されず、ただ否定、因果、傑出という方法によってのみ理解されるため。これに関して人間の知性は、太陽を目の当たりにしたフクロウの目にたとえられる。[19] 聖書は、神の御業について、把握しつくせないと証言する（ロマ一一・三三、三四、ヨブ四一・二、イザ四〇・一三、Ⅰコリ二・一九）。三位一体の各位格、救い主キリスト、贖いに関するすべての奥義が人間理性によって把握しえないのは言うまでもない。この点に関して、神の顕現と認識についてと、神の認識不可能性についての神学者たちの議論を比較せよ。

(Ⅳ)再生した人の心が、特にまだ幼児であるなら（Ⅰコリ三・一―二、ヘブ五・一二―一三、フィリ三・一五）、不完全（*imperfecte*）かつ部分的にのみ認識するため（Ⅰコリ一三・一二）。神の事柄に関する知識における困難、不完全、不明瞭、混乱を説明する生まれつきの暗愚は、つねに彼についてまわる。それゆえ理性は、神に対する信仰の、いつわりが存在しえない原理ではない。

(Ⅴ)最初に導き出され、証明され、そこにおいて最終的に信仰が明らかにされる原理は、あやまることがないが、人間理性はそうではない。したがって、信仰者たちの最終的な解決は、私が理解し、認識し、判断する限りにおいてでも、そうするからでもない。それゆえそれは信仰によるのである。むしろ聖書において神がそのように語るので、それは信仰によるのであり、その理由で、私はこう判断し、そう判断して信じるべきなのである（Ⅱテモ三・一四―一六、Ⅰテサ二・一三）。それゆえ、信仰の無謬性の根拠は、神の言葉にあり、神の言葉に由来するのであって、原理としての人間理性にあるのでも、それに由来するのでもない。

(Ⅵ)人間理性は、信仰にまさるのでも、より認識されているのでも、より確かなわけでもない。それゆえ理性は、信仰の原理ではない。大前提の推論は、一般的に「哲学者」（アリストテレス）に基づいて認められている（『分析論後書』第一巻第二章）[20]。小前提は、次のように認められる。理性がもつ信仰のすべての認識は神の言葉に由来するので（ヨハ一・一八、マタ一六・一七）、それゆえ理性は信仰にまさるのではない。なぜなら、理性は、信仰によって照らされるからであり（エフェ一・一七―一八）、理性は信仰よりも認識されることはないからである。なぜなら信仰は、超自然的な啓示による神からの証言であるが、人間理性はそうではなく、より確かでもないからである（Ⅰヨハ五・九）。

(Ⅶ)キリストや預言者たち、使徒たちは、聴衆に対して神の言葉［5］にのみ言及し、そこからのみ信仰を説明し論証した（イザ一・二〇、ルカ二四・二五、二七、使二五・二二、二七、一三・二七、一七・二、一一、Ⅱテモ三・一五、一六）。

(Ⅷ)不合理な推論から[21]。第一に、すべての宗教は自然なもので、自然理性と自然の光によって論証されうる。しかしこれは不合理である、なぜなら恩恵と自然、恩恵や超自然の光による特別啓示と神の一般啓示や自然の光、哲学と神学や信仰の間には、非常に大きな区別が存在するからである（Ⅰヨハ一・九、ロマ一・一九、二・一四―一五、詩一四七・二〇、使一四・一六―一七、エフェ二・一二―一三）。第二に、理性は、全く制限され、否定され、抑制されず、隠された真理の高みにおいて成熟した無知の沈黙と静けさに集約され、その理由のゆえに理性は再生、回復、変化を必要としない。この主張は、ローマ書一一章三三―三五節、一二章二節、エフェソ書四章二三節、第一コリント書一章一八―二〇節、第二コリント書一〇章四―五節、二一―二五節、マタイ福音書一六章一七、二四節と対立する。第三に、十分に洞察された理性と厳密に吟味された知性は、普遍的な経験や第一コリント書一章一九―二二節、マタイ福音書一一章二五節と対立する信仰の奥義を、よりよく認識し判断することができるとされる。

(IX)人間的な議論を加える。ソッツィーニは、追随者とともにあらゆる自然神学、あるいは先天的・後天的な神認識を否定し、聖書をもたない人々のなかに見出され、あるいは見出されるであろういかなるものも、愚劣で、その結果最も誤りやすい証明、つまり単なる伝統や人間的な証言に由来すると主張する。ならばどのようにして、人間理性は信仰の奥義にとって誤ることのない原理となるのだろうか。

これらの議論で十分としよう。私たちは、ソッツィーニとその追随者や信奉者たちに、アウグスティヌスが『ファウストゥス反駁』第一七巻の第三章でマニ教徒たちに言ったことを正当に言うことができる。すなわち、「あなたの言い逃れは、すべてにおいて一つとされる。あなたははっきりと、キリストの福音を信じていないと言うべきである。なぜなら、あなたが望むことを信じ、あなたが望むことを信じないことは、あなた自身を信じることであり、福音を信じることではないからである」[22]。これらのことを私が書いたあと、ヨハネス・マコヴィウスの『神学集成』が一六四一年に出版され、その第一巻の五四四頁でこの問いがソッツィーニに対して扱われ、私たちの解説と比較できる[23]。セルデヌスは、一六四〇年に出版された『自然と国家の法について』という学問的な著作の第一巻第七章で[24]、倫理的な事柄における（信仰の奥義においてはより一層）人間理性の不確かさと不十分性を（主体的に考えて）述べている。『論駁あるいはフェデリウス狂詩曲』[25]では、レモンストラントの立場から、ソッツィーニ主義者とはそれほど大差ないと思えるいくつかの事柄が、明らかとなった。ニコラウス・フェデリウスは、『アルミニウス主義の秘密』第三部第一巻第四章と第四部第一巻第四章で、このことを指摘した[26]。

4　続いて、論理や論証的な思想に関するいかなる形態もなく、結論を引き出したり証明したりすることもなしに、聖書の言語表現のみで教皇主義を論破すべきであると主張する教皇主義者たちの［6］、また彼らが私たちとするあらゆる議論や論争から、すべての自然的・精巧的（*artificialem*）・学問的・有用的な論理を排除し取り除くことさえする教皇主義者たちの新しい発見を見てみよう。この発見は、一六一二年のドゥルラッハの討論会で、イエズス会のグンテルス[27]によって初めて提起されたとみられ、実際にもたれた以上に苦労した討論であった。[28]フランスのイエズス会士たちは、ついにこのパンドラの箱を完成し、その中でもヴェロンがきわ立っていた。[29]彼が、これらの文書に対して歌わなかった勝利の賛歌はないし、それらに対して帰することのなかった奇跡はない。ヨナのキノコと不思議な木から生じるものが何であり、また死ぬことによって生じるその新しい植物の終わりが何であるかを、私たちはすでに『教皇主義の絶望的情況』第二巻第二節第二五章に記した。[30]フランス、特にルアンの私たちの仲間が、いかに見事にヴェロンに答えたかは、著名なリヴェ博士の『正統カトリック』第一巻に付された献呈書簡や、[31]最も輝かしい小冊子『ヴェロンの搾取』[32]の著者によって指摘されてきた。彼らは、一六二八年にケルンで出版されたヴェロンのラテン語の入念な著作からとられたばかげた方法の概要を、真剣な議論もなく、私たちの仲間を混乱させるようにと出版し、[33]また数年前にはそのヴェロンの包括的な著作に基づいてオランダ語でも出版したので、私たちは、しばらくその愚かさのいくつかを排斥する必要があると思う。

5　これらが私たちの論証の前提と前置きである。

(I)彼らは、この最も誤った前提に立って論証の枠組み全体を構築し、それを支持している。つまり、聖書は信仰の唯一の規範であるという私たちの主張によってのみ、聖書の明白な言葉に由来する教理の証明やあやまりへの反駁を、私たちは今まで認めてきたし、今この時も認めたいと思うのである。これは、私たちの教説と実践によって非常に精力的に否定されるので、そのすべてが失敗に終わる。

(II)彼らは、すべての論証において、証明の責任はまったく私たちの側にあるとする要求から始め、私たちの陣営が、教皇主義者側にはないと批判する。誰も冷静な心をもってはそれを認めず、自然理性や公正、特にすべての議論の規範や過去・現在の議論に一貫した実践は、言葉や著作において私たちの陣営と論じたグンテルスやヴェロンなどに至るすべての教皇主義者たちでさえも、はっきりと反対のことを教えたので、この方法はそれ自体を打破する。確かに私たちは、教皇主義者たちが、贖宥状、教皇の権力、人間の償罪、ミサの犠牲、偶像崇拝などを認めているので、論証の責任は彼らにあると主張する。なぜなら、救いのために必要な信仰と神学は、それ自体、否定的なものではなく、さもなければ、「哲学者」は「真理は一つ、虚偽は多数」と証言しているものの、それは漠然として定まらないものとなるだろう。[34] よって論証（の責任）は私たちの側ではなく、当然、彼らの側にある。少なくとも彼らは私たちを、新奇、異端、背教、一時的・永続的情熱による分派とするために、私たちを告訴すると脅迫するからである。

(III)したがって、もし私たちがこのヴェロンの演出を苦労なく回避することを望むなら、「私であるものは、あなたではない。私は人間である、それゆえ……」と機知に富んで発言したソフィストに対して、かつてディオゲネスが返答した「私で始めてはどうか」と同じ要求を私たちもするだろう。その結果、ヴェロンの後継者たちはまた、私たちで始めて、この方法で［7］自分たちの方法論の確かさを探求する。トリエント公会議（一五五一年一〇月第一三会議と一五六二年七月一六日第二一会議）が認めた「私たちが、分派、背教者、異端者等である」という主張を、敢えて彼らにさせておこう。もし彼らが敢えてしないなら、この演出の見物人の目で私たちは勝利を祝うだろうし、もし彼らが敢えてするなら、彼らは論証を提示しなければならないだろうし、あるいは召集が取り消されなければならない。私たちは、自分たちの主張が聖書のみに由来するのではなく、会議や、絶えず口をはさむ教会教父にも由来する彼らを許すだろう。人間的な推論や（彼らが私たちを非難する）アリストテレスの三段論法によるのではなく、はっきりとした御言葉に由来する純粋な推論によって、次のことを私たちに明らかにしてみよう。「プロテスタント、ルター派、カルヴァン派、アングリカン、スコットランドの人々、ヴィッテンベルクの人々、ジュネーヴの人々、エムデンの人々など、あるいはカルヴァン、ベーズ、ツヴィングリ、ヴェルミーリ、ブツァー、ムスクルスなどは、革新家であり、異端者であって、彼らは救われず、教会ではない。なぜなら、ちょうど彼ら（ローマ・カトリック）が私たちに教皇が教会のかしらではないこと、ミサが犠牲ではないこと、煉獄が存在しないことなどを（聖書の純粋な言葉から）証明するのを要求するように、この人たちは教会のかしらであるウルバヌス八世を認めず、トリエント公会議などを受け入れないからである」。この方法で、彼らは、ヴェロンの方法がそれらを無視していること、そして二組が互いに帳消しになるのを見るだろう。それはちょうど、ゲリウスの第五巻第一〇章にある通り、ユーアトルスのジレンマがプロタゴラスのジレンマと異なっていなかったのと同じである[35]。

6　私たちの立場はこうである。論駁神学において、あるいは煉獄や贖宥状などの誤謬の反駁において、御言葉だけでなく、自然的にあるいは哲学や論理学の研究によって知られる自然の光の原理・原則に由来する推論に基づく証明と同様に、論証的な思想や推論を、たとえ強固な反対者がそれらを否定しても、私たちは使うべきである。その結果、中名辞と最も重要な大名辞の正しい関係が明らかとなる。しかし、命題（*sententiarum*）あるいは中名辞の真理、中名辞と最も重要な小名辞との関係は、（第一に聖書から、第二に自然の光から論証されなければならない自然神学に関わる立場でないなら）明言された言葉、あるいは同等の言葉、あるいはふさわしい推論によって、聖書のみから論証されなければならない。私たちの主張は以下の通りである。

(I)肯定神学全体が論証的であるため。第一に、それは知恵であり知識であるので、信仰の結論は、推論的な論証のない原則に由来するのではない。次に、すべての聖書の解釈、そこから引き出されるすべての主張や神学的テーゼは、信仰の類比に従わなければならない。ローマ書一二章六節（エイレナイオス第六巻第四六章四七節、第四巻第六三章[36]、ア・ラピデその他のロマ一二章の注解[37]）。推論的論証、比較、結論の導出がないわけではない。論駁神学は、ますます論争的である。この論証の力は一般に認められ、トマスの『神学大全』第一部第一問第八項に基づいて、すべての教皇主義者たちにも認められるべきである。

(II)使徒や預言者の論駁神学が論証的であり、神に霊感された著者たちが、次のような論証に関係する形態や表現を用いたため。すなわち、「みなされる」（λογίζεσθαι）、「さばく」（κρίνειν）、「解説する」（συγκρίνειν）、「心」（διάνοιας）、「見分ける」（δοκιμάζειν）（ロマ三・二八、六・一一、ヘブ一一・一九、Iコリ一四・二九、二・一三、一〇・一六、一一・一三、ヘブ四・一二、五・一四、使一七・一一、エフェ一・一八、Iペト一・一三、IIペト三・一、Iテサ五・二一、フィリ一・一〇）。同様に、「言葉」（λόγου）、「まっすぐに解き明かす」（ὀρθοτομεῖν）、「論証する」（διαλέγεσθαι）（IIテモ四・一五、二・一五、使一七・二―三）。「信仰に応じて」（κατ᾽ ἀναλογίαν τῆς πίστεως）（ロマ一二・六）、「反対する人たちを正したりすること」（τῆς ἀντιλέγοντας ἐλέγχειν）（テト一・九）、「示す」（ἐπίδειξις）（使一八・五以下）、「自然が教えること……を判断しなさい」（κρίνατε...ψύσις διδάσκει...）（Iコリ一一・一三―一四）、「言うまでもなく」（χῶρις δε πάσης ἀντιλογίας...）（ヘブ七・七）。

(III)キリスト、預言者たち、使徒たちが、推論を通して（*per consequentias*）、自分たちの教えを論証し、誤謬を論破しているため。このように、使徒言行録二六章二二節ではモーセや預言者に言及するだけだが、使徒言行録一八章二八節でパウロ、アポロ、その他の人物たちが、ユダヤ人に対して、「イエスはメシアである」と力強く論証している。キリストご自身が、どのようにご自分の人格と御業を論証し、モーセや預言者に基づいて反対者を論駁するのか（ヨハ五・八、一〇、ルカ二四・一二）。「モーセと預言者たちは、わたしについて証言し、書いているのです」とイエスが言う時（ヨハ五・三九、二六、マタ二二・四四）、かれは「私は、ダビデの主である」ということを証明し、マタイ福音書二二章二九節で、死者の復活を証明している。後者に関して、この推論はここではっきりと表現されていないが、聖書に含まれていると彼は言う。同じ方法で、使徒言行録一五章八―九節、同一六―一七節の使徒会議では議論がなされ、ローマ書やガラテヤ書で使徒は義認について、第一コリント書一五章では復活について論じ、使徒言行録一七章一六―一八節で彼は、推論を導出せずにアテネの哲学者たちを論駁することはなかった。使徒言行録二―三章でペトロは、聖霊の注ぎやキリストの苦難・復活・再臨について（同じように論じた）。

(Ⅳ)キリスト教の多くの教理は、聖書の中に字義通りには存在しないが、推論的な論証や別の同義的な表現によって導き出されうるため。たとえば、神の三つの位格が真に区別的（*realiter distinctae*）であるとか、御子は御父と同質であるとか、二つの本性が本質的にキリストの一つの人格の内に混乱なく存在するなど。それゆえ多くの教理は、推論を通してのみ、聖書から導き出されるのである。

(Ⅴ)信仰箇条あるいは信仰の教理の本質から。というのも、それらは結論であり、正当にそう呼ばれるが、すでに潜在的・実質的に含まれるそれらの原則から、推論を通じて、明らかにされる。これは、学理や政治学におけるすべての原理、原則、法の本質（*ratio*）であり、神の言葉にも当てはまる。しかし、あるものは言葉からだけではなくて、はっきりとした理由や推論を通じて、その意味からも構築され、判断される。

(Ⅵ)論駁や反論なくして議論はないため。しかし、反論に関する判断は、私たちの感覚に由来するのでないのと同様に、アリストテレスやその他の人といった人間に由来するのではなく、神に由来する推論のルールや理性の原則（それなくして信仰はありえないし、異端に対する弁証もありえない）なしでは下されず、アリストテレスに由来するのではない。

(Ⅶ)教会教父、教会会議、学者、また論理的論証や推論によって、今日までに現れた無神論者、異教徒、ユダヤ教徒、異端者やありとあらゆる反対者を反駁した最近の教皇派たちの同意と実践から。これに対するのは[9]、ヴェロンの後継者たちが刷新した見解と実践で、それは、明確な聖書の言葉によることを、絶えずカトリックから要求したアリウス主義、ネストリウス主義、キリスト単性論者といった古代の異端のものであった。

(Ⅷ)これに、理性の原理の使用を推奨した教会教父の証言が付加される。ナジアンゾス（のグレゴリオス）は、『神学講話』六「聖霊について」の中で、聖霊の神性が聖書から証明される結論を認めないという理由で、自分の敵対者を「文字の奴隷、事実を犠牲にする音節の追従者」と言い、「アルファベットの詭弁家（ソフィスト）」、「言葉による欺瞞者」（συκοφάντην τῶν ὀνομάτων）と呼ぶ。[38]『大バシレイオスを称える葬儀演説』も見よ。[39]アウグスティヌスは、『キリスト教の教え』第二巻第三〇章で、次のように書いている。「したがって演繹の規則を知ることと、命題の正しさを知ることとは別のことである。演繹の規則において学ぶことは、何が妥当であり、何が妥当せず、何が矛盾するかである。もしも雄弁家であれば、人であるというとき、それは妥当である。もしも人であるならば雄弁家である、は妥当しない。もし人であれば四本足である、は矛盾している[40]」。また、同書第三一、三五、三七章や、『ドナティスト修辞学者のクレスコニウスに対する駁論』第一巻第一五章も見よ。アタナシオスは、ニカイア公会議の決定に関する自らの書簡の中で次のように書いている。「パウロが教えているように、読むことに注意を向けること、物事を見分けて判断すること、知性を混乱することなくそこに書かれている事柄の本質に従って単語を理解することは、洞察力のある人に属す[41]」。アウグスティヌスは、『ドナティスト修辞学者のクレスコニウスに対する駁論』第二巻第二章で、次のように言う。「弁証法と呼ばれるかどうかが私の関心ではない。私の唯一の関心は、私がどの程度、知ることができ、論じることができるか、つまり私が語るとき、偽りから真理を区別することである。もしこのことに十分な注意を向けなかったら、私は致命的にさまようことになろう[42]」。ヒエロニムスは、ガラテヤ書一章の注解で次のように書いている。「福音は、聖書の言葉にではなくその意味にある。表面にではなく精髄に、言葉（*sermonum*）の葉にではなく論理（*ratione*）の根に[43]」。アンセルムスの『恩恵と自由の調和』からの主張は、このことに同意している。「その見解を受け容れるべきか、拒否すべきかは次のように聖書を通して知ることが出来る。すなわち、もしこの見解が明白な理性によるもので、聖書のどのような部分とも矛盾しないなら——聖書はどのような真理に反することもないように、どのような虚偽を支持することもないからである——、理性の表明していることを聖書が否定していないという事実から、それは聖書の権威によって受け容れられている[44]」。教皇派の学者たちが、前記で称賛したトマスに言及するとき、これらのことに同意している。サルメロの第一部プロレゴメナ九の第七章と第八部六一項[45]。デ・ヴェガ『トリエント公会議について』第三九章[46]。ベラルミーノ『神の言葉について』第四巻第九章[47]と『教会のしるしについて』第三章、『義認について』第三巻第八章[48]。カノ『神学について』第一二巻第六章と第六巻第八章[49]。同じことは、あらゆる彼らのアカデミーで今なお解説され続けている、哲学、論理学、スコラ神学の援用を擁護するすべての人にあてはまる。同様に、コステルス（『エンキリディオン』の序文）[50]や、私たちとの論争をあらかじめ警戒する人々は、議論形式で論じる。この要求は、教皇派の参加者が繰り返し「形式に従え、形式に従え！」(*in forma, in forma*) と叫んだ、一六〇〇年のレーゲンスブルク会議[51]の規定のためにもなされた。同じ教皇派は、論理学や哲学の軽視を（これによって、彼らは不当に改革者たちをも非難した）、いわば異端の判定材料の中に数える。ペレイラの『物理学の議論』の序文[52]、ア・ラピデの第一テモテ書六章二〇節の講解、カノの『神学について』第九巻第三章を見よ。

(IX)不条理な結論から。第一に、人間は論証なしでは、神の事柄をめぐって非合理的に［10］行動するとされる。簡潔に言えば、彼らは詩編三二編九節とは対照的なウマやラバのようである。第二に、他者を教え、非難し、説得すること、そして（IIテモ三・一六が語る）聖書の目的に到達することは不可能だとされる。どんな異端や罪人でも、その人が聖書から反駁される時はいつでも、「一般」から一般に含まれる「特殊」へ、あるいは「類似」から「類似」へと導き出された推論なしで論証するよう要求できた。そこでは、非難される者が断罪され、ある行動や別の行動が神に受け入れられていないと記されている。その結果、聖書や教父、教会法に基づいて、事件が判決されることはなく、むしろこれは無神論や自由放任主義へのまっすぐな道である。私たちの無神論をめぐる議論を参照せよ。第三に、ユダヤ人は勝利するだろう。なぜなら、私たちが新約聖書から「ローマの教皇が反キリストである」と証明するほどに、キリスト者は、論証なしで旧約聖書から「マリアの子、ナザレのイエスがメシアである」と力強く証明することはできないからである。また、懐疑主義者やピュロニスト、熱狂主義者、自由主義者、ソッツィーニ主義者なども勝利するだろうし、彼らが、教皇派のあらゆるスコラ的、決疑的、原典的神学や、同様に改革派神学の大部分が、聖書の言葉に明確に見いだされない、救いにほとんど必要のない虚飾、論証、あるいは人間の精確さからなっていると非難するとき、彼らは教皇派のそれに対応するのだろう。第四に、古代会議のすべての章、決定、信条、特に最初の四つの公会議には価値がない。なぜなら、それらは、異端や分派に対して、ヴェロンの方法ではなく私たちの方法に従って、つまり、論証によって成立したからである。このことは、ベラルミーノの『公会議について』第二巻第一二章で力強く確認され[53]、全体として（*per totum*）会議の決議や法令と一致する。第五に、ヴェロンの方法によって、マニ教徒、アリウス主義者、ペラギウス主義者といった古代の異端に対して教会教父たちに用いられた議論のすべての形式が、非難され、嘲笑されたであろうという理由。実に、あらゆるスコラ的な神学の方法、今に至るまでの教皇主義のあらゆる著作家たち、ベラルミーノ、スティプルトン、ベカヌス、セラリウス、グレトセルス、コステルス、ペロヌスなどの論争家、そして最後に、神学における論理と哲学の使用を推奨し、実践するあらゆる著作家たちでさえも、同様なのである。

さしあたって、これらの議論で十分だろう。もし、抗議の解決を含む十全な議論の展開を求めるなら、ニコラウス・フェデリウスの『神学の論理性』（*Rationale Theologicum*）に当たるべきである[54]。そこには、ほかの人々が引用されている。また、リヴェ『正統カトリック』（*Catholico Orthodoxo*）、特に『正統教会の聖職者に異議を唱える今日の物乞いや放浪者が、身売りする古い異端の新しい方法』と題された、学問的議論を出版したセダンの神学者アブラハム・ランボー[55]、そして最後に、一六三九年に八折版『公同信仰の注解』を出版したコンラート・ベルギウスの第五論文を参照せよ[56]。

このすべてにおいて教皇派は、自分たちが、ナジアンゾス（のグレゴリオス）が「文字への愛は、不敬虔を隠す［11］外套にほかならない」（『神学講話』六「聖霊について」を見よ）と言った異端に類似していることを示している、と私たちは結論づける。つまり、彼らが次から次へと積み上げる、これらの同様な長たらしく例外的な余談によって、本題がまったく扱われていないということになる。書簡一五二やカルタゴ会議の議事録において、アウグスティヌスはドナティストたちを非難した。もし、これらの問題が軽んじられて、理性がどのように用いられるべきかを示すよりも、理性を用いることができない方法であざ笑うことを彼らが考えるなら、私たちは、かつてアルキビアデスがペリクレスに同様の助言をしたように[57]、おそらく直面すべきであり、すでに前記の命題五で私たちが言及した、この方法への平和的な反論に対して次のことを指摘する。すなわち、彼らは、古代の教会教父やスコラ学者、そしてイエズス会のアルノーやヴェロンを含む現在に至るまでの教皇派の学者たちが、書くことにおいてであれ語ることにおいてであれ、自分たちのあらゆる敵対者に対して使った方法に従って論じ合うことを望んでいると、私たちの側は断言する。彼らに、この方法を承認あるいは否認させよう。もし彼らが承認するなら、私たちもそれに従うことから自由である。もし彼らが否認するなら、それに対して私たちの側が返答する十分な備えがある論証によって、彼らが言うことを論理的に証明させよう。それでも彼らが、断固にヴェロンの方法を主張するなら、教皇派が私たちに異端や分派（彼らが私たちをそう断罪し、それゆえ生きたままの火あぶりと判決する）を証明することによって、そしてそれを教父や会議からのみすることで、ローマ教会の一致に立ち返るように導くことを、私たちの先駆者や後継者に、同じ方法で順番に要求させよう。もし彼らが敢えてこれをしようとするなら、ヴェロンの後継者たちが私たちの論証に反対するのと同じ方法で、彼らはそれらの論証の一つひとつに反対しなければならず、その結果、（それらの論証を）聞き、知っているすべての者は、彼らの方法が不合理であるのを見るのである。教皇派があたかも人間的な方法を適用でき、改革派ができないという結論以外にない。なぜなら、第一に、改革派の仮説によれば、もしすべてのことが、聖書の中の多くの言葉にはっきりと見出されなければ、真理を信じることも、誤りを拒みしりぞけることもできないからである。次に、自分たちを偶像崇拝や背教の罪に定める教皇派ではなく、改革派だけが、告発者の役割を果たさなければならないからである。その次に、これが最も簡潔で、議論するのに最もふさわしい方法だからである。もし私たちが、偶像崇拝と背教について教皇派を説得するなら、これ以上の議論は必要ないだろう。

第一の議論に対して、私は次のように返答する。誤った非難は、前提とされるだけで論証されず、それは決して論証できない。

第二の議論に対しては、次のように答える。これは、想定され、前提とされるが、私たちに認められたり、教皇派によって論証されたりはしない。異端や分派の問題では、私たちがいつも非難されて、それを甘受する。教皇派こそが、告発者であり迫害者なのである。

第三の議論に対しては、次のように返答する。これは反対にすることができると。もし、異端や分派の論証が正当になされ、私たちがこの上なく公正に（自説の）撤回や火刑に追いやられるとするなら、偶像崇拝や教皇派の背信の論証について、ほとんど、あるいはまったく心配する必要はない。

時間のある読者は、ベルトホルト・ニエフスの『プロテスタントに対する論争のための新しい方法』[58]にある関連する多くの点を参照せよ。それは、八折版で一六四〇年に出版された『この方法の弁証』で、彼が繰り返したものである。特に、その第五章を見よ。しかしヘルムシュテットの神学者ゲオルク・カリクストゥスは、一六四二年に『二種陪餐』という小冊子とともに出版した『ケルンのアカデミーに対する度重なる非難』の中で、自身の方法の無益さに触れた[59]。

結　論

エックハルトの『論争』第一章[60]、シュテークマンの『フォティノス主義』第一論争[61]、マイスナー『保守哲学』[62]は、一般的な「議論的探求」の方法で、まるでソッツィーニ主義者たちが理性を信仰の原理や規範とするように、私たちをソッツィーニ主義者たちと同一線上に置く。それは、愛の欠如による。私たちが理性や論理の使用を要求するとき、私たちは目で見、耳で聞き、口で語る以上に、それら（理性や論理）を、自分たちの宗教を学んだり、教えたり、反対者に対してそれを擁護したりするのに不可欠な信仰の基礎、原理、規範とはしない。それゆえ、私たちにとってこれらは、それなしには信仰も神学的知識もない「手段」であり「必要なもの」であるが、それらは決して原理、規範、規準、基礎ではないのである。

注

（1）Christoph Ostorodt (d. 1611), *Unterrichtung von dem vornemsten Hauptpuncten der Christlichen Religion* (Rackaw: Sternacki, 1604), in octavo. Ostorodt については以下を見よ。André Séguenny, et al., *Bibliotheca dissidentium, T. XIV: Antitrinitaires polonais III* (Baden-Baden: V. Koerner, 1992).

（2）ラコヴィアン信仰問答の初版は、一六〇五年ポーランドで出版された。一六〇九年にはラテン語に翻訳され、多くの加筆をともなってラクフ（Raków）で出版された。ラコヴィアン信仰問答については以下を見よ。W. J. Kühler, *Het socinianisme in Nederland* (Leiden: Sijthof, 1912), 9-10. ジョン・ビッドルによって準備された英訳が一六五二年に出版され、ヤン・コルネリスツ・クノールのオランダ語訳が一六五九年に出版された。以下を見よ。Piet Visser, ed., *Bibliographia Sociniana: A Bibliographical Reference Tool for the Study of Dutch Socinianism and Antitrinitarianism* (Hilversum: Verloren, 2004), 69-75.

（3）Valentinus Smalcius (1572-1624), *Refutatio thesium Wolfg: Franzii de praecipuis religionis christianae capitibus* (Rackaw: Sternacius, 1614).

（4）残念ながら、この著作は確認されていない。ヴォエティウスのテキストによれば、それはオランダ語の著作ではなく、オランダで流布した他国（ドイツ？　ポーランド？）からの著作である。その表題は複雑である。それは、おそらくヴァレリウス・マグヌスの非カトリック（ルター派、カルヴァン派、そしてソッツィーニ派をも含む）の信仰規準に関する著作に対するソッツィーニ主義者の攻撃と思われるものへの反論を表している。ヴァレリウス・マグヌスは、カプチン会の修道士で、一七世紀ドイツにおけるプロテスタントとカトリックの論争で重要な役割を担った。Klaus Scholder, *The Birth of Modern Critical Theology: Origins and Problems of Biblical Criticism in the Seventeenth Century*, trans. John Bowden (London: SCM Press, 1990), 12-20.

(5) Gisbertus Voetius, "De atheism," in *Disputationum selectarum theologicarum* (Utrecht: Joh. à Waesberge, 1648), 1.114-225.

(6) これは、アリストテレス『論理学後書』第一巻、第二、六、一〇章に関する注解を指している。これらの章は、学問的証明の基本的な原則を扱っている。「哲学者たち」という語は一般に、アラビア人やユダヤ人によるアリストテレスの注解を指している。John Marenbon, *Later Medieval Philosophy (1150-1350): An Introduction* (New York: Routledge, 1991), 66を見よ〔加藤雅人訳『後期中世の哲学　1150-1350』勁草書房、一九八九年〕。

(7) これらの項目の中でトマス・アクィナスは、教理（*doctrinae*）は学問と呼ばれうるか、教理は知恵と等しいか、教理は論証的なものであるか、という問いを扱う。

(8) トマス・アクィナス『神学大全』。ヴォエティウスのテキストで言及された文章は、問　この教理は論証的であるか、を扱っている。

(9) ヴォエティウスは、『神学論争選集』（*Disputationes selectae*）一・七四―一〇五で、「教父あるいは古代教会の博士たちについて」（*De patribus seu antiquae ecclesiae doctoribus*）と題された二つの議論において、教会教父の権威を扱っている。

(10) トマス・アクィナス『対異教徒大全』。

(11) Girolamo Savonarola (1452-1498), *Triumphus crucis, sive de veritate fidei libri IV. Recens in lucem editus* (Leiden, 1633). 近代版は、マリオ・フェラーラ（Mario Ferrara [Rome: Belardetti, 1961]）によって編集された。

(12) Raymond of Sabunde (d. 1436), *Theologia naturalis, sive liber creaturarum, special. de homine et de natura ejus* (Frankfurt, 1635).

(13) ニコラウス・クザーヌス（Nicholas of Cusa, 一四〇一―一四六四）としてよく知られている。彼については、Karl-Hermann Kandler, *Nikolaus von Kues: Denker zwischen Mittelalter und Neuzeit* (Göttingen: Vandenhoeck & Ruprecht, 1995) を参照。

(14) カルトジオ会のディオニシウス（Dionysius the Carthusian, 一四〇二―一四七一）。ディオニシウスについては、Dirk Wassermann, Dionysius der Kartaüser: Einführung in Werk und Gedankenwelt（Salzburg: Institur für Anglistik und Amerikanistik, 1996）を参照。

(15) ルイス・ビベス（Louis Vives, 一四九二―一五四〇）。ビベスについては、Christoph Strosetzki, ed., *Juan Luis Vives: Sein Werk und seine Bedeutung für Spanien und Deutschland: Akten der internationalen Tagung vom 14.-15. Dezember 1992 in Münster*（Frankfurt am Main: Vervuert, 1995）を参照。

(16) アゴスティーノ・ステウコ（Agostino Steuco, 一四九七―一五四八）。Theobald Freudenberger, *Augustinus Steuchus aus Gubbio, augustinerchorherr und päpstlicher bibliothekar (1497-1548) und sein literarisches lebenswerk*（Münster i.W.: Aschendorff, 1935）を見よ。

(17) ピエール・シャロン（Pierre Charron, 一五四一―一六〇三）。Renén Kogel, *Pierre Charron*（Geneva: Droz, 1972）を見よ。

(18) Philippe Du Plessis-Mornay, (1549-1623), *De veritate religionis christianae*（Leiden: A. Cloucquius, 1605）. デュ・プレシー・モルネーについては、Janet Louise Glenn Gray, "Lay Leadership among Calvinists: Duplessis-Mornay and the Academy of Saumur,"（Ph.D. diss., University of Missouri-Columbia, 1993）を見よ。

(19) ヴォエティウスはここで、Aristotle, *Metaphysics*, book II, 993b10を引用している〔邦訳は、出隆訳『アリストテレス全集12　形而上学』（岩波書店、一九六八年）、五一頁〕。

(20) ヴォエティウスは、再び『分析論後書』を引用する。彼は、第一巻の第二章から、多かれ少なかれ次のように進む大前提を引き出す。原理であるものはまさっていなければならず、演繹されるものよりも確かでなければならない。小前提＝信仰は、直接、神の御言葉に起源をもつので、人間理性にまさり、それよりも確かである。結論＝それゆえ、信仰は理性にとって原理であり、その逆ではない。

(21) ヴォエティウスは、『神学論争選集』（*Disputationum selectarum theologicarum*）四・一―一六の「不合理な結論からの神学論証」（*De augumentis theologicis ab absurdo consequenti*）という議論の中で、この論証の方法を広範に論じている。

（22）Augustine, *Contra Faustum*, Clavis edition 0321, book 17, paragraph 3, 486.

（23）Johannes Maccovius（1588-1642）, *Collegia theologica*（Franeker: U. Balch & J. F. Deûring, 1641）.

（24）Joannis Seldenus（1584-1654）, *De jure naturali et gentium juxta disciplinam Hebraeorum libri septem*（London, 1640）. セルデヌスについては、Paul Christianson, *Discourse on History, Law and Governance in the Public Career of John Selden, 1610-1635*（Toronto: University of Toronto Press, 1996）.

（25）Simon Episcopius（1583-1643）, *Vedelius Rhapsodus, sive vindiciae doctrinae Remonstrantium a criminationibus & calumniis Nicolai Vedelii*（Harderwijk: Typ. Remonstrantium, 1633）.

（26）Nicolaus Vedelius（1596-1642）, *Arcanorum Arminianismi pars tertia / pars quarta*（Leiden: F. Hegerus, 1634）.

（27）Jean Gontery（sts. Gontier, 1562-1616）. グンテルスについては、C. Sommervogel, ed., *Bibliothèque de la Compagnie de Jésus*, rev. ed., 11 vols.（Bruxelles: Oscar Schepens, 1890-1932）, 3.1567-1574を見よ。

（28）一六一三年ロレーヌの公爵フランソワは、バーデンの侯爵ゲオルク・フレデリックに、自分は、ローマ・カトリック教会だけが救いの道を指し示すことを聖書から容易に証明できる者を知った、と述べた。ゲオルク・フレデリックがその主張を熱心に聴くことを求めれば求めるほど、彼は公開討論の認可を拒み、さらにフランソワに、彼によってイエズス会を取り上げることを禁じた。翌年、フランソワは、一人ではなく、グンテルスをふくむ三人のイエズス会士を連れてやって来た。イエズス会士たちが、証明する意図をもって、福音書に対する否定的な主張（たとえば、ミサは犠牲ではない）を提出した時、ゲオルク・フレデリックは、彼らがこれらの主張を拒んだので、論証の責任は、実際、イエズス会士たちにある、と主張した。一つの行き詰まりに到着したので、ドゥルラッハの討論会は、「実際にもたれた以上に苦労した討論会」であった。Siegmund F. Gehres, *Kleine Chronik von Durlach: ein Beitrag zur Kunde deutscher Städte und Sitten*, vol. 1（karlsruhe: Gottlieb Braun 1824）, 110-11を見よ。その議事録は、*Relation d'une conférence sur des points de controverse entre George Frédéric, marques de Bade, et François, duc de Lorraine*（Nancy, 1613）において出版され、*Colloquium Durlacense. . .anno 1613 mense julio*（Mainz: Volmarus, 1613）においてラテン語に翻訳された。

(29) フランソワ・ヴェロン(François Véron, 1578-1649)。ヴェロンについては、Gisbertus Voetius, *De Praktijk der Godzaligheid*, trans. and ed. Cornelis A. de Niet, 2 vols. (Utrecht: De Banier, 1996), 2.639. ヴォエティウスは、この討論のなかで、一貫して彼の名前を"Verron"と記している。

(30) *Desperata causa papatus, novissime prodita a Cornelio Jansenio* (Amsterdam: I. Ianssonius, 1635).

(31) André Rivet (1572-1651), *Catholicus orthodoxus* (Leiden: A. Commelinus, 1630). この著作は、彼の著作集にも収録されている。*Opera theologica* (Rotterdam: A. Leers, 1660), 3.1-488. リヴェについては、Huibert J. Honders, *Andreas Rivetus als invloedrijk gereformeerd theoloog in Hollands bloeitijd* (The Hague: M. Nijhoff, 1930).

(32) *Veron exploitant par tout le royaume de France* (s.l.: s.n., 1628).

(33) François Véron, *Methodus Veroniana* (Cologne: J. Kinckius, 1628).

(34) Cf. Aristotle, *Metaphysics*, 993a30 and 1024b16-1025a13, 特に1024b29-30.〔出隆訳『アリストテレス全集12 形而上学』〔岩波書店、一九六八年〕、五一、一八七―一八九頁。特に一八八頁。〕

(35) Aulua Gellius (or Agellius), *Attic Nights*, v. 10.(アウルス・ゲリウス『アッティカ夜話』第一〇巻)。ここでユーアトルスは、どんな訴訟を取り上げることもせずに初めての訴訟に勝利したソフィストのプロタゴラスに注目するのを避けようとした。プロタゴラスは、かつての自分の教え子との訴訟を巧みに始め、その結果、もし彼自身が勝訴したら、ユーアトルスは裁判所の決定に従って支払いをしなければならないだろうし、もしユーアトルスが勝訴したら、彼が協定に従って支払わなければならないだろう。しかしユーアトルスは、この主張をプロタゴラスにふり戻し、彼らのジレンマが実際には同じであったことを裁判官の前に示した。なぜなら、もしユーアトルスが勝訴したら、彼は協定に従って支払いをする必要がなかっただろうし、もしプロタゴラスが勝訴したら、ユーアトルスは裁判所の決定に従って支払いをする必要がなかったからである。いずれにしても、これらの判決が相反しているのを裁判官が見たとき、彼らは訴訟を翌日に延期した。ヴォエティウスにとってこれは、改革派に敵対するヴェロンとその後継者の方法の無益さをあきらかにしている。なぜなら、それはただ行き詰まりに終わっているからである。

（36）リヨンのエイレイオス『異端駁論』。

（37）Cornelius a Lapide（1567-1637）, *Commentaria in omnes Diui Pauli Epistolas*（Antwerp: M. Muyts, 1627）. ア・ラピデについては、Gerhard Boss, *Die Rechtfertigungslehre in den Bibelkommentaren des Kornelius a Lapide*（Münster: Aschendorff, 1962）.

（38）引用された講話は、おそらく第六講話ではなく、ナジアンゾスの著作の現行番号三一に当たる第五講話だと思われる。

（39）Gregory Nazianzus, *Oratio funebris in Basilium*（= oration 43）; Migne, *Patrologia Graeca*, 36.494-606.

（40）Augustine, *De doctrina Christiana*, Clavis edition 0263, book 2, chapter 34.（加藤武訳『アウグスティヌス著作集6　キリスト教の教え』［教文館、一九八八年］、一三三頁。）

（41）Athanasius, *De decretis Nicaenae synodi* 10; Migne, *Patrologia Graeca*, 25.434B.

（42）Augustine, *Contra Cresconium grammaticum*, Clavis edition 0335, book 2, chapter 2, paragraph 3, 362.

（43）Jerome, *Commentarius in epistolam ad Galatas*; Migne, *Patrologia Latina*, 26.322. 引用は、ヒエロニムスのガラテヤ書一章一一―一二節の注解。

（44）Anselm, *De concordia*. III, paragraph 6. 英訳は、*Anselm of Canterbury, Complete Treatises*, trans. and ed. Jasper Hopkins and Herbert Richardson, 3 vols.（Lewiston: Edwin Mellen Press, 1974-76）, 2.207.〔古田暁訳『アンセルムス全集』（聖文舎、一九八〇年）、七四〇頁。〕

（45）Alphons Salmeron（1515-1585）. サルメロについては、Philipp Küble, *Aspekte des Glaubens im Anschluss an das Kommentarwerk des Jesuitentheologen Alfonso Salmeron*（Leutkirch im Allgäu: Roth & Cie KG, 1969）を見よ。

（46）Andreas de Vega（1498-ca. 1560）, *De justificatione doctrina universa, libris XV, absolute tradita, et contra omnes omnium errors, juxta germanum sententiam orthodoxae veritatis, et sacri Concilii Tridentini, praeclara defensa*（Cologne: Geruinum Calenius & Haeredes Quentelios, 1572; repr., Ridgewood: Gregg Press, 1964）. デ・ヴェガについては、Stephan Horn, *Glaube und Rechtfertigung nach dem Konzilstheologen Andrés de Vega*

(Paderborn: Verlag Bonifacius-Druckerei, 1972) を見よ。

(47) Robert Bellarmine (1542-1621), "De verbo Dei," in *Disputationes de controversiis christianae fidei adversus hujus temporis haereticos* (Ingolstadt: D. Sartorius, 1586-1593), part I, first controversy. ベラルミーノについては、James Brodrick, *Robert Bellarmine: Saint and Scholar* (London: Burns & Oates, 1961) を見よ。

(48) Bellarmine, *Disputationes*, part III, third controversy.

(49) Melchior Cano (1509-1560), *De locis theologicis libri duodecim* (Salamanca: M. Gastius, 1563). カノについては、B. Körner, *Melchior Cano De loci theologis: Ein Beitrag zur theologischen Erkentnislehre* (Graz: U. Moser, 1994) を参照。

(50) Franciscus Costerus (1532-1619), *Enchiridion controversiarum praecipuarum nostri temporis de religione* (Cologne: H. Mylius, 1612). コステルスに関しては、R. Hardeman, *Franciscus Costerus (1532-1619): Een vlaamsche apostel en volksredenaar, 2e helft 16e-begin 17e eeuw* (Alken: Bode van het H. Hart, 1933) を見よ。

(51) ヴォエティウスがここで言及している歴史的な出来事は、特定できなかった。

(52) Benito Pereira (1535-1610), *Physicorum, sive de principiis rerum naturalium libri XV* (Rome, 1562), folio. ペレイラについては、Elisabeth Maria Rompe, *Die Trennung von ontologie und Metaphysik: Der Ablösungsprozess und seine Motivierung bei Benedictus Pererius und anderen Denkern des 16. und 17. Jahrhunderts* (Bonn: Rheinische Friedrich-Wilhelms-Universität, 1968) を見よ。

(53) Robert Bellarmine, *Primi tomi quarta controversia generalis, de conciliis, et ecclesia militante, quatuor libris comprehensa*, ca. 1590. ベラルミーノの会議観については、Thomas Löhr, *Die Lehre Robert Bellarmins vom allgemeinen Konzil* (Limburg, 1986) を見よ。

(54) Nicolaus Vedelius, *Rationale theologicum; seu de necessitate et vero usu principiorum rationis ac philosophiae in controversiis theologicis libri tres* (Geneva, 1628).

(55) Abraham Rambour (1590-1651), *Disp. Theol. de renovate antiquorum haereticorum arte, qua sese venditant hodierni Agyrtae & circulatores provocantes ad certamen Orthodoxarum Ecclesiarum Pastores: seu apologia*

doctorum reform. ecclesiae super authoritate scripturae (Geneva: De Tournes, 1661).

(56) Conrad Bergius (1592-1642), *Themata theologica de praecipuis locis doctrinae sacrae, secundum ordinem ferè symboli apostolici* (Bremen: B. de Villiers, 1639).

(57) ここでアウグスティヌスは、プルタルコスの『アルキビアデス伝』(*Vita Alcibiadis*) 七・三に言及する。「一度ペリクレスと語ることを望む彼は、ペリクレスの家に行き、そこで、ペリクレスが暇しているのではなく、どのようにアテネ人に関する考えをやめるかを考えて忙しくしているのだと言われたのである。アルキビアデスは、解決したように、「彼にとっては、自分の考えを全くやめるのを、どのように避けるかを考えた方が良い」と言った」。

(58) Barthold Niehus (1589-1657), *Ars nova, dicto Scripturae unico lucrandi e pontificis plurimos* (Cologne, 1632). ニエフスについては、H. Schüssler, *G. Calixt* (Wenen, 1961) を見よ。

(59) Georg Calixt (1586-1656), ed., *De communion sub utraque specia dialogus, una cum aliis superior seculu scriptis et actis eodem facient* (Helmstedt: H. Muller, 1642). タイトルで言及される著作は、カリクストに由来するのではなく、ゲオルク・カサンデール（一五一三—一五六六）に由来する。カリクストについては、Peter Engel, *Die eine Wahrheit in der gespaltenen Christenheit: Untersuchungen zur Theologie Georg Calixts* (Göttingen: Vandenhoeck & Ruprecht, 1976) を見よ。カサンデールに関しては、Maria Elisabeth Nolte, *Georgius Cassander en zijn oecumenisch streven* (Nijmegen: Dekker & van den Vegt, 1951) を見よ。

(60) Heinrich Eckhard, *Fasciculus controversiarum theologicarum* (Leipzig: Grosse, 1619).

(61) Josua Stegmann (1588-1632), *Photinianismus, hoc est, succincta refutatio errorum Photinianorum: quinquaginta sex disputationibus breviter comprehensa, & in academiae Rinthelensi diventilata & excussa* (Frankfurt: M. Kempferr, 1643).

(62) Balthasar Meisner (1587-1626). ヴォエティウスがマイスナーの『保守哲学』のどの部分に言及しているのかは、はっきりしないが、おそらく第二部だろう。*Philosophia sobria, hoc est; pia consideratio quaestionum philosophicarum, in controversiis theologicis, quas Calviniani moverunt orthodoxis, subinde occurrentium*

(Wittenberg, 1612).

訳者あとがき

本書は、Willem J. van Asselt, with T. Theo J. Pleizier, Pieter L. Rouwendal, and Maarteen Wisse, *Introduction to Reformed Scholasticism*, trans. Albert Gootjes（Grand Rapids, MI: Reformation Heritage Books, 2011）の全訳である。もともと一九九八年にオランダ語で出版された本書（原題は *Inleiding in de Gereformeerde Scholastiek*）は、この分野におけるその後の研究の拡大と成果を踏まえて、増補改訂して英訳出版された。そのため、今回の邦訳は厳密にいえば「重訳」ということになる。一般的に重訳は、翻訳が不正確となり、学問的価値が低いと評価される。しかし今回の「重訳」は、いわゆる一般的な重訳とはいささか事情が異なることを指摘しておきたい。第一に、底本とした英訳は、オランダ語版を全面的に見直し、加筆修正を施してある。その上、オランダ語版にはない新しい章が書き下ろされているので（詳細は、英語版序文参照）、これを決定版と呼んで差し支えない。第二に、本書の著者たちはいずれも、非常に英語に堪能な学者たちである。筆者は、オランダ留学を経験して、オランダ人の一般的な英語力の高さ、初等・中等教育における英語教育の徹底ぶりを肌身に感じて体験した。特に本書の中心的な著者であり、責任者であるヴィレム・ファン・アッセルト教授は、筆者の博士課程の指導教授の一人でもあるが、筆者との通常の会話や学問的な議論もすべて英語で行っている。その英語力の卓越さは、訳者自身が直接触れて証明済みである。もちろん他の著者たちの英語力も、同等かそれ以上と言える。その彼ら自身が、実際に英訳に目を通して確認しているので、英語版の翻訳の正確さは著者たち自身によって確かめられたものである。第三に、英訳を担当したアルベルト・グーチェス氏は、筆者がアメリカ留学中に、同じ神学校の博士課程で学んでいた間柄だが、その英語力、オランダ語力、そして後・宗教改革期の神学に関する博覧強記ぶりは驚くほどであった。彼のオランダ語からの英訳はきわめて正確なものである。以上のような点から、底本とした英訳には全く問題がない。むしろオランダ語版ではなく、英語版からこそ翻訳すべきなのである。

後・宗教改革期の神学には、なじみのない方も多いだろう。宗教改革期の神学については、わが国でもそれなりの研究実績がある。しかし後・宗教改革期となると事情は大きく変わり、その研究の数は極端に減る。その上、非常に限られた文献や情報を基に、無批判に否定的な評価をしてきたのが実態である。今なお「死せる正統主義」とか、「宗教改革からの逸脱」などと言われるのが現状である。筆者が留学を志した時も、一七世紀正統主義を研究してくると言ったら、その時代の神学を研究して一体何の意味があるのかと言われる始末だった。欧米においては、ここ三〇年ほどで研究が飛躍的に進み、若手研究者が増えてきたこともあって、事情が大きく変わってきているが、わが国においては、まだ偏見のただ中にあると言っても過言ではないだろう。その意味では、本書の出版が、わが国の正統主義研究の変化と進展の先駆けとなることを期待したい。

後・宗教改革期の神学を解明する意義は、本書の中にも指摘されているが、筆者自身が実際に研究に携わってきた経験を踏まえて、その重要性を日本の読者に向けてここでアピールすることをお許しいただきたい。

第一に、後・宗教改革期の神学を理解することは、それに先立つ宗教改革期の神学をより冷静かつ客観的に理解することに大きく貢献する。従来、古代、中世、宗教改革という時間的な流れに沿った歴史的文脈の中で宗教改革は研究されてきた。それはきわめて正当な研究方法であり、決して否定すべきことではない。しかしこのような視点は、古い時代から新しい時代への「発展」や「成熟」を見ることには長けているが、この時代が抱える「未成熟」な部分、その成果や発展を後の時代まで待たなければならない点を見きわめることには困難を覚える。しかし、後・宗教改革期から改めて時代を振り返るかたちで宗教改革を見つめる時、時代の流れとは反対の側から光を当てることによって、それまで見えてこなかった部分が見えてくる。宗教改革という偉大な時代の実像をより立体的に知るために、この研究は決して看過できないのである。

第二に、このことと関連して言えることだが、後・宗教改革期の神学の研究は、改革派陣営の多様性と幅広さを明らかにしてくれる。従来、改革派神学の中では、カルヴァンの重要性と影響力の大きさが高く評価されてきた。そのこと自体に、否定すべきことは何もない。しかしともすると、カルヴァンの存在があまりにも突出してしまい、改革派神学の中心や祖であるかのような印象や誤解を与える危険さえあった。改革派陣営の中でカルヴァンは、決してルター派陣営におけるルターのような存在ではない。むしろカルヴァン以外にも、同時代に重要な神学者が改革派陣営には山ほど存在する。そして他の宗教改革者たちと並んで、カルヴァンの神学もまた、時代と共に発展的に継承され、新しい時代に乗り越えられていくことになる。後・宗教改革期の研究によって、これまであまり脚光を浴びてこなかった宗教改革者たちに光が当てられ、改革派神学の幅の広さと多様性がより一層浮き彫りにされることとなる。そしてその多様性は、後・宗教改革期に至るとさらに加速することとなる。

第三に、後・宗教改革期の神学の研究は、中世という時代の重要性を再発見することに貢献する。かつて中世は、古典古代の黄金時代と啓蒙化された華やかな近代に挟まれた「暗黒時代」と見られてきた。このような評価は、もはや完全に過去のものとなった感があるが、プロテスタント神学においては、そのことを頭では分かっていても、今なお具体的な実感として理解できない人が少なくないのではないかと感じる。しかし後・宗教改革期の神学を見ると、そこにはなおも中世において培われた学問的な枠組みや概念あるいは方法論が、時代と共に変化や発展をしながらも、人々の思考の前提となり、思想の枠組みとして機能していることを確認できる。それは、宗教改革者たちにおいても同様である。そのため、後・宗教改革期の神学を学ぶことは、中世の重要性を再発見することにつながり、そのことはまたプロテスタント神学のルーツの一面を中世にも見出すことができることを意味している。そしてそれは、プロテスタントがカトリックと対話する時の大きな共通基盤として機能すると期待できる。

第四に、この分野の研究を通じて、後・宗教改革期の神学が、単に教義学的なだけでなく、聖書学的であり、実践的であることを学ぶことができる。正統主義とかスコラ主義と称されるこの時代の神学は、教義学的な視点からのみ見られてきた傾向がある。その結果人々は、緻密に体系化され、理路整然とした生気のない神学という印象を持ってきた。しかしこの時代の神学は、決して教義学的な視点だけで評価されてはならない。聖書学の分野においても大きな成果を見ることができるし、多くの神学者たちは神学教育機関で教鞭をとる研究者や教師であると同時に、地方教会の牧会者であり説教者でもあった。彼らの説教や、この時代に生み出された教理問答や信仰教育的な文書など、実践的な現場においてなされた成果にも目を向けなければならない。そして、神学と敬虔、学問と実践の両立という点から、私たちの時代が学ぶべきことはこの時代にたくさんあるように思う。

第五に、後・宗教改革期の神学を学ぶことによって、変化する新しい時代に直面する時、どのようなスタンスを取るべきかを教えられる。正統主義に立つ神学者たちは、伝統的な神学を重んじつつ、啓蒙主義という近代化した世界観の台頭と向き合った。そこで彼らは、新しい時代に流されるのでもなく、かといって伝統に執着し旧態依然とした態度に閉じこもったわけでもなかった。むしろ、伝統を継承しつつ、それを自分たちの言葉や概念で捉え直し、新しい枠組みの中でそれを提示し直したのである。われわれの時代においては、このような場面で教会の二極化が起こりつつあるようにも見受けられる。一方で、新しいものとじっくり向き合ったり、それをよく吟味したりせずに、古いものや伝統的なものに固執して、自らの正統性を維持していこうとする凝り固まった保守主義の立場がある。そうかと思えば他方で、あまりにも容易に時代に合わせて、古いものや伝統的なものを十分に吟味せずに捨て去ってしまう進歩主義の立場がある。そのどちらにも共通しているのは、そこで立ち止まって、神学的に考える作業が欠落しているという点だ。いやそもそも、そこで立ち止まることさえ許さない時代の流れに、私たちはすでに流されているのかもしれない。そういうスピード化社会、情報氾濫化社会の中で私たちは、改めて立ち止まり、この時代の神学から学びつつ、新しい時代に直面して神学的に考え抜くことを身に付けたいのである。

第六に、後・宗教改革期の神学を学ぶことによって、改めて他者理解の基本を私たちは学び直したいのである。しばしば正統主義の神学は、神学の精密化・厳格化によって排他的な姿勢を醸成したと評される。そこでは、論争の激化が起こり、その結果、信仰や教理の問題をめぐる議論から三〇年戦争のような悲惨な結果が生まれたと解釈されるのである。しかしこれは、事実をあまりにも単純化しすぎている。そのような誤解に基づく歴史の反省から、現代の人々は、自己の教理的立場を明確化したり、それを明言したりすることを敬遠する傾向があるようにさえ見受けられる。むしろ自分の立場を曖昧にすることで、寛容な姿勢を演出し、他者との軋轢を避けて多くの人々とうまくやっていこうとする姿勢がそこにはある。しかし、本当に他者を理解しようとするなら、まずは自分の立場やアイデンティティを明確化しなくてはならない。なぜなら私たちは、自分を基軸にして相手を理解する生きものだからである。ものを正確に捉えて観測しようとする時に、私自身の立ち位置が定まらずにぐらぐらと揺れていたら、対象物を的確に捉えることができるだろうか。同じように、自分がどこに立っているのか、自分は何を信じているのかを明確にすることなしに、私たちは他者を的確に理解することなどできないのである。自己の立場の曖昧化は、焦点を外した、ぼやけた他者理解しか生み出さない。真の他者理解のためには、自分が信じている教理や立場を厳格にすることが必要不可欠である。そこから、真の他者理解や対話は始まっていく。もちろん、そのような自己理解と他者理解の結果、自分が譲れないものを持っているのと同じように、相手も譲れないものを持っていて、互いに相容れないということに行き着くこともあるだろう。しかし、だからと言ってそれがすぐに、争いや戦争になるかというと、必ずしもそうとは限らない。むしろそこでは、私たちがその現実にどう対処するかという、私たちの姿勢が問題とされる。自分と同じように相手にも大切にしているものがあることを知って、それを互いに尊重し合えば、そこで対話と歩み寄りが生まれる。それは、ルター派と改革派の間でも、主流派と急進派の間でも、カトリックとプロテスタントの間でも、あるいは東方教会と西方教会の間でも、さらにはキリスト教とイスラム教の間でもなされうることだろう。自己の教理的な立場を明確化することが、そのまま争いや戦争の元凶となるのではない。むしろそこから、真の相互理解と対話が始まるのである。

さて本書の翻訳は、二〇一一年に英語版が出版されてからすぐに始まった。二〇一三年には一通りの翻訳が終わっていたが、正確さを期すために何度も推敲し、校正に時間を使った。また、様々な事情も重なって出版が大幅に遅れてしまった。特に悔やまれるのは、二〇一四年五月二九日の昇天日の朝、ファン・アッセルト教授が逝去されたことだ。脳卒中で倒れ、そのまま合併症を引き起こしての突然の召天だった。一九四六年四月三〇日生まれの氏にとって、六八歳と一か月の生涯だった。氏は、一六―一七世紀の改革派神学、特に改革派正統主義、改革派スコラ主義の専門家で、コクツェーユスの契約神学で博士論文を書いた。神がその民を、神の契約の中へと招く、「神の友情」(amicitia Dei) の概念をいつも強調していた。それを表すかのように、まさに友情の証しとしてキリストに手を握られるかのようにして、キリスト昇天日の朝に天へと帰って行かれた。筆者が所属するベルギーの神学校の食卓で、本書の日本語訳出版を持ちかけた時に、快諾してとても喜んでくれた笑顔が懐かしい。翻訳業の最中、何度も細かな質問を持ちかけたが、その度に懇切丁寧な答えが返ってきた。氏の「友情」の概念は、人を分け隔てることなく、私のような年若い未熟な学生にまで及んだ。日本語訳が出版されたら、記念に一部を送ってほしいと言われていた。その約束を果たせなかったことが、ただただ悔やまれる。

本文中に登場する人名の表記は、『キリスト教人名辞典』(日本基督教団出版局、一九八六年) を参考としたが、必ずしも記載通りにしたわけではない。特に長母音などは極力省略し、日本語としての読みやすさを追求した。また特にオランダ人神学者に顕著だが、前記『人名辞典』ではオランダ語の発音がほとんど顧みられていないので、オランダ語の発音に近い表現を採用するよう心掛けた。しかし、ゴマルスのようにすでに日本でも知られている神学者については、オランダ語の「ホマルス」ではなく、従来通り「ゴマルス」と表記することで読者の混乱を避けるよう配慮した。

また翻訳中、いくつか底本における誤植を見つけたので、筆者が気付いた範囲で訂正を施した。

最後に、感謝を表明したい。まず、本書の翻訳が実現できた背景には、筆者の研究を指導してくださった、リチャード・A・ムラー教授（カルヴァン神学校）、アンドレアス・ベック教授、アントーン・フォス教授、故ヴィレム・J・ファン・アッセルト教授（ルーヴァン福音主義神学校）の助けがあった。受けた学恩に心から感謝を申し上げたい。また一連の留学へと筆者を送り出してくださり、奨学金を支給して支えてくださった東京基督教大学の先生方、日本同盟基督教団の諸先生方と信徒の皆様、また有志で支える会を創設し、祈りと支援をくださったお一人お一人と、その世話人となってくれた同じ教団の大塚史明氏（盛岡みなみ教会牧師）、宗田信一氏（高崎福音キリスト教会牧師）、義兄の廣田信之氏（中野キリスト教会牧師）の三氏に心から感謝を申し上げる。またご多忙中、原稿に目を通して翻訳をチェックし、翻訳の基本的な事柄まで教えてくださった小林高徳氏（当時東京基督教大学学部長、現同大学学長）に感謝を申し上げたい。そして最後に、長い留学生活から翻訳中の現在に至るまで陰となって支えてくれた妻・淳子と、疲れを覚えた筆者をいつも笑顔で励ましてくれた四人の子どもたちに感謝を刻んでおきたい。

二〇一六年二月一一日　信教の自由を守る日

府中市紅葉丘の牧師館にて　青木義紀

索引

あ 行

か　行

さ　行

た 行

な　行

は　行

ま　行

や　行

ら　行

わ　行

欧　文

《訳者紹介》
青木義紀（あおき・よしのり）
1976年長野県生まれ。東京基督教大学卒業後、東京基督神学校、アメリカのカルヴァン神学校（Th.M.）、オランダのプロテスタント神学大学（M.A.）などで学ぶ。現在、日本同盟基督教団和泉福音教会牧師、東京基督教大学非常勤講師（キリスト教史）、ベルギーのルーヴァン福音主義神学校博士課程に在学中。

改革派正統主義の神学――スコラ的方法論と歴史的展開

2016年6月30日　初版発行

訳　者　青木義紀
発行者　渡部　満
発行所　株式会社　教文館
〒104-0061　東京都中央区銀座4-5-1　電話03(3561)5549　FAX 03(5250)5107
URL　http://www.kyobunkwan.co.jp/publishing/

印刷所　モリモト印刷株式会社

配給元　日キ販　〒162-0814　東京都新宿区新小川町9-1
電話03(3260)5670　FAX 03(3260)5637

ISBN978-4-7642-7392-4　Printed in Japan